中国企业非公益性捐赠激励研究

WELFARE

NON-PUBLIC WELFARE
ENTERPRISE
DONATION INCENTIVE

朱锦程 ——— 著

社会科学文献出版社
SOCIAL SCIENCES ACADEMIC PRESS (CHINA)

本书是国内外学界在企业非公益性捐赠问题
研究……企业非公益性捐赠已成为中国企业慈善捐赠
主体。本书从企业慈善动机判断入手，明确企业非公益性捐赠性

摘　要

近二十年，企业社会责任一直是国内外学界的研究热点和企业实践的热门话题之一。从全球视野来看，社会慈善的发展水平已经成为衡量一个国家或地区社会文明程度的重要标志。现代社会慈善是一项具有社会动员、规范运作、公开透明等鲜明特点的社会实践活动，在世界各国政治、经济和社会生活中都具有广泛的影响。近年来，税收政策、结转税制度等作为西方国家引导企业慈善行为的激励工具已经在实践中被广为应用。但是，国外关于企业慈善行为的理论研究、实践探索和政策激励主要针对企业公益性捐赠行为，极少涉及企业非公益性捐赠行为。就中国而言，与西方国家类似的情形同样存在。但与西方国家不同的是，中国慈善事业的捐赠主体是企业，表现为公益性和非公益性捐赠行为，这与西方国家以个人为捐赠主体的慈善行为有着本质区别。与此同时，企业非公益性捐赠的兴起改变了中国企业慈善的格局，成为影响慈善事业进步的主要社会力量。

随着改革开放和社会主义建设进入新时代，我国慈善事业所处的社会背景和捐赠环境发生了一系列巨大的变化，主要体现在以下方面。

一是政府与企业之间的关系从计划经济时代公有制主体之间的单线性行政隶属关系，转变为市场经济条件下多主体之间的复合型行政隶属或平等合作关系；二是政府对于慈善事业的管理模式由直接行政管理逐渐转变为政府、社会与企业相互协作的间接公共管理；三是政府在慈善事业中的角色从管理者、指导者、监督者和参与者逐步转变为主导者、引导者、规范者和协调者；四是政府和官办公益性慈善组织垄断慈善事业的局面被打破，社会慈善组织、企业和个人等政府权力之外的社会力量逐渐参与慈善事业；五是随着《中华人民共和国慈善法》（以下简称《慈善法》）的出台和《中华人民共和国企业所得税法》（以下简称《企业所得税法》，即本研究所说的"税收政策"）2017年和

2018 年第一次、第二次修订稿等重要政策法规陆续发布，企业慈善享受的政策扶持和税收优惠待遇相较以往有了更大进步。尤其是结转税制度作为国外最为重要的企业慈善行为激励性措施之一，被纳入我国慈善事业激励政策法规体系；六是在城乡发展共同富裕理念指导下，第三次分配理论促使企业慈善动机从纯粹的公益性转向经济理性、工具主义等经济理性维度，标志着企业慈善动机逐渐多元化。在此前提下，企业慈善正以前所未有的力度和广度向外辐射、扩张，政府慈善向企业慈善转变的趋势日渐明显。

2016 年至今，全国人大常委会出台了《慈善法》，2017 年和 2018 年修订了《企业所得税法》等一系列旨在激励企业慈善行为的政策法规。比如，《慈善法》第八十条规定，自然人、法人和其他组织捐赠财产用于慈善活动的，依法享受税收优惠。企业慈善捐赠支出超过法律规定的准予在计算企业所得税应纳税所得额时当年扣除的部分，允许结转以后三年内在计算应纳税所得额时扣除。但是，该法律没有明确指出享受税收优惠的慈善捐赠支出是否包括公益性和非公益性支出。然而，2017 年发布的《企业所得税法》第九条规定，企业发生的公益性捐赠支出，在年度利润总额 12% 以内的部分，准予在计算应纳税所得额时扣除；超过年度利润总额 12% 的部分，准予结转以后三年内在计算应纳税所得额时扣除。上述内容表明，企业非公益性捐赠作为符合和顺应企业利益本性和价值追求的捐赠形式依然被排除在激励性措施之外。尤其是，无论是 2016 年出台的《慈善法》，还是 2018 年最新修订的《企业所得税法》，抑或是以往的激励性政策法规，均没有将企业非公益性捐赠纳入激励范围。即该慈善形式仍然被排除在激励性政策指向对象之外，这必然极大挫伤和阻碍企业参与慈善的积极性和稳定性，进而影响中国慈善事业的整体发展。

同时，与此对应的理论研究和政策激励滞后性在于：国内外成果基本上围绕企业公益性捐赠行为展开，没有关注和重视企业非公益性捐赠行为在慈善事业的公益性效果和社会救助作用。而企业非公益性捐赠已经成为中国企业慈善的主体，理应引起学界和政府的关注与支持。为此，政府作为中国慈善事业的主导者需要从社会公益角度利用激励工具引导企业非公益性捐赠行为形成公益性慈善效果来支持公益事业，协助解决社会问题，发挥企业作为慈善主体应有的作用。现阶段，中国企业非公益性捐赠行为激励的措施缺失表现在以下方面：一是关于企业非公益性捐赠行为的激励指向不明；二是企业非公益性捐赠行为激励工具缺失；三是非货币性企业慈善行为激励措施欠缺。基于此，针对企业非公益性捐赠行为激励措施缺失的现状，必须引入有效、合适的激励工具。研究表明，企业非公益性捐赠既能促进社会公益，又有助于企业获得私利回报，这是政府、企业、社会和受助对象多方合作共赢的理想结果。因此，关于企业非公益性捐赠行为激励的必要性、可行性、有效性或适用性的解释性分析和定量研究对于推动中国企业慈善行为乃至慈善事业整体发展具有重要的理论价值和现实意义。在此基础上设计的逻辑主线是：围绕企业非公益性捐赠行为激励措施缺失，将企业公益性捐赠行为激励工具植入非公益性捐赠领域，探索企业非公益性捐赠的创新模式，为形成完善激励机制提供激励对策。拟解决的核心问题是：在战略性企业慈善理论指引下，是否有必要提供激励工具引导企业非公益性捐赠行为，现行的企业公益性捐赠行为激励工具能否移植和导入企业非公益性捐赠中，公益性慈善效果与激励效应能否有效融合？在共同富裕理念下，第三次分配理论如何指导企业非公益性捐赠的创新发展模式？

围绕上述核心问题，从以下方面进行了深入探索：通过分析企业慈善动机类型，明确中国企业慈善行为的利益指向、性质属性和价值判断；构建以战略性企业慈善理论为核心的研究框架；依托企业公益性捐赠激励工具分析、引导企业非公益性捐赠的可行性、适用性和有效性；研究《慈善法》颁布后企业非公益性捐赠的行为转向和制度、慈善榜等影响因素；完善新政策环境下企业非公益性捐赠行为的激励机制；探索共同富裕理念下基于第三次分配理论的企业非公益性捐赠的创新模式；提出新时代下企业非公益性捐赠行为的激励对策。

最终研究结论包括：第一，根据沪市主板上市公司样本数据的定量研究表明，上市企业慈善动机的性质总体上属于非公益性，公益性捐赠的贡献度在企业慈善中处于少数份额，这与本研究设定的战略性企业慈善行为模式相吻合；第二，企业非公益性捐赠同样可以产生公益性慈善效果，企业公益性捐赠行为激励工具适合导入企业非公益性捐赠中；第三，税收政策和特许经营制度作为企业非公益性捐赠的激励工具具有有效性、可行性与适用性；第四，在《慈善法》《企业所得税法》等激励性政策法规出台或修订后，非公益性捐赠研究有必要引入激励性规制理论并给予相应的规范，同时还应避免规制俘获；第五，访谈结果表明，《慈善法》等新政策对于企业捐赠行为转向产生了一定的促进作用，但是已有政策依然没有将企业非公益性捐赠纳入激励范围，存在政策缺失和供给不足；第六，在共同富裕理念下，基于第三次分配理论提出企业慈善"善经济"、企业投资慈善和企业互惠慈善等企业非公益性捐赠的创新模式。

总之，关注中国企业非公益性捐赠行为激励问题，以引导和推动企业非公益性捐赠创造更多的社会价值和公益性慈善效果为激励目标；在研究中国企业慈善主体及其价值判断的基础上，探索了企业公益性捐赠行为激励工具向企业非公益性捐赠领域移植和传递的必要性、可行性、适用性、有效性和可持续性；在定量研究、定性研究、个案研究和访谈研究的基础上，进一步完善了中国非公益性慈善行为激励机制，在共同富裕理念下基于第三次分配理论探索了企业非公益性捐赠的创新模式，并提出了新政策环境下企业非公益性捐赠行为的激励对策。其最终目的是充分发挥企业非公益性捐赠的公益性慈善价值，达到社会利益整体最大化的激励效果。

目　录

绪　论

第一节　选题缘起

一　研究背景

　　党的十九大报告指出，中国社会的主要矛盾已经转化为人民日益增长的美好生活需要和不平衡不充分的发展之间的矛盾，这一科学论断蕴含着丰富的内涵，体现出中国社会在经济发展、企业家的崛起、社会问题和价值观方面的重大变化。2021年2月25日，习近平总书记在全国脱贫攻坚总结表彰大会上的讲话中指出，在全面建设社会主义现代化国家新征程中，我们必须把促进全体人民共同富裕摆在更加重要的位置，脚踏实地、久久为功，向着这个目标更加积极有为地进行努力，促进人的全面发展和社会全面进步，让广大人民群众获得感、幸福感、安全感更加充实、更有保障、更可持续。中国传统文化中饱含许多公益慈善方面的智慧，这些成为第三次分配丰富的理论来源。因此，第三次分配本身所富含的道德、思想、文化和精神内容大量来自传统文化，植根于传统文化，也是中华优秀传统文化发扬光大的必由之路。① 以企业非公益性捐赠行为为核心的企业慈善行为作为我国慈善事业的主要构成，恰恰是第三次分配在慈善实践领域的具体探索和具体反映。

　　随着社会文明进步和慈善环境改善，政府与公众对企业社会责任的呼声日益高涨。作为一种重要的社会责任履行方式，慈善行为对于缓解社会矛盾、缩小贫富差距和促进社会公平等都有重要的意义。

　　图0-1显示，企业社会责任等级制度由低到高依次为：经济责任、法律

---

① 王名、蓝煜昕、王玉宝、陶泽：《第三次分配：理论、实践与政策建议》，《中国行政管理》2020年第3期。

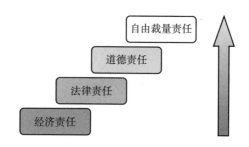

图 0 - 1 企业社会责任等级制度

资料来源：Archie B. Carroll, "The Pyramid of Corporate Social Responsibility: Toward the Moral Management of Organizational Stakeholders", *Business Horizons*, Vol. 34, No. 4, July - August, (1991): 39 - 48。

责任、道德责任和自由裁量责任。其中，经济责任是企业通过纳税承担的基本社会责任，而作为最高层次的自由裁量责任，则是企业从战略角度出发，基于政府、社会、消费者和内部员工等利益相关者的价值立场和利益诉求，结合企业自身的战略规划和发展对策做出的综合性社会责任考虑。根据阿尔奇·卡罗尔（Archie Carroll）的观点，从根本上说，企业的经济责任是为投资者创造可接受的回报。然而，在法治社会中追求经济利益的一个重要组成部分是在政府和司法机构制定的法律法规框架内采取行动的法律责任。进一步说，企业有不损害其利益相关者和经营环境的道德责任。最后，企业有自由裁量责任，这代表了更积极主动的战略行为，有利于自身或社会，或两者兼而有之。[①] 其原因在于：利益相关者群体的范围从明确定义的消费者、雇员、供应商、债权人和监管机构（比如政府和第三方企业社会责任指数发布机构等社会组织）到其他更不固定的组成部分，如媒体和企业所在社区等。对于企业来说，必须在这些相互竞争的利益之间进行权衡，这就存在合法性和社会责任问题。例如，当一个非营利组织声称在某一特定领域拥有专业知识时，即使不清楚到底有多少人支持其愿景，最终每个企业必须确定构成其运营环境的利益相关者，然后确定其（企业社会责任）战略重要性的优先级。越来越多的企业需要将利益相关者群体的关注纳入其战略视野，否则就有可能失去社会合法性。企业社会责

---

① Archie B. Carroll, "The Pyramid of Corporate Social Responsibility: Toward the Moral Management of Organizational Stakeholders", *Business Horizons*, Vol. 34, No. 4, July - August, (1991): 39 - 48.

任提供了一个框架，帮助企业接受这些决策，并调整内部战略规划流程，以最大限度地提高组织的长期生存能力。[1] 然而，这一框架是广泛的，关于利益和义务组合的定义随着时间的推移有很大的不同。与此同时，相互竞争的利益相关者需求之间发生冲突的可能性也在增加。全球化提高了跨国经营的潜在效率，如果企业的行动不能满足其利益相关者的需求和期望，全球化也增加了其在全球舞台上暴露（社会责任弱点）的可能性。因此，全球化是推动企业社会责任战略价值的另一种力量。[2]

1979 年，阿尔奇·卡罗尔对企业社会责任的定义如下：企业的社会责任包括社会在特定时间点对组织的经济、法律、道德和自由裁量期望。[3] 有研究认为，就中国而言，企业社会责任被理解为企业超越利润而关注其在社会中的角色的概念通常被称为企业社会责任（CSR）……它指的是一家将自身与道德价值观、透明度、员工关系、遵守法律要求以及对其经营所在社区的全面尊重联系起来的企业。然而，它超越了偶然的社区服务行动，因为企业社会责任是一种推动战略决策、合作伙伴选择和招聘实践以及最终的品牌发展。[4] 还有研究认为，在美国，企业社会责任可以理解为一种管理理念和过程，它将社会和环境问题融入企业运营以及企业与其所有利益相关者的互动中。[5] 以上关于企业社会责任的概念界定关注到企业参与慈善活动的共同动机和出发点，就是从战略性维度思考如何开展慈善捐赠。这意味着，基于企业社会责任理论框架的企业慈善行为具有鲜明的战略性、可持续性和外部性特征。研究指出，通过分析企业慈善捐赠对其绩效的影响，发现慈善捐赠作为企业履行社会责任的一种方式，能够提升企业形象，改善与利益相关者的关系，为企业建立社会资本，对企业绩效有正向促进作用。[6]

因此，尽管上述分类是有效的，但企业社会责任这种类型学建构并不是一

[1] David Chandler, *Strategic Corporate Social Responsibility*: *Sustainable Value Creation* (4 Edition) (Sage Publications, 2016), p. 57.

[2] David Chandler, *Strategic Corporate Social Responsibility*: *Sustainable Value Creation* (4 Edition) (Sage Publications, 2016), p. 92.

[3] Archie B. Carroll, "A Three – Dimensional Conceptual Model of Corporate Social Performance", *Academy of Management Review*, Vol. 4, No. 4, (1979): 500.

[4] Michael McComb, "Profit to Be Found in Companies That Care," *South China Morning Post*, April 14, (2002): 5.

[5] United Nations Institute for Training and Research, "Introduction to Corporate Social Responsibility", 2012, http://www.unitar.org/event/introduction – corporate – social – responsibility/.

[6] 贺眯：《慈善捐赠对企业绩效的影响研究》，《经济研究导刊》2020 年第 6 期。

成不变的。^① 企业社会责任对企业的成功越来越重要，因为它为企业提供了一个使命和战略，使其多个利益相关者能够团结起来。特别是，企业社会责任作为企业战略的一个组成部分越来越重要，因为在整个 21 世纪，任何一个驱动因素（富裕、可持续性、全球化、通信和品牌）均可能被不相信企业社会责任战略利益的管理者所忽视。然而，总体而言，他们正在通过授权利益相关者群体重塑商业环境。^② 正如作为慈善事业和企业社会责任实践的重要组成部分，Feliu 和 Botero 认为，慈善行为指的是自愿捐赠资源来支持那些旨在促进社会改善而不直接期望经济回报的行为。^③

宋林飞认为，慈善事业是社会第三次分配的一种形式，是国家社会保障制度的必要补充。慈善组织的资源不是私有产权，也不是国有产权，而是一种社会公益产权。这种产权不能像国企改制那样实行虚拟量化，不能转变受益对象，不能私有化。^④ 上述观点可以理解为，慈善资源不是国有或私有产权的财产，而是全社会的共同财产。即是一种带有社会公益产权性质的再分配资源，是对社会弱势群体进行扶贫和救助的。这种观点体现出鲜明的共同富裕理念和第三次分配色彩。朱睿等研究指出，由于诸多原因，慈善事业在进入社会领域发挥作用方面还有不少障碍，如社会认知度不高，专业能力需要培养，社会募集资金增速有限，参与社会治理的水平也有待提升。这样的现状既不利于国家治理体系和治理能力现代化的推进，也不利于社会主义现代化国家建设。

中国社会科学院社会政策研究中心、社会科学文献出版社、中国灵山公益慈善促进会联合发布的慈善蓝皮书《中国慈善发展报告（2020）》指出，2019 年是新中国成立七十周年，也是全面建成小康社会的关键之年。面对复杂多变的国内外形势，我国慈善事业的法治化、专业化和体系化程度得到进一步加强。2019 年，民间慈善事业被进一步纳入国家治理体系当中，呈现出"治理吸纳慈善"的总体特征，这在国家层面、市场层面和社会层面均有表现。慈善开始成为国家整体治理体系的一部分，并为国家治理战略目标服务。国家与社会正逐步耦合成

---

① Mark S. Schwartz, Archie B. Carroll, "Corporate Social Responsibility: A Three – domainApproach", *Business Ethics Quarterly*, Vol. 13, No. 4, (2003): 503 – 530.

② David Chandler, *Strategic Corporate Social Responsibility: Sustainable Value Creation* (4 Edition) (Sage Publications, 2016), p. 85.

③ Neus Feliu, Isabel C. Botero, "Philanthropy in Family Enterprises: A Review of Literature", *Family Business Review*, Vol. 29, No. 1, (2016): 121 – 141.

④ 宋林飞：《第三次分配是构建和谐社会的重要途径》，《学海》2007 年第 3 期。

统一、复杂且充满不确定性的双向嵌入关系。以企业为主体的科技向善和商业慈善在质疑中逐渐成为时尚，而企业社会责任和影响力投资成为重要主题。在民间公益慈善空间被政府和商业挤压的状态下，青年人以互联网为基础的公益自组织开始活跃，他们正努力以社会创新方式解决社会问题。慈善事业因应政府、商业和社会要求而产生不同的话语和实践……慈善事业管理部门改革不断深化，新组建了民政部慈善事业促进和社会工作司并首次设立儿童福利司；慈善事业第三次分配作用更为凸显……以企业为主体的科技向善和商业慈善方兴未艾，万向集团董事长鲁伟鼎捐资设立鲁冠球万向事业基金，引世人瞩目。①

因此，在共同富裕理念下充分发挥第三次分配的作用，需要在体制机制、政策制度等诸多方面不断改革创新。第三次分配凭借其在国家、社会和经济发展方面的作用，成为推动中国慈善事业应对挑战与发展的重要举措。首先，从国家发展来讲，实现共同富裕是社会主义的本质要求，而第三次分配正是实现共同富裕的重要手段。其次，从社会发展来看，第三次分配是缩小贫富差距的重要方式。再次，从经济发展来看，第三次分配是企业履行社会责任的重要途径，是企业通过与社会互动提升内外部效益的重要举措。② 随着共同富裕理念、第三次分配理论等在新时代的日益推广，并逐渐进入社会各阶层，上述概念的具体实践正在进入中国慈善事业各个领域，作为慈善捐赠主体，企业在履行慈善行为时必须从战略高度关注"共同富裕"；同时从操作层面思考如何将"第三次分配"有效、合理、适度融入企业慈善行为，以达到发挥慈善主体的作用，完善慈善市场化进程，缩小城乡差距，扶助弱势群体，实现伟大中国梦和共同富裕的宏伟战略目标。与此同时，主流媒体和社会舆论正在大力营造慈善捐赠氛围，全面支持和推动企业主动承担社会责任。《2019 中国可持续消费报告》的数据显示，国内消费者因为"产品以制造商履行企业社会责任承诺知名"来选购可持续产品的占比已经达到52.35%，较上年提升21.2 个百分点。这意味着，消费者逐渐看重企业履行社会责任和参与慈善事业的社会公民意识。

从现代经济和社会发展的角度来看，慈善是基于推进社会福利和弘扬慈善

---

① 朱健刚、严国威：《治理吸纳慈善：2019 年中国慈善事业综述》，《中国慈善发展报告（2020）》，社会科学文献出版社，2020，第 2~8 页。

② 朱睿、赵冠军、李梦军：《促进中国第三次分配的背景分析与发展思考》，公益时报网，http://www.gongyishibao.com/html/redian/2021/07/17957.html，最后访问日期：2021 年 7月 9 日。

理念，以企业、慈善组织和志愿者等为主体，自发、自觉、自主开展各类社会捐赠或救助行为的非营利性社会活动。因此，慈善事业被公认为现代社会保障体系的有机构成部分。与欧美以个人捐赠为主不同，中国慈善资金的主要来源一直是企业，企业是中国社会捐赠的主体。[①]

《捐赠美国》（*Giving USA*）数据显示，美国 2018 年度慈善捐赠总量为 4277.1 亿美元，占国内生产总值的 2.1%。该报告将美国慈善捐赠来源分为个人捐赠、企业捐赠、基金会捐赠、遗产捐赠四大类别。美国慈善捐赠来源中，个人捐赠依旧是主要来源，但占比首次低于 70%，而企业捐赠仅为 5%，所占比例最低。就中国而言，中国慈善联合会发布的《2019 年度中国慈善捐助报告》数据显示，全国慈善捐赠的主要来源依然是企业。2019 年全年，企业捐赠款物 931.47 亿元，同比增长 4.56%，占捐赠总量的 61.71%。房地产、金融、食品、科技、能源等行业的企业捐赠较多。再以慈善蓝皮书《中国慈善发展报告（2020）》的数据为例，2018 年，在 589.56 亿元捐赠额样本采集数据中，企业捐赠比重为 61.89%，其占比自 2015 年开始下降，从 70% 左右降至 60% 左右；个人捐赠占比为 25.06%，连续两年以 2 个百分点左右增幅提升。[②]（见图 0-2）

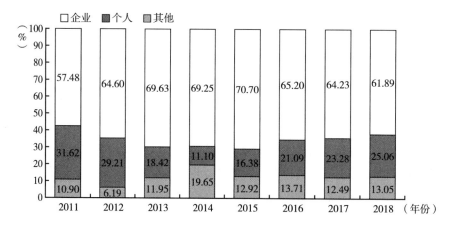

图 0-2　2011~2018 年捐赠主体来源对比

资料来源：宋宗合撰《2018~2019 年度中国慈善捐赠报告》，《中国慈善发展报告（2020）》，社会科学文献出版社，2020，第 34 页。

---

① 朱信永：《激励企业慈善行为的税收政策取向》，《税务研究》2015 年第 6 期。
② 宋宗合：《2018~2019 年度中国慈善捐赠报告》，《中国慈善发展报告（2020）》，社会科学文献出版社，2020，第 34 页。

以国内最大的捐赠来源——企业捐赠为例，2018 年度国有控股企业、民营企业、港澳台及侨资企业、外资（合资）企业四种企业类型占企业总体捐赠的比例分别为 34.90%、50.55%、5.71%、8.84%，其中国企和民营企业依然是捐赠主力军，国企捐赠占比比上年增长了 10 个百分点，而民企占比略有下降，但依然保持在 50% 以上。（见图 0 - 3）

图 0 - 3　2013 ~ 2018 年企业捐赠占比构成

资料来源：宋宗合撰《2018 ~ 2019 年度中国慈善捐赠报告》，《中国慈善发展报告（2020）》，社会科学文献出版社，2020，第 35 页。

C. 赖特·米尔斯（C. Wright Mills）认为，对于社会现实的考察，有三个类型的问题。第一个问题是：一定的社会作为整体，其结构是什么？它的基本组成成分是什么，这些成分又是如何相互联系的……在此结构中，使其维持和变化的方面有何特定含义？[①] 以此问题延伸，企业慈善行为作为社会结构中慈善事业的主要构成，其存在的动机、行为、性质、价值及构成的各种社会关系所聚焦的慈善激励问题同样是值得关注和研究的重要领域。针对中国前 100 名企业的调查数据显示，经济责任是最重要的，而慈善责任高居第二位，然后是伦理和法律责任。[②] 慈善捐赠不仅是对社会诉求的合理回应，也有助于提升企

①　〔美〕C. 赖特·米尔斯：《社会学的想象力》，陈强、张永强译，生活·读书·新知三联书店，2005，第 5 页。

②　Yongqiang Gao, "Corporate Social Performance in China: Evidence from Large Companies", *Journal of Business Ethics*, Vol. 89, No. 1, (2009): 23 - 35.

业声誉并获得政府认同，进而提升企业价值创造能力①。全国人大常委会2016年颁布了《慈善法》，2017年和2018年相继修正了《企业所得税法》，确定了企业公益性捐赠可享受的优惠政策。但企业的经济属性势必要求其行为符合获利需求。② 数据表明，2009~2018年，来自企业的慈善捐赠长期稳定在60%左右，2013~2015年甚至达到70%左右；进一步从企业产权性质角度分析发现，民企慈善行为规模最大，基本稳定在50%~60%，国企次之，且基本保持稳定规模和比例，外企和港澳台慈善行为规模占比最低，约20%。③ 2020年度《中国慈善捐助报告》的数据显示，中国捐赠的主要来源是企业，2019全年企业捐赠款物931.47亿元，占1509.44亿元捐赠总量的61.71%。另据《中国慈善发展报告（2018）》披露的数据，2016年中国社会捐赠总额为1458亿元，其中企业慈善行为占比高达70%。由此可见，无论是在《慈善法》颁布之前，还是《企业所得税法》修订前后，企业慈善行为在慈善事业中已居于主导地位。国外研究指出，一个国家的制度环境决定了企业采取何种方式来获取政府控制的关键性资源。作为最大的转型经济国家，中国目前尚缺乏一套有效地将商业和政府分开的机制。④ 显然，就国内而言，多数稀缺资源的配置权都控制在地方政府手中，使其有能力对辖区内企业的经营活动和慈善行为进行一定程度的引导和干预。进一步的研究表明，法制环境好的地区，企业慈善行为的避税效应更强；具有政治关联的民企，其慈善捐赠的避税效应更强。⑤ 上述研究表明，就企业而言，为了获得政府掌握的关键慈善信息渠道、发展平台和战略资源，选择与其保持密切联系和接触，主动参与和解决政府关注的社会救助问题是极为明智的选择，而企业慈善行为是政府广泛重视和关注的社会行动之一。

---

① 山立威、甘犁、郑涛：《公司捐款与经济动机——汶川地震后中国上市公司捐款的实证研究》，《经济研究》2008年第11期；张敏、马黎珺、张雯：《企业慈善捐赠的政企纽带效应——基于我国上市公司的经验证据》，《管理世界》2013年第7期。
② 杜兰英、王硕、余宜珂：《我国税收优惠政策对民营企业公益性捐赠的激励效用初探——基于资源依赖理论和社会交换理论的博弈分析》，《税务研究》2017年第6期。
③ 转引自周波、张凯丽《促进慈善捐赠的企业所得税政策探析》，《税务研究》2020年第5期。
④ D. A. Detomasi.，"The Political Roots of Corporate Social Responsibility"，*Journal of Business Ethics*，Vol. 82，No. 4，(2008)：807 – 819.
⑤ 李增福、汤旭东、连玉君：《中国民营企业社会责任背离之谜》，《管理世界》2016年第9期。

作为企业社会责任的重要组成部分，企业慈善行为在全球日益重要。根据2016 年度《中国慈善捐助报告》的界定，企业慈善行为是企业在履行其基本社会责任基础上，将一定数额的资金、实物或者服务捐赠给需要帮助的对象。① 企业慈善行为在调节贫富差距、维护社会稳定、促进社会公平等方面的作用日益突出，引起了学术界和实业界的广泛关注。②③ 换句话说，企业慈善行为是企业以自愿非互惠的方式无条件地提供资金或者实物给政府或者相关机构。根据 1995 年的一项调查，超过 3/4 的美国人会关注一个公司的慈善记录。在英国，来自大企业的慈善捐赠自 20 世纪 60 年代起上升很快。自 20 世纪 90年代起，中国企业慈善日趋活跃。2008 年汶川地震后企业慈善行为引起了全社会广泛关注。在这之后的企业慈善行为发展迅速，国内学界也日益关注企业慈善发展的原因和机制。④ 2020 年新冠肺炎疫情出现引发了大规模的企业捐赠，因而迫切需要对企业慈善行为进行深入的探讨和研究。在新时代，企业更需重视社会责任，企业对于社会责任的履行亦须适应新时代的要求……有的企业将社会责任理解为慈善捐赠、员工福利等。⑤ 企业慈善行为是各国主要慈善形式之一，具有捐赠总量突出、慈善动机多元化、慈善行为市场化等典型特征。近百年来，西方国家关于社会问题的管理模式逐步从传统的权威型政府管理向现代的合作型社会治理转变。在此过程中，慈善主体作为政府之外的社会力量在慈善舞台上逐渐发挥其优势和能力，日益彰显重要的公益影响力和社会救助效应，并受到各国政府的重视和支持，成为解决社会公益问题的主要手段之一。西方企业慈善发展经历了从利他型慈善捐赠演变为互利型慈善捐赠的历史过程，即由企业公益性捐赠行为过渡到战略性企业慈善行为，这是企业慈善动机趋于经济理性的必然结果。即以往公益性企业慈善占据绝对核心的

① 中国慈善联合会：《2016 年度中国慈善捐助报告》，公益时报网，http://www.gongyishibao.com/html/gongyizixun/12735. Html，最后访问日期：2017 年 11 月 2 日。
② Archie B. Carroll, "A three - dimensional conceptual model of corporate performance". *Academy of Management Review*, Vol. 4, No. 4, (1979): 497 - 505.
③ Jun Su, Jia He., "Does giving lead to getting? Evidence from Chinese private enterprises", *Journal of Business Ethics*, Vol. 93, No. 1, (2010): 73 - 90.
④ 陈宗仕：《区域文化、民企治理结构与企业慈善》，《浙江学刊》2020 年第 4 期。
⑤ Ji - han LIU. Development Strategy of Corporate Social Responsibility in the Context of New Era—Based on the Analysis of Network Governance. 2019 International Conference on Social Science, Economics and Management Research (SSEMR 2019).

捐赠格局正在被企业非公益性捐赠所打破，形成公益性和企业非公益性捐赠行为并存的格局，其标志是企业私利与社会公益从相互分隔转化为寻求协作、互为支持的利益主体双赢格局。毫无疑问，从战略性企业慈善理论的视阈来看，引导以战略性企业慈善为核心的企业非公益性捐赠行为是实现这一激励目标的关键所在。以往把慈善捐赠单纯理解为企业付出成本而徒劳无获，或者把企业慈善理解为与企业发展无关的纯粹道德善举观点和理念已经落后于时代。①

就慈善事业而言，企业慈善行为是在政府引入市场主体参与慈善活动的前提下，借助社会力量培育慈善主体的手段。随着企业对于慈善动机的认识和理解日趋成熟，企业慈善行为作为新的社会慈善形式，不再仅仅体现为企业公益性捐赠行为，而逐渐表现为企业非公益性捐赠行为，并在慈善事业中呈现出主导性优势。从传统的企业公益性捐赠行为发展为公益性和企业非公益性捐赠行为并存局面，企业非公益性捐赠行为的崛起反映了慈善领域的国家治理能力现代化进展以及政企关系模式的变革，其发展势头明显超越企业公益性捐赠行为。

目前，企业已成为中国社会捐赠第一大主体。随着政府对于企业慈善行为的理解和认识的不断深入，企业参与慈善活动的动机和行为日益受到政府的关注与监管。其原因在于企业作为慈善主体的影响力和贡献度越来越突出，加以适当引导和激励是解决社会问题的重要社会资源。基于此，企业获得了参与慈善事业的合法性身份和活动空间。因此，企业慈善行为不仅是社会福利资源的重要来源，而且将成为现阶段乃至未来全球企业发展战略的重要组成部分。②值得注意的是，企业作为慈善主体，既有从社会契约慈善动机出发从事企业公益性捐赠行为，也有从经济理性慈善动机出发从事企业非公益性捐赠行为。企业作为慈善主体之一，其慈善行为的社会化属性和市场化路径日益显现。在这种形势下，政府肩负着引导和推进企业慈善行为发展的激励责任，确保其在市场化过程中自觉参与捐赠。企业公益性捐赠行为是激励性政策法规加以干预和影响的唯一对象，而企业非公益性捐赠行为则尚未纳入政策激励条款，因而后

---

① 章空尽：《美国企业慈善从"传统"到"策略"之路》，《社会保障研究（北京）》2008 年第 2 期。

② 葛笑春、蔡宁：《战略性企业慈善行为的比较研究》，《重庆大学学报》（社会科学版）2009 年第 1 期。

者亟待政府给予政策扶持。《慈善法》第八十条规定，自然人、法人和其他组织捐赠财产用于慈善活动的，依法享受税收优惠。企业慈善行为支出超过法律规定的准予在计算企业所得税应纳税所得额时当年扣除的部分，允许结转以后三年内在计算应纳税所得额时扣除。该法律没有明确指出享受税收优惠的慈善捐赠企业是否包括公益性和非公益性支出。然而，2017 年发布的《企业所得税法》第九条规定，企业发生的公益性捐赠支出，在年度利润总额 12% 以内的部分，准予在计算应纳税所得额时扣除；超过年度利润总额 12% 的部分，准予结转以后三年内在计算应纳税所得额时扣除。上述政策内容表明，企业非公益性捐赠行为作为符合企业的利益本性和价值追求的慈善捐赠形式却被排除在激励性政策的关注范围之外。这意味着，一方面，《慈善法》对于企业慈善行为的两种方式：企业公益性捐赠行为和企业非公益性捐赠行为没有给予明确的划分，导致慈善企业在慈善捐赠享受税收优惠方面难以获得明确答复；另一方面，《企业所得税法》则明确指出其税收优惠待遇仅仅指向公益性捐赠。因此，就企业慈善行为激励而言，《慈善法》指向的政策内容更为宽泛，相对而言更为宏观，强调对于整个国家慈善事业的政策指引和制度保障，而《企业所得税法》的政策内容则更为具体、明确，注重企业慈善行为在税收优惠减免方面具备可操作性，相应来说，其实施条例表述更为细化、复杂和精准。

总之，本研究旨在分析企业慈善动机的基础上，探索植入激励工具和提供激励对策，引导和激励企业非公益性捐赠行为是政府推动全社会企业慈善行为进步的重要路径。为了激励企业参与慈善活动，政府应在保障经济利益的同时，促进企业非公益性捐赠行为产生公益性效果。因此，需要重视并加强企业非公益性捐赠行为激励研究。

二 研究意义

(一) 现实意义

1. 企业非公益性捐赠行为激励研究有助于推动中国慈善事业的快速发展

当前，企业慈善行为作为中国正在崛起的社会慈善形式直接影响到慈善事业的总体走向和社会化进程。为了确保慈善事业的健康发展，政府必须运用有效的激励工具引导和推进企业非公益性捐赠行为。尤其是在《慈善法》和《企业所得税法》颁布或修订后的政策环境下，明确企业非公益性捐赠激励工具有助于指导各级政府扶持和推进企业非公益性捐赠行为，对于加快主动推动企业参与慈善事业具有积极的现实意义。

2. 企业非公益性捐赠行为激励研究能够实现社会公益与企业私利的双赢格局

研究表明，企业非公益性捐赠行为在企业慈善行为中居于主导地位，通过分析激励方式，有助于引导企业的非公益性捐赠行为。在满足企业私利的同时，政策激励可以促进社会公益进步。在激励性政策指向企业公益性捐赠行为的制度环境下，关注企业非公益性捐赠行为激励问题更加符合企业的利益出发点和本质特征。

3. 将传统企业慈善行为的研究重心从企业自身延伸到社会层面的外部激励

作为中国社会慈善的主要形式之一，企业慈善行为是协助政府解决社会问题的重要力量。从引导企业公益性捐赠行为向非公益性捐赠转变意味着政府从外部激励角度对于企业慈善行为的整体关注与政策方式。作为企业慈善行为外部制度保障的核心，企业非公益性捐赠行为还没有被纳入政策激励范围，这是企业慈善激励研究亟待关注和解决的重要现实问题。

（二）理论意义

1. 结合中国国情，对企业慈善行为激励开展了本土化探索

企业慈善行为在西方经历了几十年实践检验后被引入国内。但是，学界没有从政策激励维度对其加以系统的本土化研究。分析税收政策、特许经营制度等激励工具引导中国企业非公益性捐赠行为的有效性或适用性，指出激励研究同样适用于企业非公益性捐赠行为。在《慈善法》出台后，其政策内容并没有将企业非公益性捐赠行为纳入激励指向，故本研究依然具有理论价值。

2. 为企业慈善行为理论研究提供了新的分析视角

现有研究大多是从慈善主体、捐赠方式和慈善效果等企业自身维度展开。本研究从政策激励的外部视角着眼，以界定企业慈善动机的性质为逻辑起点，将国内外企业公益性捐赠行为激励工具作为非公益性捐赠研究参照，探索企业非公益性捐赠行为激励的必要性、可行性和适用性，有助于完善和优化企业非公益性捐赠行为激励机制，并提出新政策环境下的企业非公益性捐赠激励对策，从而补充和完善国内企业慈善行为研究理论体系的研究缺失和存在的不足。

3. 拓宽了国内外学界关于企业慈善行为的研究领域

现有成果是以企业公益性捐赠行为为研究对象，忽略了针对中国企业慈善

行为中覆盖面、贡献度和影响力处主要地位和绝对份额的企业非公益性捐赠行为的理论研究。因而无法涵盖企业慈善行为的所有范畴，存在明显的理论缺陷。本研究将企业非公益性捐赠行为及其激励问题作为研究议题，突破了已有研究维度，对于丰富企业慈善理论框架，完善企业慈善行为研究具有重要的理论价值。尤其是《慈善法》和新修订的《企业所得税法》均没有明确支持非公益性捐赠行为，本研究在理论层面仍然具有较强的理论意义。

第二节　研究概念、问题、方法和创新之处

一　研究概念

（一）慈善

学界关于慈善有着诸多界定，代表性概念有：慈善被界定为一种捐赠货币和其他资源的行动，包括时间、帮助个体、动机和慈善组织等。[①] 郑功成认为，现代意义上的慈善是建立在社会捐献基础之上的民营社会性救助事业。[②] 徐麟认为，慈善是公众以捐赠款物、志愿服务等形式关爱他人、奉献社会的自愿行为。[③] 加里·贝克尔给慈善下的定义是，如果将时间与产品转移给没有利益关系的人或组织，那么这种行为就被称为慈善或博爱。[④] 周秋光认为慈善具有三个基本特征：第一，动机上的为人与无我；第二，行为上的民间性而非政府性；第三，功能上的社会利益调节器和再分配形式。[⑤]

根据上述慈善概念的界定，其核心特征主要有：第一，慈善是一种完全自愿的行为，不带有任何强制的成分，这使得其与税收等政府行为有着本质的区别，因而具有社会性特征、民营化特征；第二，慈善所针对的对象与慈善捐赠主体没有任何利益交集或关系；第三，慈善是一种捐赠主体广泛、涉及关爱对象覆盖面广、慈善活动参与形式多样、慈善活动时间和效果持续性强的社会公

[①] Angela M. Eikenberry, Patricia Mooney Nickel. *Towards a Critical Social Theory of Philanthropy in an Era of Governance*, http：//www.ipg.vt.edu/Papers/EikenberryNickelASPECT.pdf.

[②] 郑功成：《当代中国慈善事业》，人民出版社，2010，第29页。

[③] 徐麟：《中国慈善事业发展研究》，中国社会出版社，2005，第28页。

[④] 〔美〕加里·贝克尔：《人类行为的经济分析》，王业宇译，上海三联书店，1995，第321页。

[⑤] 周秋光：《对当代慈善与社会福利发展的宏观思考》，《中国社会报》2011年10月21日。

益活动。因此，参与慈善需要有动机驱动。① 本研究认为，慈善是政府、社会和个人等多元主体为了促进社会公益、解决社会问题、改善社会环境而针对某个具体区域、群体或现象实施的一种自愿性、社会性捐赠行为，包括货币、实物、股份、技术、人力和服务等相关资源的提供。

（二）企业慈善

格弗雷（Paul C. Godfrey）认为，企业慈善是指企业为了社会和公益目的而提供的实物或货币捐助，诸如在教育、文化、艺术、种族、健康以及受灾救济基金等方面给予的支持。② 本研究认为，从公共管理的视阈来看，企业慈善是企业通过自身的市场化行为参与解决慈善领域的社会问题，改善与政府、公众关系的一种社会化形式。其目的在于协助政府促进社会利益进步的同时，培育企业形象，扩大市场份额，最终达到社会公益和企业私利双赢的目的。

（三）企业慈善行为

关于企业慈善行为的界定，柯林斯（Marylyn Collins）的理解是，企业慈善行为是一种针对某个事件或者活动的经济投资，这种投资首先应该给社会带来好处，但是最终可以给企业带来长远的利益。③ 此后，他又提出了一个相对宽泛的概念，即企业慈善行为是一种企业在与自身没有明确直接利益关系的前提下做出的货币或者其他方面的捐赠行为。④ 这意味着，慈善行为虽然不能与企业自身发生直接的利益关系（诸如经济效益等），或者短期的立竿见影效果，但是可以在社会声誉、市场口碑、产品价值、品牌声誉和消费者认同度等诸多方面为企业带来长期的间接价值回报，并能够产生社会公益之外的企业私利。因此，可以理解为企业慈善行为，包括企业非公益性捐赠行为和企业公益性捐赠行为。赵义隆认为，企业慈善行为是指企业通过提供金钱、实物和劳务

---

① 张奇林、李君辉：《中国慈善组织的发展环境及其与政府的关系：回顾与展望》，《社会保障研究（武汉）》2011 年第 6 期。

② Paul C. , Godfrey, "The Relationship between Corporate Philanthropy and Shareholder Wealth: A Risk Management Perspective", *Academy of Management Review*, Vol. 30, No. 4 (2005): 777 – 798.

③ Marylyn Collins, "Global Corporate Philanthropy – Marketing Beyond the Call of Duty?", *European Journal of Marketing*, Vol. 27, No. 2 (1993): 46 – 58.

④ Marylyn Collins. , "Global Corporate Philanthropy and relationship Marketing", *European Management Journal*, Vol. 12, No. 2 (1994): 226 – 233.

等方式，主动协助文艺、体育、健康、环保以及其他方面关怀社会的活动。[①]
杨团、葛道顺认为，企业慈善行为是企业向所在地社区和需要帮助的领域或社
会群体提供资金、劳务或实物援助的行为，这是企业承担社会责任的重要方
面。[②] 目前来看，关于企业慈善行为概念的界定均较为宽泛，不仅包括了传统
的货币捐赠方式，还涵盖了劳务、实物、技术、影响力投资和股权等非货币性
捐赠手段。

　　本研究认为，企业慈善行为是企业从公益性和非公益性动机出发以社会捐
赠为表现形式的慈善活动，其目的在于促进社会公益进步，体现为公益性慈善
效果。同时，不同的慈善动机会导致公益性和非公益性两种性质截然不同的企
业慈善行为。

（四）公益性和企业非公益性捐赠行为

　　从企业慈善行为概念来看，包括公益性和非公益性。学界对公益性和企业
非公益性捐赠行为尚没有明确的界定。根据《中华人民共和国企业所得税法
实施条例》（以下简称"企业所得税法实施条例"）第五十一条规定：企业所
得税法第九条所称公益性捐赠，是指企业通过公益性社会组织或者县级以上人
民政府及其部门，用于符合法律规定的慈善活动公益事业的捐赠。很显然，这
里所指的"公益性捐赠"事实上可以理解为"企业公益性捐赠行为"。根据上
述界定，《企业所得税法》对于公益性捐赠有着严格限制，因而符合税收优惠
和减免条件的企业捐赠极为有限。除此之外，其他企业慈善行为均属于"非
公益性捐赠行为"。从企业慈善动机考虑，公益性或非公益性捐赠行为是基于
社会契约或经济理性慈善动机履行捐赠的结果，或许和企业核心业务有关，也
可能和某个慈善项目或者是受助对象的具体需求有关，但是其最终结果均反映
为公益性慈善效果。

　　因此，关于"企业非公益性捐赠行为"的界定，可以理解为企业从经济
理性动机出发，从事致力于社会公益的捐赠，并能产生公益性慈善效果的捐赠
行为。但是，某些危害社会公益的企业捐赠应该被排除在外，比如烟草企业
等。非公益性捐赠行为出发点和着力点在于企业能否从捐赠行为中获得利益回

① 赵义隆：《大型企业赞助公益活动之研究：Corporate philanthropy in Taiwan》，台湾"国科会"补助专题研究报告，1996。
② 杨团、葛道顺：《公司与社会公益Ⅱ》，社会科学文献出版社，2003，第106页。

报,而企业公益性捐赠行为则是一种纯粹、利他的社会公益表现,企业并不会也没有企图从慈善行为或项目本身获得经济利益回报。根据 2018 年发布的《企业所得税法》第十条规定,在计算应纳税所得额时,下列支出不得扣除:本法第九条规定以外的捐赠支出和赞助支出。上述两条支出属于企业非公益性捐赠或者作为赞助的企业捐赠支出有可能与捐赠企业产生直接或间接的利益交集或输送。

(五)企业非公益性捐赠行为激励

目前,学界关于企业非公益性捐赠行为研究成果为数不多,尚没有关于企业非公益性捐赠行为激励的权威性界定。作为本研究的关键概念之一,提出的概念解释为:以推进企业非公益性捐赠行为为核心,以达到公益性慈善效果为目标,采取合适的激励性规制理念,梳理相应的激励工具和提出激励对策以产生激励效应。鉴于企业非公益性捐赠行为还没有专门性激励工具和激励对策,故尝试以企业公益性捐赠激励工具向企业非公益性捐赠领域植入和传递。

二 研究问题

研究问题的提出在于判断企业慈善动机的性质,针对企业慈善行为激励实践,拟解决的核心问题是:政府是否有必要提供激励对策引导企业非公益性捐赠行为,企业公益性捐赠激励工具能否在企业非公益性捐赠领域植入,由此产生的公益性慈善效果与政策激励效应能否有机融合?

围绕上述问题,需要进一步解决的问题是:第一,我国企业慈善动机的性质是公益性还是非公益性?如何确定企业非公益性捐赠行为模式?第二,企业非公益性捐赠行为能否产生公益性慈善效果?企业公益性捐赠行为激励工具能否向企业非公益性捐赠行为进行激励导入?第三,税收政策和特许经营制度作为企业非公益性捐赠行为的激励工具是否具有可行性、有效性或适用性?第四,在新的政策环境下,如何完善企业非公益性捐赠行为激励机制?第五,在共同富裕理念下,第三次分配影响下的企业非公益性捐赠行为模式有哪些?

三 研究方法

(一)文献研究与个案调查相结合的研究方法

在文献梳理的基础上,以"战略性企业慈善理论"和"第三次分配理论"

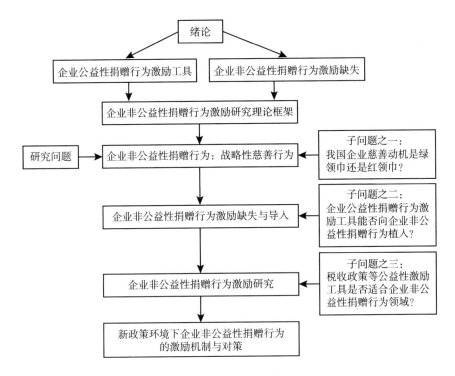

图 0 – 4　分析框架

构建本研究的理论框架；通过文献研究结合实地调查和在线调研研究，设计访谈个案，对选取的央企、知名外企和新兴民企进行实地和在线访谈，根据研究理论和文献资料进行个案研究。

第一，本研究选取"国家学生饮用奶计划"和"九阳希望厨房项目"两个典型个案作为特许经营制度应用于企业非公益性捐赠行为激励研究的典型案例。从个案研究角度探索特许经营制度引导企业非公益性捐赠行为的可行性和适用性。以此作为该企业公益性捐赠行为激励工具移植到企业非公益性捐赠行为的个案依据。

第二，在新的政策环境下，企业非公益性捐赠行为发生了变化和转向，故选取大型外企和新兴民企围绕《慈善法》颁布后企业非公益性捐赠行为面临的新问题、呈现的新特点和面临的新挑战进行了在线个案访谈，分析新政策环境下外部制度因素对企业非公益性捐赠行为的影响。

（二）定性研究和定量研究相结合的研究方法

第一，关于企业慈善动机研究采取差异性分析法。目的在于研究《企业所得税法》发布前后企业慈善动机的变化情况，其数据来自 2007 年和 2009 年沪市主板上市公司年报的捐赠数据。为此，作者选取了激励企业捐赠行为的权威性税法——《企业所得税法》及其实施条例作为定量研究的政策依据，选取公益性慈善行为的政策依据进行定性研究，旨在确定相应的税收政策是否适用于企业非公益性捐赠领域，以实现企业公益性捐赠激励工具向企业非公益性捐赠领域合理植入。

第二，以 2008 年发布的《企业所得税法》为时间节点，选取线性回归分析法作为定量研究方法分析政策内容变动前后企业总体性（包括公益性和非公益性捐赠行为）捐赠金额变化的情况。之所以选择这个时间节点作为数据比对的分水岭，是因为考虑《企业所得税法》变动前后产生的政策影响效果最为显著，对于政策效果分析更加真实、有效和可靠。2008 年属于自然灾害影响比较突出的年份，汶川地震等自然灾害造成的经济损失和社会危害相对更加严重，其社会捐赠表现明显异于其他年份，捐赠额度呈现出明显高于其他年份的态势。因此，为了保证数据来源的客观性和准确性，故将 2008 年上市公司年报数据剔除，而选取了 2007 年和 2009 年上市公司年报数据作为定量研究依据。

总之，作者通过定性研究和定量研究分析"税收政策"和"企业慈善行为"之间是否存在某种数量关联，探索税收政策对于非公益性捐赠行为的可行性、适用性和有效性。值得注意的是，由于《慈善法》和最新修订的《企业所得税法》等激励性政策法规依然是围绕企业公益性捐赠行为，针对企业非公益性捐赠行为并没有提供相应的激励政策内容，因此该研究结果在现阶段仍然是成立和有效的。

（三）比较分析和政策分析相结合的研究方法

比较分析《慈善法》等激励性政策出台或变动前后企业非公益性捐赠行为转向及其影响因素；同时，结合结转税制度、特许经营制度等政策法规和激励工具，分析新的政策环境下推进企业非公益性捐赠行为的新兴激励工具组合。在此基础上，对慈善问题专家和慈善企业高管进行访谈，掌握他们对于企业慈善动机和新政策环境下企业非公益性捐赠行为激励的看法，为完善激励机制和提出激励对策提供相关数据。

四　创新之处

（一）关注到中国非公益性企业慈善动机演变中的价值转换与利益分化

在企业基于自利性慈善意识前提下，本研究指出企业在考虑慈善动机时，首

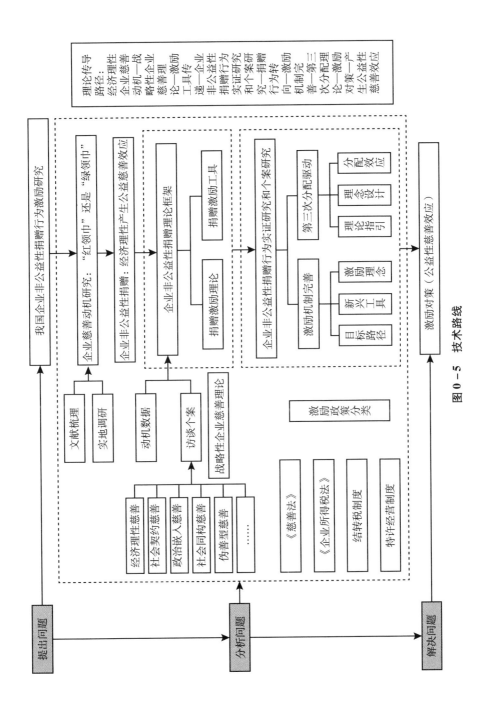

理论传导路径：经济理性慈善动机—战略性企业慈善管理工具—激进企业非公益性捐赠行为实证研究和个案研究—第三次分配理论—激励对策—产生公益性慈善效应

图 0 - 5　技术路线

要关注经济利益和盈利目标，其次是社会责任以及公益性慈善行为。因此，趋利性、非公益性慈善动机是合理的、可信的。即非公益性企业慈善动机演变中的价值转换与利益分化表现为企业慈善动机从社会契约向经济理性维度的价值转换，其结果是企业从非公益性捐赠行为实现公益性慈善效果的价值转换，以及形成的慈善动机多元化和慈善主体利益分化。一方面体现为社会契约慈善动机和经济理性慈善动机出于各自价值立场和利益诉求而导致的利益分化，另一方面是政府与企业在以企业非公益性捐赠行为为纽带的合作关系中形成利益分化。

（二）验证了中国企业非公益性捐赠行为的趋利性动机确实客观存在

通过分析沪市主板上市公司捐赠数据的公益性和非公益性捐赠金额，运用线性回归分析法对于企业非公益性捐赠行为做了定量研究，得出企业非公益性捐赠行为在追求经济利益、广告效应、品牌培育和市场的同时，树立慈善形象、增强社会声誉、弘扬知名度，乃至激励经济利益等方面具有趋利性动机的结论。同时，将非公益性捐赠行为与公益性慈善效果进行了有机融合。因此，认同企业趋利性慈善动机的客观性是开展企业非公益性捐赠行为激励研究、产生公益性捐赠效果的现实依据和理论基础。

（三）为中国企业慈善行为激励理论研究提供了新的分析视角

从政策激励的外部视角着眼，以界定企业慈善动机与行为的性质为逻辑起点，将企业公益性捐赠行为激励工具作为参照，探索将其从企业公益性捐赠领域植入企业非公益性捐赠领域的必要性、可行性和适用性，弥补了缺乏激励理论、规范、引导和对策的缺失与不足。通过遴选激励工具，有助于完善企业非公益性捐赠激励机制，围绕《慈善法》《企业所得税法》等激励性政策提出激励对策。

第三节　企业慈善行为研究的文献综述

一　企业慈善行为理论研究

（一）企业慈善行为的核心策略

第一，战略性或策略性企业慈善行为。即从商业化、市场化效果的经济视角研究企业慈善行为策略，这是典型的企业非公益性捐赠行为模式，是基于企业私利与社会公益综合考量的战略决策。D. 伍德（Donna J. Wood）等人将战略性企业慈善行为定义为一种刻意把企业慈善与经济目标相联系的举措。[①] 时至今日，被理解为企业核心竞争力和资源，专注于关键的利益相关者，以实现企业私利和社会公益的综合性工具。[②] 布莱默（Stephen Brammer）等人从企业声誉的观点对英国工业企业进行了研究。结果表明，慈善捐赠与企业声誉呈现正相关性，并且企业慈善行为能够弥补企业的负面影响。[③] 这表明，慈善捐赠不仅有利于社会问题的解决，而且有助于促进企业形象改善，消除负面效应，有助于实现企业战略目标。毕竟企业在参与慈善捐赠时会考虑政府和社会意愿，协助政府解决社会问题，以获得良性的外部环境和舆论支持，从而获得"正的外部性"。

　　目前，西方战略性企业慈善行为在理论演变和实践发展中形成两种思路。即，公益型市场营销（Cause – related Marketing）和竞争环境导向型慈善行为（Context – focused Philanthropy）。[④] 所谓公益型市场营销，是指通过资助特定的公益事业以促销企业产品和提升企业形象的营销活动，是市场销售、慈善行为和企业公共的有机结合。[⑤] 该观点是由美国营销学家菲利普·科特勒（Philip Kotler）提出的。美国运通公司是典型的公益型市场营销开创者和成功实践者。1983 年，美国运通公司积极为自由女神像修复计划募集和捐赠资金，迅速为公司树立了良好的公众形象。[⑥] 所谓竞争环境导向型慈善行为是波特（Michael E. Porter）所倡导。该行为模式强调慈善行为具有改善企业竞争环境的功能，即企业慈善行为应该对竞争环境相关的要素条件、需求条件、企业战略和同业

---

① Donna J. Wood, Raymond E. Jones, "Stakeholder Mismatching: A Theoretical Probelem in Empirical Research on Cpoporate Social Perpormance", *International Journal of Organizational Analysis*, Vol. 3, No. 3, (1995): 1: 229 – 267.

② Debbie Thorne McAlister, O. C. Ferrell, Debbie Thorne, Linda Ferrell. *Business and society: A Strategic Approach to Corporate Citizenship* (Boston: Houghton Mifflin, 2002), p. 360.

③ Stephen Brammer, Andrew Millington, "Corporate Reputation and Philanthropy: An Empirical Analysis", *Journal of Business Ethics*, Vol. 61, No. 1, (2005): 29 – 44.

④ 唐更华、许倬云：《西方策略性企业慈善行为理论、实践与方法评介》，《外国经济与管理》2005 年第 9 期。

⑤ P. R. Varadarajan, A, Menon, "Cause – Related Marketing: A Coalignment of Marketing Strategy and Corporate Philanthropy", *Journal of Marketing*, Vol. 52, No. 3, (1988): 58 – 74.

⑥ Timothy S. Mescon, Donn J. Tilson, "Corporate Philanthropy: A Strategic Approach to the Bottom – Line, California Management Review", Vol. 29, No. 2, (1987): 49 – 61.

竞争产生积极影响。① 美国思科集团公司是竞争环境导向型慈善行为模式的成功实践者。该公司于 20 世纪 90 年代初创办的免费网络技术培训项目,不仅产生了巨大的社会效益,也有效改善了企业竞争环境。② 无论如何,战略性企业慈善行为从其本质和内涵来看,都是典型的企业非公益性捐赠行为,带有经济理性慈善色彩。

第二,从公益性社会视角研究企业慈善行为。萨西(Craig M. Sasse)等认为,越来越多的企业倾向于参与到社会领域……推动了慈善发展,或者是扮演了一个责任公民的角色。③ 艾德武(Samuel O. Idowu)等人持类似的看法,即企业将慈善作为其阐释社会意识的一种方式。④ 上述界定表明,这是典型的企业公益性捐赠行为。

第三,从经济视角研究企业慈善行为。梅耶(John W. Meyer)等认为,企业借助慈善行为获得了合法性、资源和稳定性,并且改善了生存前景。⑤ 因而,该企业慈善行为旨在促进企业获得合法性身份,具有目标明确、路径清晰、效果集中和方法成熟等特征。

从企业慈善行为策略研究来看,围绕经济、社会和制度等目标指向的理论研究针对性突出,路径明晰,指向明确。其中,从趋利性视角切入的战略性企业慈善行为模式对于企业慈善方案有一定的理论价值和指导意义,有利于慈善目标的价值评估。换句话说,对于企业而言,慈善行为更像是一种投资或市场行为。正如有研究指出,企业慈善行为不仅是"爱心",更是"市场"。在这个市场中,企业并不是随意捐赠,而是通过合理投资以及精细化管理实现自身效益的最大化、最佳化。企业向"慈善市场"进行投资,可以获得来自政府、

---

① 唐更华、许倬云:《西方策略性企业慈善行为理论、实践与方法评介》,《外国经济与管理》2005 年第 9 期。

② Michael E. Porter, Mark R. Kramer, "The Competitive Advantage of Corporate Philanthropy", *Harward Business Review*, Vol. 80, No. 12, (2002): 57 - 68.

③ Craig M. Sasse, Ryan T. Trahan, "Rethinking the New Corporate Philanthropy", *Business Horizons*, Vol. 50, No. 1, (2007): 29 - 38.

④ Samuel O. Idowu, Ioanna Papasolomou, "Are the Corporate Social Responsibility Matters Based on Good Intentions or False Pretences? An Empirical Study of the Motivations behind the Issuing of CSR Reports by UK Companies", *Corporate Governance*, Vol. 7, No. 2, (2007): 136 - 147.

⑤ John W. Meyer, Brian Rowan, "Institutionalized Organizations: Formal Structure as Myth and Ceremony", *American Journal of Sociology*, Vol. 83, No. 2, (1977): 340 - 363.

社区、员工、合作伙伴、顾客和社会等多方面的利益回报。①②

　　总之，就战略性企业慈善行为而言，其利益回报来自两方面：一是有助于公众和政府给予企业正面评价，从而有利于企业培育差别化的市场地位；二是有助于企业争取和稳定热心公益的消费者。③ 而企业非公益性捐赠行为作为战略性企业慈善行为的表现方式，其核心策略决定了慈善目标指向。因此，从社会和企业的双重角度来看，战略性企业慈善行为无疑是最合理、最有效率的，其掌握的慈善资源不仅保障了企业的利益回报，还有助于社会公益的实现。这意味着企业非公益性捐赠行为对于慈善事业同样是有贡献的。

（二）企业慈善行为的影响因素

　　社会学家强调经济活动嵌入在社会结构与文化之中。④ 现有文献揭示影响企业慈善行为的因素是多重的、多层次的，包括微观的企业主个体因素和公司层面的内外因素（包括绩效、治理结构、员工、消费者等）、中观的行业因素以及宏观的制度和文化环境因素等。⑤ 近年来，国内关于企业慈善行为动机和影响因素的研究逐渐得到重视，大多基于政治关联角度展开。但是还没有文献从捐赠抵税的激励角度研究。而国外文献虽然关注了税收政策，但主要集中于对个人捐赠行为的研究，缺乏关于企业慈善的研究成果。实证研究发现，企业规模、行业竞争、制度环境、舆论压力、政治关联和高管个体特质等因素均对企业慈善行为产生了显著的影响。⑥ 毫无疑问，政府是公共领域最有权威和效力的慈善管理主体，对于企业慈善行为具有最重要的影响。帕特考斯基和特沃斯（D. Petkoski and N. Twose）按照企业社会责任促进政策的强制性程度，把政府角色分为四个类型："命令""促进""协作""认证"。其中，"认证"是指通过宣传与表彰等方式，为合格的企业提供政策性支持，有助于提升社会对企业社会责任的认知度，调动企业积极性，是政府强制性最弱，具有鼓励性

---

① 王波：《企业社会责任的经济后果研究》，《会计之友》2012 年第 11 期。

② 胡楠：《中国企业慈善行为模式与路径选择》，《现代管理科学》2015 年第 3 期。

③ 唐更华、许倬云：《西方策性企业慈善行为理论、实践与方法评介》，《外国经济与管理》2005 年第 9 期。

④ Mark Granovetter, "Economic Action and Social Structure：The Problem of Embeddedne", *American Journal of Sociology*, Vol. 91, No. 13, (1985)：481 - 510.

⑤ 陈宗仕：《区域文化、民企治理结构与企业慈善》，《浙江学刊》2020 年第 4 期。

⑥ 徐细雄、龙志能、李万利：《儒家文化与企业慈善行为》，《外国经济与管理》2020 年第 2 期。

的、间接的支持作用，"促进"与"协作"介于两者之间，具有引导性作用。[①]
企业慈善行为影响研究涉及公益性赞助行为的影响因素与决策相关行为等。[②]
政策激励等外部因素逐步成为干预企业慈善行为的关键因素。企业参与慈善的
动机不仅是出于自身考虑，更有来自激励政策、社会组织和公共舆情等非权力
性因素的社会推动。

目前，国内关于企业慈善行为影响因素的成果主要集中在以下领域：第
一，来自政府等强制性权威的制度约束和权力干预；第二，关注各种外部因素
对于企业慈善行为的影响；第三，关注消费者作为企业利益相关者对于企业慈
善行为的态度和认识。张广玲等围绕企业慈善行为（捐赠款物和捐赠时间）
对消费者行为意向的影响进行了实证研究，指出慈善活动有助于提升消费者感
知的企业形象。[③]

总之，研究企业慈善行为影响因素有助于依据关联性、重要性和迫切性等
维度排序，从而发现对于企业慈善行为最具有影响力的关键要素，并给予应有
的重视和分析。一般而言，企业慈善动机与其行为的影响因素是基本对应的，
因而从企业慈善动机角度探索企业慈善行为的影响因素。

二 企业慈善行为激励研究

从企业慈善行为激励研究来看，现有研究围绕企业公益性捐赠行为所展
开。其中，关于税收政策能否引导和激励企业慈善捐赠的实证研究是学界关注
的重点领域，尚没有针对企业非公益性捐赠的税收政策激励研究。同时，国内
慈善捐赠激励性政策法规均明确指向企业公益性捐赠。研究指出，现行法律对
捐赠方的税收激励主要体现在企业和个人向非营利组织进行公益性捐赠的所得
税税前扣除规则上。[④] 比如，《国务院关于促进慈善事业健康发展的指导意见》
（国发〔2014〕61 号）中有着详尽规定："落实企业和个人公益性捐赠所得税

---

① D. Petkoski, N. Twose, "Public Policy for Corporate Social Responsibility", Summary of a
Conference on the Same Topic Jointly Sponsored by the World Bank Institute and the International
Finance Corporation, 2003.

② 林纹慈：《急难事件之企业赞助公益活动与公关效果初探——以 921 集集大震为例》，《台
湾中华传播学会 2000 年会论文集》，中正大学，2000，第 1~32 页。

③ 张广玲、黄慧化、郭志贤：《企业慈善行为（捐款和捐时）对消费者行为意向的影响研
究》，《武汉大学学报》（哲学社会科学版）2008 年第 6 期。

④ 杨利华：《美国慈善捐赠税收扣除制度的考察与思考》，《北方法学》2016 年第 3 期。

税前扣除政策，企业发生的公益性捐赠支出，在年度利润总额12%以内的部分，准予在计算应纳税所得额时扣除。"也有人通过实证研究，分析了税收激励与慈善捐赠之间的关系。研究发现，税收激励与慈善捐赠之间存在相关性，并且不同类型的捐赠者对于税收激励有各自的需求。[1] 彭飞等运用倍差法（Difference – in – difference，DID）对企业慈善的抵税动机进行检验。研究发现，捐赠抵税政策降低了企业慈善捐赠成本，对企业的捐赠力度产生了显著的正向效应。此外，企业慈善捐赠的抵税效应在捐赠规模较小的企业中更加显著。[2] 上述研究结果说明税收优惠政策是促进慈善事业发展的重要手段。国外有学者对于税收减免制度作为企业慈善捐赠的配套激励政策持有不同的看法。梅尔（Meier）认为对捐赠行为进行配套激励，虽然在短期内对捐赠参与度的影响立竿见影，但是从长期来看，则可能损害捐赠者的捐赠意愿，形成对配套捐赠政策的过度依赖。尽管如此，作为捐赠税收优惠政策的重要方式之一——捐赠抵税，无论是对企业还是个人的捐赠影响都获得了比较一致的结论，学术界普遍肯定捐赠抵税的积极意义。[3] 比如，美国规定个人和企业向公益性社会组织的捐赠可以分别在应纳税所得额的10%和50%内享有税前扣除权，并允许超出比例的捐赠在5个纳税年度内结转；德国对捐赠税前扣除限定在应纳税所得额的5%，对于慈善、科学、文化的捐赠，则提高至10%；印度税法规定任何组织和个人向免税组织的捐赠可在捐赠额的50%内享有减免税权，而国内企业参照的是利润总额12%以内可税前扣除。同时，也有少数国家（如意大利）对捐赠不执行税收抵免政策。

由此可见，企业作为慈善主体和捐赠者对于税收政策有其特殊要求和不同认识，不同于个体捐赠者对于税收政策的需求。目前，《企业所得税法》及其实施条例和结转税制度体现出引导和激励企业公益性捐赠行为的政策效力。黄晓瑞等认为，根据美国著名慈善专家M. 萨拉蒙（Lester M. Salamon）在分析政府行动工具时所采用的五个维度法，可将税收激励视为慈善捐赠中的一个政策工具。在中国慈善捐赠中，税收激励作为政策工具发挥着积极的作用，但由于现行法律法规尚不完善以及免税程序和捐赠数据缺乏透明度和公开性，税收

---

[1] Hsin – Yi Lin, Kuang – Ta Lo, "Tax Incentives and Charitable Contributions: the Evidence from Censored Quantile Regression", *Pacific Economic Review*, Vol. 17, No. 4, (2012): 535 – 558.

[2] 彭飞、范子英：《税收优惠、捐赠成本与企业慈善行为》，《世界经济》2016年第7期。

[3] 彭飞、范子英：《税收优惠、捐赠成本与企业慈善行为》，《世界经济》2016年第7期。

激励工具在慈善捐赠中的实施成效有所折扣。因此，加快慈善立法和规范慈善捐赠信息公开势在必行。[①] 从学界来看，关于税收政策是否会影响企业捐赠动机及其行为，西方学者并没有形成一致结论。一种观点认为，税收政策与企业慈善捐赠有正相关性，减少税收对于慈善捐赠是有效率的。[②] 这意味着税收优惠或减免待遇对于企业慈善捐赠是有激励效应的。调查表明，没有企业或个人会因为捐赠后可以享受税收优惠或减免待遇而考虑是否捐赠，但是税收优惠政策确实会促使人们做出捐赠决定。一旦人们作出捐赠决定，税收优惠的数量多少会对人们的捐赠数额产生影响。[③] 而波兹曼（James R. Boatsman）等人对税收与企业慈善捐赠的相关性研究表明，企业慈善行为减少了公司净利润，使得公司决策者受到最低利润水平制约。或者说，捐赠价格变化的"收入效应"超过了"替代效应"，税率提高降低了企业慈善捐赠金额。[④] 由此，税收政策与企业慈善行为之间存在某种程度的相关性。换句话说，政府适当降低税收额度或减免税收费用能够促进企业公益性捐赠。因此，税收优惠，较之行政奖励而言，更为具体化，是对慈善活动支持和促进的重要手段。[⑤] 另一种观点则认为，税率不会对企业慈善行为产生直接的影响。纳瓦罗（Peter Navarro）认为，税率与捐赠比例没有关系。[⑥] 根据这种看法，企业慈善行为并非受到税收政策所影响，而是被企业自身因素或是社会舆论、利益相关者等社会因素所左右。

目前，捐赠和纳税是企业投身社会公益的主要渠道和路径。一般而言，成熟的社会给予公民和企业两种选择：税收或捐赠。国际上对于捐赠有四种税收优惠政策：减免、抵免、受益方案和指定方案。减免是减少应予纳税的所得

① 黄晓瑞、吴显华：《慈善捐赠的一个政策工具：税收激励》，《武汉大学学报》（哲学社会科学版）2015 年第 4 期。

② Kevin Stanton Barrett, Anya M. Mcguirk, Richard Steinberg, "Further Evidence on the Dynamic Impact of Taxes on Charitable Giving", *National Tax Journal*, Vol. 50, No. 2, （1997）: 321 – 334.

③ 赵晓云：《中国慈善捐赠税收优惠政策研究》，西南政法大学硕士学位论文，2012，第 12 页。

④ Boatsman, Jarnes R., Gupta, "Taxes and Corporate charity: Empirical Evidence from Micro – Level Panel Data". *National Tax Journal*, Vol. 49, No. 2, （1996）: 193 –213.

⑤ 胡敏洁：《〈慈善法〉中的政府促进措施：支持抑或管理？》，《江淮论坛》2016 年第 4 期。

⑥ Peter Navarro, "Why Do Corporations Give to Charity?", *Journal of Business*, Vol. 61, No. 1, （1988）: 65 – 93.

额，抵免则适用于减少纳税人的应缴税额。就中国而言，对企业和个人向非政府组织捐赠采取税收抵免的办法比较成功，不足之处是通过指定机构接受捐赠和税收抵免的限额较低，在一定程度上限制了企业和个人向非政府组织捐赠的积极性。[①] 因此，税收政策通过弥补企业或个人的捐赠成本间接为慈善事业筹集资金，不仅会提高慈善资源使用效率，节约社会再分配的成本，还能避免政府公务人员的寻租行为。概括来说，税收激励通过影响捐赠的价格和捐赠者的收入对捐赠产生影响，税收减免降低了捐赠的价格，增加了纳税人的可支配性收入，从而增加捐赠额。[②] 国家通过税收减免优惠政策鼓励企业和个人的慈善捐赠，不仅降低了捐赠者的捐赠成本，也为慈善捐赠提供了合法性依据。[③] 目前，通过税收优惠政策鼓励企业慈善行为来促进慈善事业的发展已成为许多国家积极采用的方法。[④] 可见，税收政策是各国政府普遍采用的引导企业慈善行为的重要工具。[⑤] 比如，企业所得税政策就是各国常用的税收政策。国外税收优惠制度主要包括支持私人慈善基金会作为捐赠渠道等，对于慈善捐赠的税收优惠取决于其捐赠渠道的性质。即针对捐赠渠道差别给予相应的税收优惠待遇。总体而言，西方国家的所得税政策更加倾向于将私人慈善基金会作为捐赠渠道加以支持。

因此，关于税收政策与企业慈善行为是否存在相关性，现有研究存在一定的分歧。既有成果支持两者之间存在显著的相关性，还有研究认为二者之间相关性不显著或者毫无关联。由于西方学者从实证角度研究时选取的变量数据和回归分析方法有较大的差异，其分析结果会存在明显差异。但是，国外多数研究表明，税收政策对于企业慈善行为具有激励效应，即税收政策与企业慈善行为之间存在正相关性。各国大多采取所得税政策作为激励工具引导企业公益性捐赠行为。同时，国内研究表明，应当通过大力倡导企业公民理念、运用税收

---

① 靳东升：《非政府组织所得税政策的国际比较》，《涉外税务》2004 年第 10 期。

② 赵晓云：《中国慈善捐赠税收和优惠政策研究》，西南政法大学硕士学位论文，2012，第 13 页。

③ 郑国安、赵路、吴波尔：《国外非营利组织法律法规概要》，机械工业出版社，2000，第 136 页。

④ 张奇林：《税收政策是否可以促进企业慈善行为探讨——基于 2010 年度深市主板上市公司数据分析》，《现代财经》2013 年第 1 期。

⑤ 朱迎春：《我国企业慈善捐赠税收政策激励效应——基于 2007 年度中国 A 股上市公司数据的实证研究》，《当代财经》2010 年第 1 期。

减免政策、规范慈善机构等措施来转变企业慈善捐赠模式。①

　　除了企业所得税政策之外，结转税制度也是国外较为普遍的公益性捐赠激励工具。按照国际通行的做法，企业公益性捐赠可以向后有一定年限的结转权限。比如，美、德等国都允许企业公益性捐赠向后结转。② 一般而言，企业慈善捐赠税前扣除标准如下：公司捐赠必须向享有受赠资格的公益组织捐赠才能进行税前扣除。企业的最高扣除额为不考虑慈善捐赠扣除、经营亏损结转，资本利亏结转或收受股息扣除时所计算的应税所得 10%，超过限额部分的捐赠可以向前结转五年，结转的捐赠扣除要优先于当年的捐赠扣除。③

　　就国内学界而言，关于税收政策的激励性研究近年来较为活跃。张奇林认为，在现行税收体制下企业所得税政策能够影响企业慈善行为，并且是同方向影响。④ 朱迎春则根据 2007 年度中国 A 股上市公司数据的实证研究发现，税收是影响企业慈善捐赠的主要因素之一，企业捐赠支出与企业所得税税率呈现显著正相关……企业捐赠支出与企业净利润显著正相关。因此，要充分发挥税收政策的引导作用，保护企业慈善捐赠的积极性。⑤ 沈琳通过比较海峡两岸的慈善捐赠税收政策指出，大陆慈善捐赠税收政策应在完善慈善捐赠的税收优惠法律体系、扩展慈善捐赠的税前扣除形式、提高捐赠的税前扣除比例等方面改革。⑥ 谢娜认为，应该扩大捐赠方享受优惠的受赠机构体系、提高捐赠扣除比例、允许扣除直接捐赠、开征遗产税和完善相关配套政策。⑦ 张甫军等结合国外经验介绍，分析企业慈善行为的税收扣除额度问题，认为税收扣除是鼓励企业慈善捐赠税收政策的重要环节，有利于激励企业更多地参与慈善捐赠事业，从而提高社会的整体福利。⑧ 张丽芬等指出，企业通过行善达到逃税或减税的目的，企业可以通过慈善捐赠方式从制度上合法逃避税收，减少财政支出，增

---

① 庄梅兰：《中外企业捐赠模式比较研究》，《鞍山科技大学学报》2006 年第 2 期。
② 樊丽明、郭健：《社会捐赠税收激励的国际经验与政策建议》，《涉外税务》2008 年第 11 期。
③ 杨龙军：《美国非政府组织的税收制度及其借鉴》，《涉外税务》2004 年第 1 期。
④ 张奇林：《税收政策是否可以促进企业慈善行为探讨——基于 2010 年度深市主板上市公司数据分析》，《现代财经》2013 年第 1 期。
⑤ 朱迎春：《我国企业慈善捐赠税收政策激励效应——基于 2007 年度中国 A 股上市公司数据的实证研究》，《当代财经》2010 年第 1 期。
⑥ 沈琳：《两岸三地慈善捐赠的税收优惠政策比较与借鉴》，《经济研究导刊》2011 年第 10 期。
⑦ 谢娜：《中国慈善捐赠税收优惠政策现状、问题及调整》，《中国经贸导刊》2012 年第 26 期。
⑧ 张甫军、胡光平：《优化企业慈善行为税前扣除政策的探讨》，《财会月刊》2012 年第 14 期。

加企业总利润。① 目前，企业慈善税收税种优惠范围极为有限，除了关税和进口增值税外，增值税、消费税、资源税和营业税等相关税收管理均没有明确指出是否存在企业公益性捐赠。因此，国内成果主要从税收政策的制度优势或缺陷方面来分析其对于企业慈善的影响，而没有关注税收政策作为激励工具是否适用于非公益性捐赠领域。

总之，企业慈善行为激励研究围绕企业公益性捐赠展开，并没有涉及企业非公益性捐赠领域。但是，作为慈善事业最重要的捐赠主体，慈善企业更需要政府支持和学界关注，企业非公益性捐赠行为激励缺失不利于政府从全局引导企业慈善。

三　企业慈善行为研究述评

基于以上分析，企业慈善行为激励研究在以下方面有待深入研究：

第一，学界过于关注重大灾害事件后企业慈善捐赠的实证研究，而对于企业慈善行为的影响因素和价值判断没有给予足够重现。

第二，对于企业慈善行为的性质属性和价值判断缺乏精准判断，以至于无法针对其捐赠属性做出明确界定，政府很难围绕慈善企业的切实需求给予有效激励。

第三，关于企业非公益性捐赠行为激励缺失研究关注较少，国内企业非公益性捐赠行为激励研究尚处于空白。

第四，企业公益性捐赠行为激励研究缺乏系统性、综合性和全局性，现有研究大多是从政策或法律等单一维度加以展开。尚无多维视角的整体把握和操作层面的对策分析，没有提出一套完善的企业慈善行为激励体系。

第五，政策关注和激励的企业慈善局限于企业公益性捐赠领域，对于日益兴起并发挥关键作用的企业非公益性捐赠研究严重缺失，说明学界对于这一新兴慈善领域的重视还远远不够。

第六，在共同富裕理念下，企业慈善领域出现了诸如"善经济"、企业投资行为、企业营销慈善行为和企业互惠慈善行为等新兴的捐赠模式，但是从第三次分配理论来探索企业非公益性捐赠行为创新模式还缺乏系统性成果。

---

① 张丽芬、黄姝、陈云凡：《慈善动机：企业与公民的差异比较及其政策意义》，《山东社会科学》2014 年第 7 期。

　　总之，政府应该从政策激励视角分析企业非公益性捐赠行为激励机制，并提供相应的激励对策，从而促进企业慈善行为整体发展，以达到推动社会公益的终极目标，这是关系到企业慈善行为能否进一步提升的关键着眼点、切入点和落脚点。国外企业公益性捐赠行为激励研究的重点在于激励工具的选择与应用，围绕激励效果匹配激励对象分析是否适合企业公益性捐赠。一般而言，各国政府经过"成本－收益"评估后，找出一套有效、可行的激励工具。诸如企业所得税政策、结转税制度等，以驱动企业参与慈善活动。激励工具的选择涉及企业慈善行为的规范机制、竞争保障机制以及慈善效果监管和评估机制等方面。为了确保激励效益最大化，政府应根据企业公益性捐赠变化，及时调整针对激励对象的侧重点，合理使用激励工具。即政府应该以激励工具提高企业参与慈善活动的积极性和主动性，提升企业慈善捐赠总量。

　　因此，对企业公益性捐赠行为施以税收优惠政策的做法已为世界众多国家所推行。比如，美国税法规定，在税前扣除的捐赠财物包括三类，即货币、带有长期增益或具有长期资本利得性质以及普通所得性质的财物。其税收政策优惠范围相对宽泛，有利于推动企业酌情选择捐赠方式。英国同样制定了税收政策针对特定范围的非货币性捐赠给予税收优惠待遇。此外，西方各国为了鼓励企业公益性捐赠，大多制定了较高免税比例的激励政策。以加拿大为例，公司向慈善机构捐赠在其应缴纳所得税75%以内，则可以在所得税税前扣除。① 因此，正是西方国家实行较高扣税比例的税收优惠政策，使得企业获得了可观的政策支持，促进了企业慈善行为。

　　总之，国外企业公益性捐赠激励政策不是一成不变的，而是随着激励对象的转变和激励效果的提升适时加以改变和调节，其目的是保持企业公益性捐赠行为的激励目标、对象和工具的同步性和一致性。

---

① 江希和：《有关慈善捐赠税收优惠政策的国际比较》，《财会月刊》2007 年第 7 期。

第一章 企业慈善动机研究：
"红领巾"还是"绿领巾"

长期以来，学界关于企业慈善动机有两种不同立场：一是从企业自身出发的商业性慈善动机，获取经济利益是其根本目的，即所谓的"绿领巾"；二是认为企业慈善行为是从公益性慈善动机出发，是为了推动社会公益，属于"红领巾"。

第一节 企业慈善动机的历史演变：
从社会契约到经济理性

一 国外企业慈善动机的历史演变

从国外经验来看，19 世纪末和 20 世纪早期西方企业从社会救助角度参与慈善活动与当时的宗教背景有着密切联系而且带有明显的自愿性质，属于典型的利他型企业慈善行为。其企业慈善动机从社会公益的价值观念出发，作为纯粹的公益性慈善动机具有单面性的特征，即是以社会面向为慈善利益指向的。

从 20 世纪 30 年代到 70 年代，企业基于自身利益和社会期待的双重因素，开始重视协调各方利益，即从企业私利和社会公益两种利益面向考虑慈善动机，是典型的经济理性或工具主义色彩慈善动机因素，是从企业战略目标出发的理性选择和利益妥协。比如，"雅芳乳腺癌圣战"是企业与社会双赢的慈善案例，是经济理性慈善动机表现出的慈善行为案例。通过此项活动，雅芳在全球范围内募集到的资金总额超过了 3 亿美元。类似的企业慈善行为显示，企业已经超越了"经济利益"或"社会公益"之间存在的利益冲突格局，转而寻求与社会共赢的慈善动机和捐赠模式。这验证了研究观点：一个真正富有社会责任感的企业，会首先在合法范围内追求经济目标和满足相关利益者的正当诉求，再自愿承担慈善责任。①

就企业而言，基于社会契约慈善动机的公益性慈善行为并不符合企业经济利益和本质属性。事实上，随着西方各国慈善动机和捐赠意识的成熟与理智，单纯的经济动机或纯粹的公益动机均不符合企业慈善动机的发展趋势。作为民企或私企的关键组成部分，家族企业在西方国家企业领域占有重要位置，通过分析家族企业的慈善动机可以大致了解和掌握国外企业慈善动机。有研究指出，家族企业中的慈善事业处于家庭、企业和社会的十字路口，大多数研究都是从企业或个人层面进行的，故对于家族企业中的慈善事业有着支离破碎的理解。根据1988~2014年出版的55份资料，解释了家族企业慈善行为的驱动因素、实施这一行为的工具以及与家族企业慈善实践相关的结果，对于动机的理解是家族企业慈善中最常见的研究课题。如图1-1所示，数据中提供了九种理解慈善行为的动机，包括三个面向：一是家庭导向，即家族认同、遗产和财富收益；二是商业导向，即战略、政治和期望；三是双重动机，显然，家族企业在做慈善决策时可能会综合运用这些动机。但是，现有文献没有提到的一个方面是，不同的动机（之间）是如何相互作用的？并以此解释家族企业为何要从事慈善。例如，什么动机更普遍？当家庭和商业动机不相容时会发生什么？②

基于上述问题，未来的家族企业慈善动机研究应该探索企业、家庭以及二者间的双重动机如何结合，以确定家族企业从事慈善事业的方式。同时，慈善动机方面也突出了家族企业参与慈善事业的不同理论。值得注意的是，基于商业面向的研究关注表明，未来研究可以受益于纳入以家族为导向的理论来解释家族企业的慈善行为，应继续探索如何将不同的理论方法结合起来，以承认家族企业具有多重慈善动机。例如，探索SEW（社会情感财富理论）的不同组成部分对家庭的重要性，以及如何调节慈善动机与家庭企业如何开展慈善事业之间的关系将是一件有趣的事情。以类似的方式，探索家庭对其社会形象的重

---

① Archie B Carroll, "The Pyramid of Corporate Social Responsibility: Toward the Moral Management of Organizational Stakeholders", *Business Horizons*, Vol. 34, 2012 (4): 39 – 48.

② Neus Feliu, Isabel C. Botero, "Philanthropy in Family Enterprises: A Review of Literature", *Family Business Review*, Vol. 29, No. 1, (2016): 121 – 141.

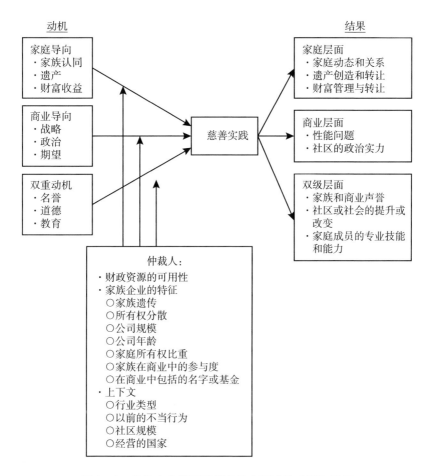

图 1 - 1　家族企业背景下从事慈善活动的动机和结果

资料来源：Neus Feliu, Isabel C. Botero, "Philanthropy in Family Enterprises：A Review of Literature", *Family Business Review*, Vol. 29, No. 1, （2016）：121 - 141。

要性如何能够通过调节声誉动机以推动家族企业参与慈善事业的程度也会很有趣。①

---

① Neus Feliu, Isabel C. Botero, "Philanthropy in Family Enterprises：A Review of Literature", *Family Business Review*, Vol. 29, No. 1, （2016）：121 - 141.

表1-1 用于解释慈善动机的理论方法

理论	解释	依据	动机
机构	在"所有者控制的公司"中,慈善事业不被视为代理成本,因为所有者可能并不排他地聚焦于股东(利益)	Atkinson and Galaskiewicz(1988);Zhang et al.(2012)	家族身份战略
开明的自利模式	随着时间的推移,一个公司的社会责任行动将由于得到忠实客户、员工、供应商和其他利益相关者的支持而获得回报	Niehm et al.(2008)	家族认同、声誉
组织认同	参与对社会负责的行动是公司想要向他人计划(实施)的认同的一部分	Bingham et al.(2011);Cruz et al.(2014);Dyer and Whetten(2006)	家族认同、声誉、道德
社会资本	慈善事业有助于在商业和社区之间建立有助于发展的联系,这可能是有价值的	Campopiano et al.(2014);Harvey et al.(2011);Lahdesmaki and Takala(2012);Niehm et al.(2008)	政治、声誉
社会情感财富(SEW)	实践慈善增强了SEW的不同维度,这对于家族商业认同很重要	Cruz et al.(2014);Dou et al.(2014)	家族认同遗产声誉
利益相关者认同导向	组织从事慈善是因为这些行动与商业希望某些利益相关者看待公司的态度相一致	Bingham et al.(2011)	道德的声誉
利益相关者	家族企业从事慈善满足相关利益相关者的需求或要求	Bingham et al.(2011);Cruz et al.(2014);Fernando and Almeia(2012);Zhang ec al.(2012);Zellweger and Nason(2008)	期望
管理	从事实践慈善有助于家族企业在所在社区扮演好管家的角色	Campopiano et al.(2014)	战略上的政治上的声誉
可持续的家族企业	慈善加强了公司与社区之间的互动,这对公司的可持续发展至关重要	Fitzgerald et al.(2010)	遗产期望

资料来源:Neus Feliu, Isabel C. Botero, "Philanthropy in Family Enterprises:A Review of Literature", *Family Business Review*, Vol. 29, No. 1, (2016):121 – 141。

表 1-1 显示,这些理论大多侧重于以业务为导向的动机,以解释这种参与的原因。比如,开明的自利模式理论对应和驱动了家族认同、声誉慈善动机;组织认同理论对应和驱动了家族认同、声誉、道德等慈善动机;社会资本理论对应和驱动了政治、声誉慈善动机等。因此,企业慈善行为不是单一理论或动机引导和驱动的,其行为表象背后是深层次的多元影响因素在持续干预。

在这种情况下,基于自身利益和社会公益的慈善理念无疑是企业明智的抉择。在一项由汉普顿·特纳和特罗纳斯进行的研究中,全球约 15000 位经理人员受邀回答了如下问题。选择下列之一作为一个公司合理目标的精确表述:A. 一个公司唯一的真实目标是获取利润;B. 一个公司除了要获取利润,还要保护各种利益相关团体,比如职员、顾客等的利益。在美国,只有 40% 的管理者选择 A。作为另一个极端,在日本,只有 8% 的人选择 A。这一比例相对较低的国家包括新加坡、法国以及德国。与美国接近的国家包括澳大利亚、加拿大和英国。① 因此,企业不仅关注经济表现,还应重视利益相关者的权益保障,而经济理性慈善动机正是能满足上述目标需求的动机类型。

一般而言,社会契约和经济理性企业慈善动机均是以促进社会公益为指导原则和利益指向,但是二者动机的利益优先性明显不同。前者首先考虑社会公益,其次是企业私利;后者首先考虑企业私利,其次是社会公益(见表 1-2)。

总体来看,企业慈善动机的目标价值是以社会公益为核心,而税收政策等激励工具旨在引导企业慈善行为解决慈善领域的社会问题。换句话说,围绕企业慈善行为的具体慈善动机可能有所差异,其慈善目标是一致的。在不同体制国家,社会公益在企业核心利益中受到的重视程度会有所区别。

表 1-2　企业慈善动机利益

企业慈善动机	社会公益	企业私利	利益选择
社会契约型	1	2	首选社会公益,其次企业私利
经济理性型	2	1	首选企业私利,其次社会公益
效益最大化选择	社会效益最大化	企业利益最大化	捐赠抑或是纳税最大化

---

① 〔美〕乔治·斯蒂纳、约翰·斯蒂纳:《企业、政府与社会》,张志强等译,华夏出版社,2002,第 32 页。

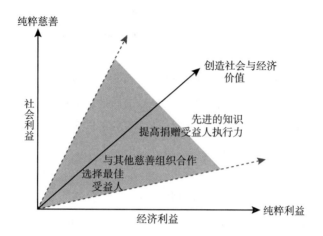

图 1 - 2　慈善价值最大化效果

资料来源: Michael E. Porter, Mark R. Kramer, "The Competitive Advantage of Corporate Philanthropy," *Harward Business Review*, Vol. 80, No. 12, (2002): 57 - 68。

图 1 - 2 显示,企业慈善动机在纯粹的慈善趋向(社会公益区间)和纯粹的商业趋向(经济利益区间)摆动。在慈善目标达成过程中,从初级阶段向高级阶段依次经过五个步骤:选取最佳受益人——与其他慈善组织合作——提高捐赠受益人执行力——先进的知识——创造社会与经济价值。显然,达成社会和经济价值的共同实现,满足政府、社会和企业等各方慈善主体的利益追求是慈善目标的最高宗旨。

从企业角度来看,社会契约和经济理性作为对立的价值立场和利益诉求,分别指向社会效益最大化和企业利润最大化。长期以来,一元化慈善动机驱使企业要么选择追求利润最大化,从纳税角度回报社会支持,体现出米尔顿·弗里德曼关于企业社会责任的看法;另外一种观点则认为,企业除了承担经济责任(即纳税责任)之外,还应具有无私、利他和公益性的慈善动机意识,即从社会公益角度考虑企业捐赠行为。因此,国外企业慈善动机演变后的目标定位是:在保障企业获得合理的经济利益的基础上,引导和激励企业非公益性捐赠行为,协助政府解决各种社会问题,扶弱救助,促进社会公益进步。

二　国内企业慈善动机的历史演变

社会契约动机将企业视为社会的道德代理人,并认为公司在进行捐赠决策时，应将社会价值与目标放在非常重要的位置上，必须以与社会利益相一致的方式行动。① 根据上述界定，社会契约慈善动机是一种以社会公益为企业慈善行为时优先考虑的动机因素。这种关于企业慈善动机的解释是基于社会公益的利他主义观念，即从社会伦理道德、公益性价值观等社会契约视角关注社会关系对于企业的影响。

　　就中国而言，早期的企业慈善动机主要体现为社会契约慈善动机。从西方的慈善经验来看，相比较经济理性动机占主导的私有制国家而言，基于利他主义的慈善动机是公有制国家极力倡导和推动的动机模式。毕竟该动机与政府、社会追求的社会公益价值取向是一致的。汪佑德在《民营企业政治关系、捐赠动机与价值效应研究》一书中结合中国转轨经济制度背景，以利益相关者理论为指导，以企业自利为逻辑主线，将政治关系作为主要影响因素，研究民企慈善动机与价值效应，并利用 A 股民营上市公司 2008～2011 年的相关数据进行了实证检验。在计划经济时代，企业慈善行为主体——国企是从社会契约动机参与慈善捐赠。国企作为社会主义市场经济公有制企业的代表，其面临的外部压力尤为明显。作为政府下属的企业组织，国企理应承担协助政府实现社会慈善目标的重任，这是企业必须完成的慈善任务。政府控股的企业进行捐赠时可能是出于被迫或无奈的目的和心理，但这并不会对其声誉资本造成损害。② 在慈善事业以政府慈善为核心的特定历史时期，企业针对政府的指令性慈善计划采取了应对策略，但随着政府行政动员能力的增强，企业自行选择慈善捐赠方式的自由度降低。③ 因此，这一时期社会契约慈善动机在企业慈善行为的意识形态层面居于主导地位。显然，社会契约慈善动机基于公益目的实施的慈善行为是一种"利他"行为，是道德层次最高尚的慈善表现，是企业慈善责任的最高层次。尤其是在遇到重大问题、突发事件和重大灾害时，以国企为代表的慈善企业从社会契约慈善动机（公益性慈善角度）履行慈善行为。长期以来，计划经济时期的慈善事业和社会救助发挥了重要作用，但这一时期

① 蔡宁、沈奇泰松、吴结兵：《经济理性、社会契约与制度规范：企业慈善动机问题研究综述与扩展》，《浙江大学学报》（人文社会科学版）2009 年第 3 期。

② Paul C. Godfrey, "The Relationship Between Corporate Philanthropy and Shareholder Wealth: A Risk Management Perspective", *Academy of Management Review*, Vol. 30, No. 4, (2005): 777 - 798.

③ 杨团、葛道顺：《公益与社会公益Ⅱ》，社会科学文献出版社，2003，第 42 页。

总体上社会捐赠仅限于少数企业和个人，政府主导作用比较明显，善款善物的管理与使用还没有形成科学有效的方式方法，社会慈善救济的力度和范围还十分有限。①

进入转型时期，企业基于战略性慈善动机将企业经营与慈善行为结合后形成了企业与社会互动、互利的慈善行为模式。在此理念支配下，把企业慈善行为与发展战略和市场开发策略相结合，才能形成可持续的制度化运作机制。②因此，经济理性慈善动机是一种有助于政府与企业双赢的"互惠"动机。显然，企业对社会的道义责任已不再是投身公益事业进行慈善捐赠的唯一重要理念，而是更为现实的看法，即企业公民理念。③毫无疑问，企业公民理念在企业慈善动机和行为方面发挥了积极作用，随着战略性企业慈善理论传入国内，企业对于慈善的认识从社会契约慈善动机向经济理性慈善动机转变。这种转变使得政府对于企业慈善动机的认识和态度发生相应的转变，以保证政策激励与企业慈善动机的历史演变保持同步。

总之，国内企业慈善动机的历史演变不仅体现了从社会契约动机过渡到经济理性动机的慈善理念转变。更重要的是，这种慈善动机演变的背后孕育着企业慈善的利益转变。即从社会公益考量的一元化利益面向转向兼具社会公益和企业私利的多元化利益面向，从而保障企业慈善前进的方向、路径和节奏更加科学、理性和有序。

三 企业慈善动机历史演变中的价值转换与利益分化

（一）企业慈善动机演变中的价值转换

随着企业慈善动机从社会契约向经济理性演变，其价值指向出现相应转换。社会契约慈善动机具有典型的公益性价值倾向，而经济理性慈善动机则表现出强烈的非公益性价值倾向，反映的价值倾向差异性代表了企业对于慈善捐赠所持有的利益诉求。不仅是公益性慈善动机，非公益性慈善动机驱动的慈善行为同样对慈善事业具有强烈的推动效应。非公益性慈善行为作为作用明显又符合企业本性的慈善行为，其拥有的慈善资源对于解决社会问题有显著效力。

---

① 王振耀：《社会福利和社会慈善事业》，中国社会出版社，2009，第150页。
② 靳环宇：《企业慈善需要系统战略》，《北大商业评论》2011年第6期。
③ 杨团：《公司慈善文化与政策培育》，《湖南社会科学》2006年第2期。

一方面，非公益性企业慈善动机能够实现企业私利和社会公益的双赢局面。即既能通过企业发展带动地方财政税收，又能借助企业慈善资源解决社会问题。另一方面，就企业总体而言，非公益性企业慈善动机产生的社会效益更能带动企业从非公益性角度参与慈善捐赠活动。

因此，为了鼓励企业主动、自觉地投入社会慈善，政府采用的激励工具应顺应企业追求经济私利的本性，保障企业在参与慈善活动时获得利益回报。即政府引导和激励企业从经济理性慈善动机实施非公益性捐赠行为。就企业慈善动机而言，其经济利益追求与公益性慈善效果既可以是矛盾的，又可以是共存的。前者是基于企业私利的价值判断，后者是基于社会公益的价值表现，这与从公益性慈善动机到企业公益性捐赠行为的价值一致性表达完全不同。

总之，企业慈善动机历史演变中的价值转换并非意味着企业慈善行为的公益性慈善效果会削弱。恰恰相反，符合企业本性的价值倾向发自真实反应，以"绿领巾"为表征的慈善动机从非公益性价值倾向创造出公益性慈善效果。企业慈善动机演变造成的价值转换不会影响公益性慈善效果。毕竟，经济理性慈善动机与社会契约慈善动机的价值表现存在明显差别：前者是慈善动机和效果的价值倾向不一致，而后者则是慈善动机和效果的价值倾向是一致的。

（二）企业慈善动机演变中的利益分化：一元化与多元化

我国企业慈善动机的历史演变体现为两种形式：一是社会契约慈善动机。体现为典型的企业公益性捐赠行为模式，注重社会公益的价值导向，属于社会单方受益的慈善行为决策，即典型的一元化利益指向，强调企业慈善行为全部用于促进社会公益。二是经济理性慈善动机。体现为典型的企业非公益性捐赠行为模式，属于政府、社会、企业和受助对象共同获益的理性慈善行为决策，即典型的多元化利益面向，既考虑企业私利，又兼顾社会公益。

目前，企业慈善动机从社会契约到经济理性的历史演变显示出捐赠动机的利益指向发生了改变：社会契约慈善动机仅仅指向社会公益这种一元化的价值导向，而经济理性慈善动机作为多元化的慈善动机有效整合了诸多慈善主体的利益与资源，有助于实现社会公益和企业私利的效益最大化。由此可见，多元化慈善动机相比较一元化慈善动机更能适应企业慈善行为的现实，符合慈善主体的利益表达，在操作层面具有较强的合理性和可行性。如果多元化慈善动机被政府、社会所重视，由此引发的慈善行为将会带动更多企业投身慈善活动。反之，如果政府和社会固守以往的认识和态度，仅重视一元化慈善动机，则不利于引导和激发非公益性捐赠行为。例如，诸多成功的跨国公司树立企业形象、营造声誉的公关活动和营销方案早已超出简单、狭义的促销活动范畴，而进入营造企业长期竞争力和市场垄断格局的企业战略规划领域，这就是基于经济理性动机的战略性企业慈善行为表现。[①] 因此，尽管企业慈善动机的利益着眼点不同，但是其慈善效果或公益影响是相同的。从这一点来看，经济理性慈善动机具有的多元化利益追求在慈善事业中发挥着重要的作用，理应受到政府的支持。

总之，社会契约和经济理性慈善动机及其慈善行为反映出公益性和非公益性在慈善动机性质上具有截然不同的利益诉求和价值取向。客观来看，经济理性慈善动机体现的多元性利益面向比社会契约慈善动机侧重的一元化利益面向更加符合中国企业慈善行为的现状和趋势，有益于企业慈善行为的健康、持续发展。

第二节 企业慈善动机的主要类型

根据国外研究成果，企业慈善动机主要表现为两种价值面向：市场面向和社会面向。上述慈善动机面向反映出企业是以社会公益还是企业私利作为出发点开展慈善捐赠，并反映出纯粹的私利动机（市场面向）和纯粹的公益动机（社会面向）之间存在的价值冲突和利益分歧，并由此衍生出多种企业慈善动机类型。

图1-3显示，企业私利和社会公益并非绝对对立、冲突的，两者在很大程度上依然存在相容性和可协调性。这表明政府和社会代表的社会公益和企业关注的经济利益在从事企业慈善行为的合作前提下，是能够达成利益妥协与资源整合的。潘越等以2008~2015年沪深两市上市公司为样本分析指出，在财政压力较大的地区，企业受台风影响而捐赠的现象更为明显，而且相对于民企，摊派压力影响下的当地国企更有可能因台风破坏而捐赠救灾。灾后慈善捐赠为救灾企业带来显著的正向经济后果，从而验证了企业灾后"善意"行为

---

① 葛笑春、蔡宁：《战略性企业慈善行为的比较研究》，《重庆大学学报》（社会科学版）2009年第1期。

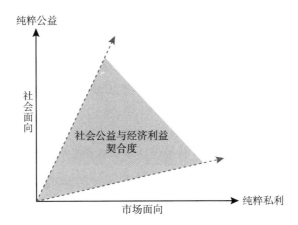

图1－3 企业慈善行为社会效益与经济效益对比

资料来源：Michael E. Porter, Mark R. Kramer, "The Competitive Advantage of Corporate Philanthropy," *Harward Business Review*, Vol. 80, No. 12 (2002): 57–68。

的非利他动机。[①]

　　从利益相关者视角分析，企业慈善动机可以划分为利他动机（即向老、弱、病、残、幼等弱势群体提供帮助）、影响政府（即响应政策和行政动员，或与政府合作）、影响消费者（即有目标消费者或潜在消费者参与公益活动）、影响渠道（即有企业的合作伙伴参与公益活动）和影响员工（即有员工参与公益活动）等。通常，企业慈善动机被理解为一种纯粹的公益性目的，而很少考虑到企业慈善行为背后隐藏的趋利性或功利性目的。关于慈善动机的界定，应当是"为人"与"无我"，即必须是无私的奉献，如果含有任何功利的目的，便算不得真正的慈善。也就是说，慈善只讲付出，不求回报。[②] 就中国企业慈善现状而言，这是一种理想化的慈善动机追求，现实中确实有少数纯粹的公益性企业慈善现象。但是，企业作为市场化主体，其趋利性慈善动机是不可回避和无法否认的。由于企业产权性质的差异，其非公益性或公益性慈善动机成分存在不同程度的差异，任何产权性质的企业基于自利本性会从趋利性慈善动机考虑慈善捐赠的可能性和必要性。同时，在激励

[①] 潘越、翁若宇、刘思义：《私心的善意：基于台风中企业慈善捐赠行为的新证据》，《中国工业经济》2017年第5期。

[②] 周秋光、曾桂林：《中国慈善简史》，人民出版社，2006，第3页。

工具引导下，企业慈善行为或多或少带有公益性慈善动机因素。应该看到，企业作为经济利益最大化的逐利者，从获取利益回报的角度履行捐赠行为，其非公益性慈善动机是符合社会现实的。目前，企业慈善动机主要包括以下类型。

一　经济理性慈善动机

长期以来，基于企业战略性利益和自身形象塑造的经济理性慈善动机是西方企业慈善行为的主要动机类型。一般而言，西方企业慈善动机更多是从战略性工具主义而不是纯粹的利他主义角度入手。

调查表明，美国企业慈善实践呈现更多的战略性和更少的利他性。[①] 换句话说，企业慈善行为对于慈善企业具有潜在的战略价值……并且建立一种有利于企业战略地位的环境氛围。[②] 因此，从企业的长期发展战略、产品品牌形象培育、员工企业认同感等内部驱动因素来看，一方面为企业自身赢得政府认可和社会支持，从而获得企业生存和发展必需的正外部性，这对于企业战略性目标的实现有着积极意义；另一方面，慈善行为使企业能获得"有良心的好企业"或"社会好公民"等有利于企业形象的正面评价和肯定。相应的是，利益相关者会由此肯定和认同慈善企业的产品或服务，进而赢得企业股东等决策者的赞赏和支持。

就国内而言，作为带有明显的商业目的和成长需求的趋利性企业慈善动机，经济理性慈善动机是中国企业慈善动机中具有代表性的非公益性慈善动机类型。这种动机因素符合企业的战略目标和自利本性，其捐赠行为会充分考虑到可能的利益回报，在中国企业慈善动机中具有一定的代表性，属于战略性的企业慈善动机。叶艳等（2017）基于2915家私营企业的样本，考察企业规模和家族涉入对企业慈善行为动机和捐赠行为的影响。实证结果显示，私营企业基于不同的战略动机实施捐赠，而家族企业保存社会情感财富的内驱力则削弱

---

① David H. Saiia, Archie B. Carroll, Ann K. Buchholtz, "Philanthropy as Strategy: When Corporate Charity 'Begins at Home'", *Business Society*, Vol. 42, No. 2, (2003): 169 – 201.

② Yongqiang Gao, "Philanthropic Disaster Relief Giving as a Response to Institutional Pressure: Evidence from China", *Journal of Business Research*, Vol. 64, No. 12, (2011): 1377 – 1382.

了私营企业慈善行为的战略性动机。[1] 张晨等(2018)基于中国上市公司盈余管理的经验证据发现,各类企业的捐赠私利性均较明显,且民企慈善行为私利性强于国企,股权分散企业慈善行为私利性强于股权高度集中企业。[2] 实证研究发现,企业慈善行为的决策在很大程度上来自经济理性慈善动机的影响。就5·12汶川大地震之后的非常态捐赠现象来看,上市公司决策体现了"价值提升"的经济理性。[3] 而"芦山地震"的救灾事件则属于经济理性慈善动机主导下的趋利性企业慈善行为个案。2013年4月发生的芦山地震是继2008年以后中国公益事业进步的又一重要转折点。在经历一系列负面慈善信息对行业公信力的冲击之后,中国公众以及企业开始理性捐赠。企业通过快速响应、合理分配资源、关注灾后重建以及选择优秀的公益合作伙伴,使得此次救灾过程有序而高效。加多宝与中国扶贫基金会、腾讯与壹基金均开展了灾害救助过程中的战略性合作。[4] 即救灾事件反映出的企业慈善动机相比较以往更加理性,是企业参与慈善捐赠的典型案例。

总之,经济理性慈善动机是国外较为普遍的趋利性动机,并且在中国企业慈善领域逐渐成为主要动机之一,符合企业追求经济利益的本性。相比之下,社会契约、政治嵌入动机和制度规范与社会同构等动机因素更多受到外界因素影响。据此,经济理性慈善动机最能体现出企业参与捐赠的主动性、自觉性和自发性,这是一种从企业战略目标出发,代表着趋利性价值理念的非公益性慈善动机。即企业在满足经济利益的同时,其公益性慈善效果同样能够促进社会公益的进步,这是有助于政府与企业实现双赢的"互惠"性慈善动机。它兼顾了政府、社会和企业等各类慈善主体的利益诉求和价值立场,符合政府发展慈善事业的宗旨。

二 社会契约慈善动机

乔治·斯蒂纳、约翰·斯蒂纳(George A. Steiner, John F. Steiner)提出

---

[1] 叶艳、李孔岳:《企业规模、家族涉入与私营企业慈善行为——基于战略性动机的研究》,《当代财经》2017年第12期。

[2] 张晨、傅丽茵、郑宝红:《上市公司慈善捐赠动机:利他还是利己——基于中国上市公司盈余管理的经验证据》,《审计与经济研究》2018年第2期。

[3] 方军雄:《公司捐赠与经济理性——汶川地震后中国上市公司捐赠行为的再检验》,《上海立信会计学院学报》2011年第1期。

[4] 杨团:《中国慈善发展报告(2014)》,社会科学文献出版社,2014,第86页。

了"社会契约"的理论观点，认为企业可以反映并加强社会价值观，就如教堂和国家一样，公司在决策与行动控制中使用道德契约规则，可以构造政治与社会。[①] 上述界定对于企业慈善动机的解释基于利他主义观念，从社会伦理、公益价值等社会契约视角关注社会关系对于企业的影响。由此可见，社会契约慈善动机指向企业公益性捐赠行为。

长期以来，经济理性慈善动机在私有制国家占主导地位，而社会契约慈善动机在公有制国家是获得政府和社会广泛认可和大力支持的，根源在于其与政府、社会追求的社会公益取向一致。事实上，各种社会伦理问题已涉及企业各个方面，如员工福利、环境保护、工作条件和劳资冲突等。在社会伦理和企业私利之间存在价值冲突和利益分歧的情况下，企业从社会契约角度参与慈善活动，会以牺牲部分经济效益为代价，反之亦然。理想状态是在社会伦理和企业私利之间找到最佳的平衡点，尽可能兼顾慈善主体的利益诉求和价值取向。其结果往往是：企业的（社会契约）意识是高尚的，而对于经济利益的追求是合理的，这种动机促使企业行使好公民权力，不求任何回报的捐赠行为使社会公益最大化。在这种情况下，企业慈善行为是被潜在的利他主义动机和为赢得公众赞扬的愿望所驱使的。[②] 或者，社会契约理论强调企业可以反映并加强社会价值观。从企业本质来看，仅有少数企业会主动选择社会契约慈善动机，毕竟与企业私利是存在利益冲突的。相对而言，国企作为扎根于中国市场的本土企业，更加关注媒介舆情和社会关系等外界因素的影响，因而其慈善动机的公益性色彩更加显著和突出。社会契约隐含的道德、伦理等公益内涵加上中华民族血脉中蕴藏的"乐善好施""扶贫救弱"等优秀品格体现得较为明显。相比之下，外企作为舶来品与中国本土社会关系的密切程度和情感纽带要弱得多，因而其利他主义动机成分相应要少得多。徐细雄等综合运用历史典籍和A股上市公司2007～2016年数据，从非正式制度视角考察了儒家文化及其隐形价值规范对企业慈善行为的影响效应。研究表明，儒家文化倡导的"仁者爱人""先义后利"及"天下为公"等伦理价值对企业慈善行为具有显著的促进作用。进一步检验还揭示，相较于国企，儒家文化促进慈善捐赠的积极作用在民

---

① 转引自蔡宁、沈奇泰松、吴结兵《经济理性、社会契约与制度规范：企业慈善动机问题研究综述与扩展》，《浙江大学学报》（人文社会科学版）2009年第3期。
② 罗公利、肖强：《企业公益捐赠研究的回顾与展望》，《青岛科技大学学报》（社会科学版）2006年第4期。

企表现更为突出；同时，当企业面临的同行捐赠压力越小时，儒家文化促进慈善捐赠的积极效果越明显。[①]

　　总之，社会契约慈善动机长期受到政府、社会、慈善组织和受助对象的支持，尽管其与企业自身价值存在利益冲突，其价值立场与经济理性慈善动机是对立的，但社会契约慈善动机带有纯粹的"利他主义"色彩，是企业慈善责任的最高层次。

三　政治嵌入慈善动机

　　传统意义上的企业慈善行为常常被描述为企业向社会捐赠一定的利益，因而建立并维持企业的合法性地位，并服务于企业的核心利益。[②] 基于合法性政治身份的慈善动机同样是企业参与慈善的动机类型之一。这种动机所指向的"政治企业模型"重点考虑了商业环境和政治气候对企业成长的外部影响，企业为了获得可靠的利润和从重大公共事件中减少处罚，故而会采取公益性捐赠行为。[③]

　　政治因素嵌入的深度和广度反映了政府关于企业慈善行为的态度和认知以及政府与企业之间合作的密切程度。政治嵌入慈善动机在某些企业慈善行为中具有一定体现。以民企为例，为了强化与政府之间的联系，该类企业会有意识地从政治嵌入慈善动机出发从事慈善捐赠。目前，中国多数民企已形成了政治利益和经济利益交织的政治关联偏好。[④] 企业尤其是民企作为社会公民，期望通过慈善行为获得政府和社会的认可和支持，为自身赢得有利于企业发展的合法性身份和政治地位，如参与慈善项目的合法性身份。民营企业家越来越注重与政府建立政治关系。有研究指出，私营企业慈善行为反映了企业对社会的回馈。2016 年全国私营企业慈善行为的调查数据反映了企业政治关联对其慈善

---

①　徐细雄、龙志能、李万利：《儒家文化与企业慈善行为》，《外国经济与管理》2020 年第2 期。

②　Bruce Seifert, Sara A. Morris, Barbara R. Bartkus, "Having, Giving and Getting: Slack Resources, Corporate Philanthropy and Firm Financial Performance", *Business Society*, Vol. 43, No. 2, (2004): 135 – 161.

③　王琳：《从韦伯的社会行动理论看我国企业慈善捐赠行为》，《理论观察》2011 年第2 期。

④　李维安、邱艾超、古志辉：《双重公司治理环境、政治关联偏好与公司绩效——基于中国民营上市公司治理转型的研究》，《中国工业经济》2010 年第6 期。

捐赠的影响及其具体机制，表明政治关联会显著提高私营企业的慈善捐赠水平。这主要通过两种机制：政治关联既会提高企业社会责任态度，同时又有助于获得更多稀缺资源，均有助于扩张企业慈善行为。虽然政府干预会促进企业慈善行为，但政治关联并不会带来更强的政府干预。[①] 比如，他们热衷于参选人大代表和政协委员；随着执政党大门向其敞开，越来越多的企业家参与竞选党代表。[②] 民营企业家热衷于与政府建立某种政治关系，以获得诸如党代表、人大代表、政协委员等政治合法性身份或地位。作为回报，企业会参与各种社会公益活动和慈善项目建设以协助政府推进慈善事业发展。企业的政治合法性在于其符合董事会、股东、合作伙伴、媒体、消费者等企业利益相关者的利益指向。慈善捐赠作为一种最重要的社会责任行为反映了企业对社会环境的反馈。有研究显示，（企业）社会责任行为有助于企业家戴上"红帽子"，成为人大代表或政协委员。[③] 高勇强等以中国民企为样本，研究了企业家的社会身份和经济条件对其企业慈善捐赠与捐赠水平的影响。进一步研究发现，除了企业家经济水平（收入和他在企业的权益）对企业慈善捐赠与捐赠水平有显著的积极影响之外，企业家的政治身份（人大代表/政协委员）和行业身份（行业协会/工商联成员）也对企业慈善捐赠与捐赠水平有显著的正面影响。[④] 研究表明，"红帽子"反过来亦会促进企业对社会的反馈，而且主要是通过提高企业主社会责任认知与企业资源积累来影响这样一种正向促进机制有助于企业持续反馈社会。虽然政府干预也会有影响，但政治关联恰恰抵消了这种消极影响，正是由于政治关联在带来更多稀缺资源的同时又避免了政府更多的干预，故而才会有这么多企业主积极追求政治身份。[⑤] 周霖、蔺楠以2009年10月至2015年12月在中国创业板和中小板上市的985家上市公司为研究对象，通过实证分析考察了企业政治关联对风险投资的影响以及风险投资介入对企业慈善

---

① 朱斌、刘雯：《又红又善：企业政治关联影响企业慈善捐赠的机制分析》，《吉林大学社会科学学报》2020年第3期。
② 吕明合：《民企主竞逐党代表》，《南方周末》2007年5月10日。
③ 朱斌、刘雯：《又红又善：企业政治关联影响企业慈善捐赠的机制分析》，《吉林大学社会科学学报》2020年第3期。
④ 高勇强、何晓斌、李路路：《民营企业家社会身份、经济条件与企业慈善行为》，《经济研究》2011年第12期。
⑤ 朱斌、刘雯：《又红又善：企业政治关联影响企业慈善行为的机制分析》，《吉林大学社会科学学报》2020年第3期。

捐赠产生的效应。研究发现：有政治关联的企业更容易吸引风险投资，其也更愿意进行慈善捐赠。[①]

表1-3 基于政治因素的企业慈善动机强度与动机性质相关性

企业慈善动机强度	非公益性慈善动机	公益性慈善动机
有政治关系或政治身份	弱 强	强 强
无政治关系或政治身份	强 弱	弱 弱
企业慈善动机强度与动机性质的相关性分析	政治关系——强 政治关系——弱	公益性慈善动机——强 公益性慈善动机——弱

表1-3显示，在企业存在政治关系或政治身份的情况下，其整体慈善动机强，其中非公益性慈善动机弱，公益性慈善动机强。而在企业不存在政治关系的情况下，其整体慈善动机弱，其中非公益性慈善动机强，公益性慈善动机弱。当然，不排除少数企业既有公益性也有非公益性慈善动机，这种情况下很难区分慈善动机强弱程度。

总之，从西方企业慈善经验来看，政治嵌入慈善动机带有明显的利益交换和政治交易色彩，其功利性显而易见，带有一定的投机色彩。就国内而言，民企基于外部环境考虑，相比较国企和外企更加看重政治身份为其带来的合法性利益回报。因此，大型民企在首选经济理性动机的同时，还有可能考虑从政治嵌入动机参与慈善活动。当企业获得合法性身份时，能够在政策支持和社会影响力层面给其经营带来极大便利和竞争优势或优先权利。由于国企与政府之间有着天然的紧密关系，其捐赠行为能够获得更多回报，如政策支持、政府补贴或者慈善奖励等。显然，这是民企、外企等非公企业所不具有的政治优势和资源，由此部分民企会与政府建立紧密联系，并考虑政治嵌入慈善动机。

四 制度规范和社会同构慈善动机

目前，来自政府和社会的双重压力是企业慈善行为必须面对的严峻挑战，

---

① 周霖、蔺楠：《政治关联、风险投资与企业慈善》，《山西财经大学学报》2018年第1期。

这是制度规范和社会同构因素影响的结果。其原因在于，无论是发达国家还是发展中国家的政府都具有这种认知，即企业作为社会成员有一种责任是为了更好的社会环境而做出积极的贡献。[1] 在这里，企业慈善行为作为企业社会责任组成部分和最高层次的社会责任理所当然是政府要求企业做出的社会贡献。从社会的维度来看，来自社会层面的制度压力塑造了企业的社会行动。其行为和实践延伸到企业当前的利益最大化目标之外，打算增加社会效益，或者为企业外部的支持者解决社会问题。[2] 根据上述表述，"制度规范"可以理解为来自政府、社会等权威部门或非政府组织的各类制度对于企业产生的正式或非正式约束力和影响力。"社会同构"是指在企业所处的地理社区内，焦点企业的社会实践对于类似企业具有相似性。换句话说，社会同构是在相同的社会或社区环境下，共同的社会性制度压力对于企业带来的外部影响，使企业社会慈善活动的合法性仍然存在疑问或者是不确定性。

目前，制度规范和社会同构型慈善动机是计划经济时代企业慈善动机的典型代表，带有明显的政治或行政动员色彩。这种来自党或政府的政治或行政干预对企业慈善行为有着重要影响。程海艳等利用中国 A 股非金融类上市公司 2008～2017 年数据，采用"双向进入""交叉任职"两个指标衡量党组织参与企业治理的情况，实证检验其对企业慈善行为的影响。结果发现，党组织的双向进入和交叉任职与企业是否捐赠、捐赠水平均呈显著正向关系。此外，上述作用在国企与非国企中均存在，研究还发现，党组织参与治理对企业慈善行为的促进作用并不以损害企业价值为代价，反而会提高企业经营绩效和价值，并且党组织参与治理对企业慈善行为的促进作用并非以获取更多的政府补贴为目的。研究表明，党组织参与治理促进了企业的捐赠行为，这一结论有助于进一步理解党组织在企业治理中的地位与作用。[3] 长期以来，中国慈善事业中存在大量的公益摊派现象，企业经常被迫在政府指令性、暗示性"劝募"压力下"自愿"捐款捐物，企业虽然微词颇多，但无从选择。其中，与政府

---

① Gordon Brown, Governments and Supranational Agencies: A New Consensus? (eds.) *In Making Globalization Good: The Moral Challenges of Global Capitalism* (New York: Oxford University Press, 2003), pp. 320 – 333.

② C. Marquis, M. A. Glynn, G. F. Davis, "Community Isomorphism and Corporate Social Action", *Academy of Management Review*, Vol. 32, No. 3, (2007): 925 – 945.

③ 程海艳、李明辉:《党组织参与治理对上市公司慈善捐赠的影响》,《商业经济与管理》2020 年第 5 期。

关系密切的企业易受政府劝募的影响，其捐赠表现相对而言较为积极、主动。例如，国内企业捐赠驱动因素 59% 来自政府动员、社团劝募和社区申请等外部驱动。33.4% 的国内企业认同政府行政动员对企业慈善有重要影响。[①] 其中，国企作为公有制主体的利益代表，其面临的外部压力尤为突出。作为政府下属和直接领导下的市场化组织，国企理应承担起协助政府实现公益性慈善目标的重任，这是政府赋予国企的慈善任务和捐赠压力。因此，国企是典型的外部压力下社会同构型慈善动机的实践者。由于国企面临的慈善压力，其慈善动机的被动性也是客观存在的，毕竟这涉及经济利益的分配和使用。国企慈善捐赠可能是出于被迫的目的，但这却并不会对其声誉资本造成损害。[②] 此类慈善动机在中国集中体现为政治动员或行政动员。在出现重大自然灾害或者意外事件时，地方党委或者政府会以专门性文件或者专题动员会的名义，发动本地区的大中型国企主动参与捐赠，带有明显的"劝募"色彩，而企业为了获得更好的生存环境和政策支持，通常会回应并配合地方党政部门的政治动员或者行政动员。随着我国慈善事业市场化趋势日趋显著，制度规范和社会同构型慈善动机对于企业慈善行为的影响和干预正在逐渐削弱，这表明来自政府方面的不当干预不再是主导企业慈善行为的首要动机因素。

　　总之，就社会层面而言，来自制度性压力的制度规范和社会同构慈善动机对于企业慈善行为具有一定的干预效果，但是不具备主导性效应。企业慈善的合法性如果受到上述因素所形成的"社会同构"氛围的影响，其慈善捐赠会在某种情况下考虑制度规范和社会同构等外部因素的作用。

五　伪善型慈善动机

　　除了上述企业慈善动机类型之外，还有一种非主流但是值得注意的新型慈善动机——伪善型企业慈善动机值得一提。即极少数企业通过参与慈善活动以掩盖其不当行为。如污染环境、垄断市场、恶意竞争和销售劣质产品等，意图以慈善行为的虚假形象掩盖其真实的伪善型企业慈善行为动机类型，其背后隐藏了不法意图。比如，米尔顿·弗里德曼（Milton Friedman）

---

① 朱金凤、孙慧、许瑜：《政府干预政治关联与公司慈善捐赠：国内外研究述评》，《财会通讯》2013 年第 1 期。

② Paul C. Godfre，"The Relationship Between Corporate Philanthropy and Shareholder Wealth：A Risk Management Perspective"，*Academy of Management Review*，Vol. 30，2005（4）：777 – 798.

认为，在慈善捐赠中，代理方即企业管理者，可能会以不当方式使用公司资源追求自身利益。①此外，伪善型慈善动机还包括一定程度的非正规或虚假捐赠避税现象。企业会采取虚假捐赠的方式规避税收，以骗取税收优惠，因此捐赠避税应该是设计最优税收补贴政策的首要问题。由于企业社会责任行为背后的能动性确实以不同的方式影响企业股东的经济结果，有学者提出了一种企业社会责任活动的类型学，它考虑了利益相关者和股东的偏好。②（见表1–4）

表1–4 企业社会责任活动的类型

	社会	纯货币（purely monetary）
社会	利他行为（altruistic behavior） （对利润的混合影响，mixed effects on profits）	战略行为（strategic behavior） （利润最大化，profit maximization）
纯货币	利他行为（altruistic behavior） （对利润的负面影响，negative effects on profits）	战略行为（strategic behavior） （利润最大化，无企业社会责任；profit maximization，no CSR）

资料来源：Typology of CSR activities. Source：Klaus Kotek, Alina M. Schoenberg and Christopher Schwand, CSR Behavior：Between Altruism and Profit（eds.），*Innovation Management and Corporate Social Responsibility Social Responsibility as Competitive Advantage*（Cham：Springer International Publishing AG, 2018）。

有学者指出，在财政压力较大的地区，企业受台风影响而捐赠的现象更为明显，而且相对于民企，摊派压力影响下的当地国企更有可能因台风破坏而捐赠救灾。灾后慈善捐赠为救灾企业带来显著的正向经济后果，从而验证了企业灾后"善意"行为的非利他动机。③李晓玲等从企业违规的视角，以2003 ~ 2015年中国A股上市公司为样本，实证检验了企业违规对慈善捐赠的影响。研究结果表明，慈善捐赠可能会被某些企业用作掩盖其违规行为、转移公众注

---

① M. Friedman, "The social responsibility of business is to increase its profits", *the New York Times Magazine*, Vol. 33, 1970（September）：122 – 126.

② Klaus Kotek, Alina M. Schoenberg and Christopher Schwand, CSR Behavior：Between Altruism and Profit（eds.），*Innovation Management and Corporate Social Responsibility Social Responsibility as Competitive Advantage*（Cham：Springer International Publishing AG, 2018）.

③ 潘越、翁若宇、刘思义：《私心的善意：基于台风中企业慈善捐赠行为的新证据》，《中国工业经济》2017年第5期。

意力、逃避违规查处的工具……会进一步诱发这种机会主义动机。[1] 此外，胡珺等以2003~2018年中国沪深A股公司为样本，研究在股权质押情境下，控股股东是否存在策略性的慈善捐赠行为，以降低控制权转移风险。结果表明，对捐赠动机的检验发现，控股股东在股权质押情境下的慈善捐赠行为同时表现为拉抬股价和寻租动机。[2]

因此，尽管伪善型慈善动机在国内外慈善事业出现的可能性较小，但是不能排除其存在的可能性，尤其是这种动机表象背后造成的负面后果和不良效应往往是巨大和不可忽视的。

总之，从企业慈善动机的外部性来看，税收政策、法律法规等制度要素是驱使企业参与慈善捐赠的主要动机因素。企业在参与慈善项目后，能够根据相关的政策、法律享受相应的税收优惠减免待遇，即依法获得合理避税的政策支持。

第三节　企业慈善动机的实证研究：基于上市公司数据的差异性分析

关于企业慈善动机性质研究采取实证研究方法中的差异性分析法。引入差异性分析的目的在于研究2007年和2009年企业慈善动机的变化，数据来自2007年和2009年沪市主板上市公司年报的捐赠数据。年报中"营业外支出"一栏明确说明年度公司慈善捐赠，如是否有捐赠、是否非公益性捐赠、公益性捐赠或赞助支出等。

就企业公益性捐赠行为而言，2007年沪市主板有捐赠的上市公司246家，其中，75家上市公司有公益性捐赠，占捐赠公司总数的30%；2009年，样本中有捐赠的上市公司共计268家，其中，36家上市公司有公益性捐赠行为，占捐赠公司总数的13%。2007年沪市主板上市公司公益性捐赠金额为12366.3万元，占上市公司捐赠总额的8.8%；2009年沪市主板上市公司公益性捐赠金额为12421.2万元，占上市公司捐赠总额的9.3%。显然，无论

---

① 李晓玲、侯啸天、葛长付：《慈善捐赠是真善还是伪善：基于企业违规的视角》，《上海财经大学学报》2017年第4期。
② 胡珺、彭远怀、宋献中、周林子：《控股股东股权质押与策略性慈善捐赠——控制权转移风险的视角》，《中国工业经济》2020年第2期。

是从捐赠公司数量还是捐赠金额的角度来看，公益性捐赠在企业慈善总量中均处于绝对弱势地位。2009 年上市公司捐赠比例相比较 2007 年增加了 0.5%，但是有公益性捐赠的公司数量却比 2007 年减少了 39 家，所占比例则减少 17%。

上述两组样本数据的差异性分析表明，企业公益性捐赠行为享有年度利润总额 12% 的免税待遇对于企业参与捐赠缺乏激励效应。尤其是上市公司大多为规模大、实力强的大型企业集团。因此，企业公益性捐赠行为享受的减免税待遇相对于企业庞大的经济总量而言是微不足道的，这与本研究关于民企的访谈观点是一致的。

一 非公益性企业慈善动机捐赠数据的差异性分析

本研究在沪市主板选取 303 家上市公司作为样本数据来源。2007 年，有捐赠的上市公司 246 家。其中，非公益性捐赠的公司数量为 169 家，占捐赠公司总数的 69%；非公益性捐赠金额为 126635.1 万元，占公司捐赠总额的 90.3%。非公益性捐赠公司在数量和金额方面均处于明显的领先地位。2009 年，沪市主板样本数据中有捐赠的上市公司共计 269 家。其中，以经济理性动机从事企业非公益性捐赠行为的公司有 224 家，占捐赠公司总数的 83%，比 2007 年增加了 55 家，处于绝对优势。同时，选取的上市公司捐赠金额总计是 132856.2 万元。其中，非公益性捐赠金额为 119992.5 万元，占公司捐赠总额的 90.3%。非公益性捐赠公司的数量和份额相比较 2007 年的捐赠数据同样具有优势，并且所占份额的比例相同。此外，2007 年，还有 1 家上市公司既有公益性捐赠也有非公益性捐赠，占捐赠公司总数的 0.4%。而在 2009 年则有 7 家上市公司既有公益性捐赠也有非公益性捐赠，占捐赠公司总数的 2.6%。这意味着，《企业所得税法》发布后，其激励效应在非公益性企业慈善动机的捐赠数据方面得以显著体现。

二 公益性企业慈善动机捐赠数据的差异性分析

在沪市主板选取 303 家上市公司作为样本数据来源。2007 年，有捐赠的上市公司 246 家。其中，公益性捐赠公司 75 家，占捐赠公司总数的 30%，在捐赠公司比例中处于少数份额。选取的上市公司捐赠总额是 140310.7 万元。其中，公益性捐赠总额是 12366.3 万元，占上市公司捐赠总额的 8.8%。

相比较非公益性捐赠金额同样处于绝对劣势地位。2009 年，有捐赠的公司共计 269 家，其中公益性捐赠公司 36 家，占捐赠公司总数的 13%，依然在捐赠公司总数中处于绝对劣势。同时，选取的上市公司捐赠金额总计 132856.2 万元。其中，公益性捐赠金额是 12421.2 万元，占捐赠总额的 9.3%。可见，公益性捐赠的公司数量和捐赠金额所占的比例均明显处于少数。就中国企业慈善动机而言，以企业公益性捐赠行为为代表的社会契约慈善动机明显弱于以企业非公益性捐赠行为为代表的经济理性慈善动机，这反映出经济理性慈善动机是中国企业非公益性捐赠行为的首要慈善动机，属于典型的趋利性动机。如表 1 - 5 所示。

表 1 - 5　沪市主板上市公司慈善动机与公司捐赠一览

变量	2007 年	2009 年	增加
有慈善捐赠的上市公司数量	246 家	268 家	22 家
经济理性动机（非公益性）捐赠公司数量	169 家	224 家	55 家
社会契约动机（公益性）捐赠公司数量	75 家	36 家	- 39 家
非公益性捐赠公司所占比例	69%	83%	14 个百分点
公益性捐赠公司所占比例	30%	13%	- 17 个百分点
未明确显示公益性或非公益性捐赠公司所占比例	1%	4%	3 个百分点
非公益性捐赠金额所占比例	90.3%	90.3%	不变
公益性捐赠金额所占比例	8.8%	9.3%	0.5 个百分点
未明确显示公益性或非公益性捐赠金额所占比例	0.9%	0.4%	- 0.5 个百分点

注：沪市主板上市公司样本数据中，2007 年有 1 家公司既有公益性捐赠又有非公益性捐赠，有 1 家公司既有公益性捐赠又有赞助支出；2009 年有 7 家公司既有公益性捐赠又有非公益性捐赠，有 1 家公司既有公益性捐赠又有赞助支出。

资料来源：2007 年和 2009 年沪市主板上市公司年报。

表 1 - 5 从不同领域、行业、立场和视角分析了企业慈善动机现状，其共同之处在于强调了非公益性和公益性慈善动机是中国企业慈善动机的主要构成，认可企业社会责任是推动其参与捐赠的重要因素。企业慈善行为背后有着

充分的理由支持企业社会责任理论是促进其捐赠的外部力量，而企业的长远利益则是内在动因，慈善捐赠是企业利益权衡后的理性选择。[1] 数据显示，基于非公益性慈善动机的捐赠数据相比较公益性慈善动机的捐赠数据在年报中明确揭示出前者与后者对比，处于绝对性的压倒性优势。

三　非公益性与公益性企业慈善动机的差异性比较

实证研究表明，以非公益性慈善动机为核心的慈善行为无论是在公司数量还是捐赠金额方面均远远超越以公益性慈善动机为核心的慈善行为。这充分表明，上市公司作为大中型企业主体，经济理性慈善动机是其参与慈善捐赠时优先考虑的动机因素。相比之外，仅有少数企业会从公益性动机出发参与慈善捐赠，前文所述的30%和13%的公益性慈善捐赠公司数量，8.8%和9.3%的公益性慈善捐赠金额显然说明了这一点。值得注意的是，样本数据显示：公益性捐赠金额占捐赠金额的比例均在9%左右，远低于非公益性捐赠金额所占比例。显然，就企业慈善贡献度而言，非公益性捐赠金额远远大于公益性捐赠金额，这基本上能够反映中国上市公司的整体性慈善动机选择。由此可见，上市公司出于经济本性更愿意从经济理性慈善动机出发从事非公益性捐赠。

因此，无论是从横向（年度的公司数量和捐赠金额比较）还是纵向（年度之间的比较）来看，非公益性捐赠数据均远胜过公益性捐赠。显而易见的是，两种不同动机性质和慈善理念的企业慈善行为反映出非公益性和公益性慈善动机在沪市主板上市公司慈善捐赠行为中隐含的深层次驱动因素。这表明，非公益性与公益性慈善动机的差异性分析结果是：就沪市主板上市公司的样本数据而言，非公益性、趋利性慈善动机是上市公司参与捐赠时优先考虑的动机因素。相比之下，公益性慈善动机对于上市公司的驱动效应远不如非公益性慈善动机。

因此，根据年报捐赠数据统计，2007年和2009年沪市主板上市公司披露的公益性和非公益性捐赠公司比重如下。

此外，2007年，有1家上市公司既有公益性捐赠也有非公益性捐赠，有1家公司既有公益性捐赠也有赞助支出，有1家公司既有非公益性捐赠也有赞助支出。2009年，有7家上市公司既有公益性捐赠也有非公益性捐赠，有1家公司既有公益性捐赠也有赞助支出。

---

[1] 李领臣：《公司慈善捐赠的利益平衡》，《法学》2007年第4期。

关于企业慈善动机研究是以 2008 年发布的《企业所得税法》为依据，样本数据的差异性分析结果显示：2007 年和 2009 年有非公益性捐赠的上市公司数量分别占有捐赠公司数量的 69% 和 86%，有非公益性捐赠的上市公司增加了 17%。同时，2007 年和 2009 年上市公司的非公益性捐赠金额占捐赠总额的 90.3%，同样居于绝对优势地位。因此，企业非公益性捐赠行为在企业慈善行为中占主要份额。换言之，企业非公益性捐赠行为是受到经济理性慈善动机（表现为"绿领巾"）来驱动的，即企业非公益性捐赠行为背后的经济理性是企业慈善行为的主要动机。

总之，政府在激励企业慈善行为时，其首要职责是判断并明确企业捐赠动机是公益性还是非公益性，进而分析其慈善行为性质。通过差异性研究表明，我国企业慈善动机整体上是一种"绿领巾"，即带有非公益色彩的趋利性慈善动机。由此可见，企业非公益性捐赠行为应该成为政府关注和支持的重点领域。

第四节　企业慈善动机的案例研究：
基于访谈个案的分析

一　企业慈善动机的混合性或交叉性研究

除了上市公司年报数据实证研究之外，本研究还从企业维度选取了两个典型个案访谈研究。其中，既有多年来致力于慈善捐助，和地方政府建立了紧密政治关系的民营上市公司，其领导人具有全国人大代表等政治身份；还有以多元化慈善方式参与慈善事业，具有央企背景的国有控股上市公司。二者由于战略、体制、立场和视角不同，能够反映业界对于企业慈善动机的基本看法。

[访谈 1]

背景：

此个案是 2014 年 9 月 25 日作者 Z 在 W 集团会议室对该集团负责慈善事务和企业文化事务的副总裁 C 所做的关于企业慈善动机和行为的专题访谈。W集团是国内知名的民营慈善企业，集团总裁是全国人大代表。多年来，他热心慈善事业，致力于慈善捐赠，其慈善行为在国内享有盛誉。近年来，该集团相继支持和赞助了包括学校、医院、桥梁、公路、救灾、济困和文化等在内的多项社会公益事业。2008 年，汶川地震后该集团在第一时间捐款近 1400 万元。据不完全统计，仅 2007～2014 年，该集团向孤寡老人、孤儿等社会弱势群体陆续捐赠 2000 多万元，用于敬老、扶贫、救济和教育等。作为上市公司，企业通过扶贫帮困、慈善捐助塑造了社会形象，增强了公司承担社会责任的良好声誉和市场口碑。2011 年 10 月，W 集团荣获江苏省人民政府颁发的"江苏慈善奖——最具爱心慈善捐助单位"的荣誉称号。

访谈内容：

Z：首先，作为国内知名的民营慈善企业，您能否介绍一下贵集团多年来所倡导的慈善理念、动机，还有慈善捐赠的情况？

C：我们企业发展依赖于国家政策的支持，从小米场改制成现在的公司，然后到上市，公司发展的每一步都离不开政府政策和大环境的支持。在慈善这一块，我们一直坚持两个方面：一方面是民企的利益最大化。实际上，除了利益最大化之外，企业应该是效益最大化。效益最大化包括经济层面的利益最大化。但是，我们的社会效益方面，也应该尽到作为民企的社会责任，这就包含了慈善，这是第二个方面。做慈善是企业做大了想回报社会，并且是回报社会最好的方式，大致情况就是这样。

慈善在某种意义上来说，按我们的理解，就是在政府主导下进行捐赠。现在企业发展过程中存在感恩心态，企业这么多年的发展是离不开政府政策等方方面面的支持，即大环境，也是民企身份使得我们有责任和义务帮政府分忧解难。这么多年来，我们做得比较大的慈善活动，就是 1998 年的抗洪救灾，还有 2008 年的汶川地震救援。而平时主要是在集团总部所在地区做善事，包括关爱孤寡老人、扶贫济困、支持教育，还有中国体育事业，如省运会、女篮等。总结起来，一个是突发性事件慈善，另外就是常规性活动慈善。常规慈善立足于照顾地方，突发性慈善就是应急救灾等。比如 1998 年九江大水，咱们决定一路开着车从集团总部往九江赶，我们的人去了以后就被当地直接用了。汶川地震的时候，我们也是国内第一支企业派过去的抗震救灾突击队。1998年九江大水的时候，我们大概捐了 1000 多万，汶川地震的时候捐了八九百万，现金加实物统计起来是 1380 万，最后是 1400 多万。日常的慈善活动，在这里就不做赘述了。至于支持体育事业，这就跟我们企业的理念有关系，这就像是非公益性慈善活动。体育运动往往和健康联系在一起，我们所宣传的企业健康理念就与体育事业息息相关。包括省运会，我们投了不少钱，这几年捐款捐物加起来几个亿是有了。

Z：想请您谈谈企业慈善动机这一块，贵集团是以什么样的动机考虑做慈善的？又是出于什么原因促使贵集团从1998年到现在一如既往地致力于中国慈善事业的？

C：我们企业没把自己想得那么崇高，就是觉得这是企业应该尽的社会责任，而非公益性慈善捐赠是为了塑造企业形象，其他有关公益类慈善方面的，就没有像这样的动机了。就是说，社会需要你出面，政府需要你出面，你就应该义无反顾地去做，这个就是你的责任。（就是比较纯粹的，是吧？）

对，既然你（指企业）是民企，那你应该担的责任就要有。在你发展过程中，社会也好，政府也好，给你这么大支持，你就应为社会、为政府做该做的事，这种纯粹的（慈善）动机是要的。慈善应该分为两块，一个是非公益性慈善，一个是纯粹慈善（指公益性慈善）。一个企业做慈善，如果动机很纯粹的话，它的力度会很大，速度也很快，并且很透明。我们看个现象吧，就我们刚才讲的那几个，第一，常规性慈善应该是公益性的，突发事件慈善是公益性的，在大的灾难面前肯定是公益性的，其他的可能就是非公益性的。比如说，某某为了推广自己的东西而成立的慈善基金就是这样的，它捐了这些钱是为了推广产品，这个就动机不纯，太明显了。现在这一方面不少，但是具体数据我们没有。

Z：政府在引导和激励企业慈善行为方面还可以有哪些政策和措施来推动企业慈善行为？

C：实际上，企业做慈善的渠道很窄。

我觉得，政府应该把现有的项目管理好，一定管理得让企业踏踏实实地给钱给物。就是财务方面，假如说，我们几个企业联合起来，有个机构，这个机构就可以直接往下发。但是，现在国家是不允许的，你这个慈善必须归口管理，这实际很大程度上打击了企业，起码让企业感到很困惑。可能政策要放宽一点，再透明一点，企业就好办事。民企在慈善方面的总体状况，我觉得，通过企业这么多年的发展，大部分民企的意识正在加强，尤其是上市公司。

经过30年发展，作为一个民企，社会责任和慈善动机都是有的，然而就是很迷茫。现在，你看很多企业，基本上就是限制在本乡本土这一块，包括教育、养老、助残、济困各个方面，各个企业在本地做得还是不错的，国内企业财富积累，还没有到那个级别，但是这个愿望是一定有的。中国的企业自从有了现代企业意识，晋商也好，徽商也好，还有浙商、苏商等，都是有慈善理念的，尤其是兴办教育这一块，助残、济困啊，这些方面都是有的。

Z：政府现在提供的税收优惠政策对企业参与捐赠有没有更多的激励作用呢？

C：影响不大，因为你捐赠的钱和物跟经营规模相比较而言是很小的。第一，我们企业的慈善捐款和经营收入比较，还是很小很小的一部分。所以，单就税收政策这一块上，可以视同为零，影响不大。比如说，我们集团每年收入有200多个亿，假如说一年捐了5000万，这5000万跟200多个亿相比是什么概念？假如税收政府不要了，到时把5000万还给你，那也是很少的。就是说，现在用于做慈善的钱和物，和整个企业经营收入相比较而言，占的比例还是较小的。现在，国内还没有一个完整意义上的慈善事业，这是我自己的发现，是支离破碎的，无论是从政府来说，还是企业层面来说也好，都不是一个很顺畅的系统。按道理，在国外，研发费用、慈善费用开支都是很大的，而国内没有。所以说，政府先把渠道打开，打开以后，企业除了在经济方面需要鼓励，也需要其他方面的鼓励。假如国家有一个慈善排行榜或其他什么，它作为一个评价机构，跟我们上市公司的评价放到一块，做个综合评价，企业实力除了经济实力以外，还要有社会实力作为重要表现，比如慈善表现。最后做一个整体的评价系统，这可能是比较行之有效的，仅仅就税收这一块，在我认为，在一定时期内是影响不大的。

Z：我刚刚也提了一下，就是咱们国内的话，您觉得企业在捐赠的时候，它是公益性还是非公益性动机为主呢？您更倾向于哪一种呢？

C：（企业慈善行为）动机很好，有动机。但动力不大，疑惑比较多。上市公司发展这么多年，企业发展到一定程度，跟社会、政府的关系，就变成它成社会和政府的了，已经不是企业的了。在这个时候，做这些事情，是自然而然该有的动机，这是你要做到的，也是应该做的。目前，民企（慈善）动机是有的，但是遇到事，看整个体制的话，鼓励把周围这些慈善做完，而再往外走一走就很困难了，管道窄，管道少。比如，大家捐钱都是观望着，但大家不是不愿意捐，是我捐了1000万给红会，你红会到底弄了多少给汶川？是这个问题不是。我们是希望政府能够把这个动机通过某种方式变成一个真正的行动，这个在某方面政策、措施啊，我们不排除有些企业做慈善以后不上税。在经济发展初期，有些企业是打擦边球的，但是到目前为止，大家已经成熟了，它就不走投机这条路了，就算有，也很少。（关于企业慈善行为，究竟是公益性还是非公益性动机的成分占主导地位）这个没做过统计，这也没法统计。就我们刚才讲的那几个，第一，常规性慈善应该是非公益性的，突发事件的临时性慈善是公益性的，在大的灾难面前肯定是公益性的，其他的可能就是非公益性的。作为每个行业的领头品牌，一方面对行业有利，对企业也有利，我把它定义为是非公益慈善，但这也是介乎于公益和非公益之间的。你要说它是非公益的，它又是公益的，你要说它是公益的，它还存在不纯的动机。在政治层面，这需要也是有的。（政治动员或者是行政动员，这种现象在国内企业慈善行为中还是存在的吗？）那是一定存在的。

访谈分析：

根据访谈，可以判断民企追求的是自身效益最大化，即企业自身的经济利益最大化，这是企业本质或本性决定的，也是无法回避的客观事实。同时，企业慈善行为会酌情考虑社会效益，这是民企的身份和责任。但是，这不是企业慈善动机和行为的核心所在和根本出发点。W 集团把慈善概念理解为是政府主导下的慈善，这在当今中国的国企和民企中具有相当的代表性和普遍性。其原因在于：民企的成长壮大离不开政府的政策支持和社会大环境的培育。企业由此对于政府、社会怀有感恩之心，这是发自肺腑的，他们会认为自身有责任和义务帮助政府分忧解难，协助政府解决慈善领域的社会问题。

慈善行为是企业除了纳税之外，切实帮助政府分担社会责任的重要手段，是回报社会的最好方式。W 集团把常规性慈善行为放在公司所在地，体现出企业试图与当地政府、社区和公众保持和谐关系的考量，这是一种典型的经济理性动机模式下企业非公益性捐赠行为。在社会遇到突发性事件时，企业会及时调整其慈善动机和行为方式，即迅速从非公益性慈善动机和行为转变为公益性慈善动机和行为，将促进社会公益作为企业优先考虑的因素。在此情形下，非公益性慈善行为隐含的经济利益因素相应退居次要地位。显然，公益性和非公益性动机因素常常是交叉的、混合的和交替的。

一方面，企业在政府、社会的呼吁和号召下，参与各种突发性紧急灾后救助。即，从纯粹的公益性慈善动机出发参与慈善捐赠，这是企业应尽的义务和责任。毕竟，民企在成长过程中，政府、社会给予了有力的支持，企业理应帮助政府和社会做一些力所能及的慈善事情。在这种情况下，公益性慈善行为毫无疑问就是企业回报政府和社会最好的方式。比如，W 集团主动参与 2008 年汶川地震救灾就是典型的公益性慈善行为。这种慈善动机是纯粹的、不带功利性的，是企业需要适时参与的慈善举动，属于企业临时介入慈善活动的非常规性慈善行为。当然，W集团高层也坦率地指出，当一个企业以公益性动机来参与慈善项目的话，其参与力度会很大，行动速度会很快，慈善行为的透明度会很高。因为很少有功利色彩和其他因素掺杂在其中，比较纯粹。

另一方面，企业需要塑造自身形象，强化与消费者的情感纽带。因而要树立良好社会形象、赢得品牌声誉，就要考虑非公益性慈善行为。比如，W集团高层对于其自身的慈善动机和行为有着清醒的认识和评价。企业参与慈善捐赠的动机是受多种因素影响的，并没有想象的那么崇高、伟大，企业有自身的利益追求和价值判断。因而企业更加看重以理性思维对待企业慈善，并将其与企业的长期战略目标和经营决策规划相联系。在参与慈善项目的过程中，企业首先考虑利益回报，包括经济利益、市场份额、品牌知名度和社会声誉等。其次才是树立社会形象，这是符合企业本性的理性选择，带有鲜明的非公益性色彩，是具有功利色彩的，属于企业日常慈善活动的常规性慈善行为。

此外，访谈显示，民企认为税收政策对于企业慈善行为影响不大，其理由在于捐赠的货币、货物等财产和企业经营收入相比，其比例微不足道。相比较税收政策而言，政企关系程度、舆论支持度、社会公信力、市场消费者评价和企业社会责任指数以及慈善声誉等第三方评价发布的慈善排行榜更为企业所看重，是驱使企业捐赠的重要外部因素之一。

最后，该民营上市公司人士肯定：企业慈善行为存在公益性和非公益性两种动机因素，常规性慈善应该是非公益性质，通常是被列入年度公司捐赠计划或者是公益活动方案之中，与企业发展的宏观目标、战略规划和市场布局有着直接而密切的联系。包括受助对象、区域和慈善项目设计都是经过精心考量的，带有明显的经济理性慈善动机色彩。而突发性灾害的慈善捐赠往往是公益性质的，带有典型的社会契约慈善动机色彩。

总之，在特殊年份，企业公益性捐赠行为的力度和频率明显高于其他年度，但总体而言，这种情况毕竟是少数，这意味着常规年份企业非公益性捐赠行为的频率、力度、覆盖面、慈善效果和项目持久性、影响力和贡献度要远远高于突发事件年份的企业公益性捐赠行为。同时，在慈善资源、捐赠能力、慈善财产等方面同样要绝对高于平时年份的公益性捐赠。但是，在某些情况下，企业慈善行为既有公益性动机也有非公益性动机，有时很难严格界定属于哪种动机,或者说几种动机混合存在。

[访谈2]

背景:

Z 集团属于央企下辖的国有控股上市公司,多年来始终把参与社会慈善活动视为其作为国企应该履行的社会责任,并将企业慈善行为与客户关系有机结合,组织集团客户参与该集团的各项慈善项目,其慈善行为涉及的目标、对象、范围和领域较为多元化,慈善捐赠的方式和项目活动具有较强的创新性。本个案为 2014 年 10 月 27 日晚作者 Z 对于该集团公司负责慈善业务的主管 C 小姐的电话访谈。

访谈内容:

Z:您能否介绍一下贵公司近三年的慈善捐赠情况。

C:我们公司近年来一直在做的慈善项目有:小书包项目、＊＊会助学项目等,主要是在贫困地区和公司有项目的地区,同时我们还出资创办了某某公益网,该网站是某某市关爱行动重点项目,由该市文明办指导,市关爱办与＊＊市明善公益事业发展中心联合主办。网站秉持"明明白白做慈善"理念,定位于"为公益项目找善款,为善款找公益项目",采集、核实求助信息,寻找、评估公益慈善项目,满足企业社会责任个性化需求,为公益机构、爱心企业或个人搭建一个资源对接、整合推广、联合劝募的公共服务平台。其特色活动包括"企业信用记录"等,其目的是"为鼓励企业参与公益活动,明善公益网已与＊＊市企业信用网达成战略合作,共同倡导诚信捐赠。＊＊市企业慈善行为可转化为企业信用记录"。此外,我们还连续几年主办了中国慈展会(中国慈善展览会),汇聚全国最有影响力和创新性的公益慈善组织、最具社会责任感的企业和基金会,探索行业资源匹配的解决之道。

Z:贵公司参与慈善活动的主要原因是基于公司领导人的个人慈善意识还是公司固有的慈善文化传统在起主导作用?

C:应该是公司固有的慈善文化传统在起主导作用,因为我们是国企嘛,基于社会责任肯定会做一些事情吧。公司慈善捐赠的决策既有领导者的个人因素,但也是我们集团公司的决定,这个传统还是不会变的。毕竟,我们公司作为央企,本身是有一定的社会责任和慈善捐赠意识的。

Z:贵公司从事慈善捐赠的动机主要有哪些?主要是公益性的还是非公益性的?

C：我们公司做慈善的话，各种动机都有吧。因为我们是央企，要上缴利润的。作为上市公司，我们要做年报的，很多分红也是要有社会责任的。比如，我们做自己的公益品牌，给公众留下比较柔和的印象，即企业有大爱。比如，我们的"＊＊会"是针对业主的自管性组织，发挥业主的力量，留下企业是有爱心的印象，客户会更加热心购买我们的产品，互相认同。但是，基于我们企业性质的原因，可能更注重公益性动机。如果从公司社会责任角度来看，可能是公益性动机，如果是从公司的品牌形象和业主的角度来看，可能是公司的成长、业绩，就是非公益性动机。也就是说，同一件事情可能公益性和非公益性动机都有，或者各种动机是交叉在一起的，很难说哪一种慈善动机是更主要的。再比如，"＊＊会"就是组织业主配合公司参与慈善活动的。

Z：贵公司作为央企和国有上市公司，你们的慈善动机和其他企业相比，比如民企、外企等，这之间的慈善动机有哪些异同？

C：我没有在其他企业待过，所以对其他企业不是很清楚。但是，有些企业，比如，某些外企有自己专门的部门在做慈善，它所做的（慈善）事情其实是与企业的性质不相干的。而我们作为央企和国有上市公司，社会责任是占主导的，其他的是次要的。这方面还是有区别的，毕竟私人企业和外企还是以营利为目的的。关于我们公司作为国有上市公司与政府之间是否建立了某种密切关系，我作为基层的员工没有想到那么高尚。但是，我们作为央企下属的上市公司，有些事情是我们必须去做的。比如，我们每年都会对一些基金会捐款，都会对社会上一些急需帮助的人进行捐助。我们在做这些事情时，可能没有考虑到这是政府需要我们做的，而是看作对社会和弱势群体的关爱，这方面的动机会比较多。至于政府，它对于企业来说本来就是强势群体，很多事情本来就应该是政府做的，我们可能不是分担政府（的责任），而是关注弱势群体和微小NGO的成长和它们的想法。因为它们的成长可能面临很多危机，它们没有收入，所以我们更多的关注的可能是社会层面的东西，而不是官方的东西。

Z：您认为政府的政策措施和激励手段在推动诸如贵公司这样的上市公司在参与慈善捐赠方面有没有某种政策导向、激励和促进作用？

C：至少我个人没有看到这种政策导向性。本来就存在一定的税收优惠政策，但是这对于所有的企业或者机构都是通用的。同时，对于其他方面的促进暂时没有看到，反正我这个层面是没有见到的。但是，政府如果真的有对于国企慈善行为的政策措施，那么肯定是对于企业慈善行为的动机是有促进作用的。哪里有需要，我们还是会伸手去帮助的，只要是在我们能力范围之内的就会去做。毕竟我们是企业，不可能有很多的精力去做慈善，但是如果有这样的机会的话，我们还是会去做（慈善）。当然，政府如果有更好的政策措施来激励企业慈善行为的话，企业还是会愿意参与慈善捐赠的，这是肯定的。税收政策对于企业慈善动机的影响效果相比较法律可能效果更大一些，如果税收优惠政策更明显，那么企业慈善动机也会更明显。比如，我们公司捐赠 100 万元，政府如果能够给予我们免税 100 万元，那当然是最好的了，反正我们都是要上缴利润的，交到哪儿都是做好事啊。

访谈分析：

Z 集团作为央企下属国有上市公司，多年来参与多种形式的捐赠项目。其中，不仅有公司总部所在地的社区慈善项目，还有针对西部地区贫困儿童的专项助学项目，更有组织业主和客户共同参与的社会公益项目。上述慈善行动已经形成公司特有的慈善品牌，如"小书包项目"、"某某助学项目"和"某某公益网站"等均已成为社会各领域慈善行动的知名慈善品牌项目。由此可见，该公司慈善捐赠已经形成一系列有组织、有方案的系统化慈善计划，不仅仅是简单从事常规性的捐款捐物或者是突发性的公益慈善表现，其慈善动机和行为背后有着长期的战略性和全局性考虑。换句话说，这种企业深度参与的慈善项目已经将企业文化与慈善效果紧密联系在一起，不再是间歇性或波动性的慈善动机和行为反应。概括来说，Z 集团的慈善行动带有鲜明的计划性、目的性和持续性，属于比较典型的经济理性慈善动机主导下的非公益性慈善行为。

访谈表明，Z 集团作为大型国有集团公司，自然与民企所处的社会环境、慈善责任和舆论压力明显不同。国企历来与政府保持着密切合作关系甚至是行政隶属关系，这种特殊的身份和天然联系是民企无法拥有的，更是国企的竞争优势所在。在看待国企慈善行为时，政府、社会对其赋予的责任和给予的期待要远远高于外企、民企等非公有制企业。国企从政府、社会和公众获得的优惠政策、垄断资源、竞争门槛和公众支持是其他类型企业无法比拟的，它有责任和义务更加努力回报社会各界的信任和支持。在这里，我们可以理解国企的慈善行为是由其固有的慈善文化传统所主导的。相对于外企和民企而言，国企的社会责任感更为突出，无论是这种慈善行为来自公司决策者的个人慈善觉悟还是公司董事会的集体决策，其内在的慈善文化传统是不变的。这体现在汶川地震等重大灾害背景下，国企总是率先挺身而出。在第一时间捐助人力、物力和财力，主动协助政府开展救灾救助，用最坚决的公益性慈善捐赠行动表明其与政府、社会站在一起，这与其骨子里有慈善意识和社会责任感是分不开的。访谈结果既体现出国企员工对于企业本身慈善传统的认同和支持，同时也反映出国企员工的认识。

同时，作为央企，Z集团本身就应该具有一定的社会责任感和慈善捐赠意识。换句话说，在某种意义上，政府和社会的困难、问题就是国企必须解决的问题，三者之间有着千丝万缕的联系。比如，国企作为上市公司必须考虑股东利益，给董事会汇报，通过公司年报披露企业的社会责任和慈善捐赠情况。因而非公益性慈善捐赠行为是必不可少的，甚至这种情况是长期、延续的。值得注意的是，Z集团的访谈提到公益性和非公益性慈善动机在同一个慈善项目中并存或者交叉具有可能性，这说明现实中的企业慈善动机有时是很难确切归入某一类慈善动机的。或者说，很少有公司会专门统计或者评估哪种慈善动机在其慈善行为中处于主导地位。但是，合理区分企业慈善动机有助于政府在引导和激励企业慈善行为时提供有效的激励工具，尤其是对于本研究意义重大。

因此，虽然企业慈善行为都存在公益性和非公益性慈善动机，但由于企业的产权性质不同，其出发点和目标取向还是有差别的。国企基于其自身的原因，会更加注重社会责任，更为关注社会问题和弱势群体，因而其公益性成分会较为突出。在针对Z集团的访谈中，采访对象并没有刻意强调国企与政府之间的合作关系会影响到该企业的慈善动机及其行为。或者说，国企并没有将其慈善捐赠理解得那么神圣，也没有将其慈善理念和行为上升到分担政府责任的层面。企业在考虑慈善动机和行为时或许只是在于关注弱势群体和微小组织的成长，其慈善着眼点在于社会层面而不仅仅是政府层面。当然，在国企看来，其慈善动机与外企和民企有着显著的区别，后者可能主要考虑是企业自身的盈利问题。因此，慈善捐赠会相应围绕企业经济效益而展开，即非公益性慈善动机在民企和外企中更加普遍。而国企迫于政府和社会的政治、舆论压力，在秉持非公益性慈善动机的同时，还会考虑以公益性动机出发参与慈善捐赠。

总之，只要社会认可社会公益并为之付出，适当考虑企业利益是合情合理的，只要这种慈善行为的结果是为了社会公益，无论是公益性慈善动机还是非公益性慈善动机都是值得肯定的，正是这种对个人利益合理性的承认促使慈善事业在更为广泛的层面不断地有效处理着各类社会问题。①

---

① 何莉君：《慈善为何——读〈理解慈善——意义及其使命〉》，《开放时代》2009 年第 4 期。

二　企业慈善动机的多维判断

尽管访谈个案对于中国企业慈善动机的性质并没有给出一致的意见，但是上市公司的访谈个案均指出社会契约（公益性）和经济理性（非公益性）的企业慈善动机同时存在。民营上市公司的访谈表明，非公益性慈善动机在企业慈善动机中占据主导地位。国企上市公司的访谈则显示，该企业参与的慈善项目中往往非公益性和公益性慈善动机并存。或者说，企业没有真正关注两种慈善动机的价值冲突和利益分歧，因而无法准确说明其公司究竟是公益性还是非公益性慈善动机占据主导地位。

总之，民营上市公司访谈结果表明，经济理性企业慈善动机在企业慈善动机方面处于主流地位；而国有上市公司的访谈观点就此问题没有明确的指向，带有明显的模糊性和不确定性，没有表明关于企业慈善动机性质的价值判断和立场倾向。此外，关于税收政策与企业慈善动机及其行为之间是否存在相关性，访谈结论是有差异的。国企访谈结论认为税收政策能够促进企业慈善行为，而民企访谈结果显示，税收政策对于引导企业慈善的意义不大，没有明显的激励效果。这反映出不同产权性质的企业对于税收政策的激励效力存在明显的认识差异。

第二章 企业慈善行为及其影响因素
与价值判断研究

第一节 企业慈善行为研究

一 国外企业慈善行为研究

根据瑞士学者布鲁克（Heike Bruch）和瓦尔特（Frank Walter）的研究结果，企业慈善的类型主要有两个导向：市场导向（Market Orientation）和能力导向（Competence Orientation）。[①]

（一）国外企业慈善行为的基本导向

1. 市场导向型企业慈善行为：外部面向

某些企业重视利益相关者的期望，包括消费者、雇员、激励代理人和邻近社区等，即力求根据外部需求设计企业慈善方案以提升企业竞争力。这些企业希望创造竞争优势，诸如提升营销能力、拥有更强的吸引力、与政府和非政府组织保持更好的合作关系等。例如，德国汉莎航空公司曾经开展一项社区参与的慈善计划，该计划带有一项明确的外部战略性目标：即改善企业与邻近社区的关系。自该项目 1999 年启动以来，已经支持了 130 多个社区计划，并且每年为此捐赠超过 10 万美元。市场导向型企业慈善倾向于把各种利益相关者的期待置于企业关注的中心地位，比如企业更关注利益相关者的态度，而不是考虑其慈善行为产生的社会后果。

但是，市场导向型企业慈善行为有时也会产生一定的社会效益，尤其是某

---

① Heike Bruch, Frank Walter, "The Keys to Rethinking Corporate Philanthropy", *MIT Sloan Management Review*, Vol. 47, No. 1, (2005) 2005：49 - 55.

些社会效益与企业利益相关者有相同或相近的利益表达时。企业为了影响利益相关者的态度，通常会满足其需求，尤其是企业慈善行为常常要符合利益相关者的关键需求。在这种情形下，政府、社区、非政府组织和消费者的利益相关者面临的某些社会问题可能恰好是企业慈善行为所要解决的关键问题。这反而产生了意想不到的效果，这是市场导向型企业慈善行为值得肯定的方面。因此，不能仅仅从市场导向方面来理解，还应从企业创造的社会价值来综合判断。

总之，以外部面向为核心的市场导向型企业慈善行为是以满足于利益相关者的期望来达到开拓市场、培育消费群体、赢得竞争优势等目的。

2. 能力导向型企业慈善行为：内部面向

与市场导向型企业慈善行为关注企业的外部因素不同，部分企业选择关注内部问题，尤其是将慈善行为与专业特长和核心能力联系起来。

这样考虑的优势在于：企业慈善行为可以避免与企业的核心业务、专业技能和战略资源相分离，从而凸显企业慈善行为的整体绩效。在充分发挥行业优势和专业能力的基础上，确保企业慈善行为对于受助对象彰显其独一无二的价值创造性。换句话说，能力导向型企业慈善行为体现的慈善目标和方法更加明确、具体、专业，其追求的慈善绩效更加突出、聚焦。

将慈善行为与企业核心业务相结合，侧重于提供优势产品、劳务、技术支持和服务保障等，这是专业咨询公司所擅长的慈善行为。例如，世界著名的管理咨询公司——麦肯锡公司致力于为各国非营利组织在社会、文化和教育等领域提供免费咨询，其受益人包括公共艺术画廊、大学和慈善机构等。麦肯锡公司发挥其雇员的专业知识，在全球组织实施了100个类似的项目。除了满足企业社会责任之外，麦肯锡公司明确表彰雇员将激情、鼓舞和进步等作为参与慈善行为的主要动机。①

但是，能力导向型企业慈善行为可能与企业利益相关者的利益指向和预期效果不甚相符，因而利益相关者关注的某些社会问题无法获得慈善项目支持。而企业根据自身专长设计的慈善方案往往不是社会亟待解决的关键问题。即重要的社会需求和企业慈善行为不是合理匹配，企业慈善行为无法发挥其最大功

---

① Heike Bruch, Frank Walter, "The Keys to Rethinking Corporate Philanthropy", *MIT Sloan Management Review*, Vol. 47, No. 1, (2005) 2005: 49 – 55.

效。就受益人而言，也许不会发挥企业慈善行为的最大价值。当然，能力导向型企业慈善有时能够创造独特的效益。毕竟其擅长的技能在专业领域是极为突出和享有盛誉的，大多是市场竞争中具有领先优势的独家本领。因而在某些特殊的慈善领域如救灾、防护、挖掘、净水和救护等方面能发挥不可替代的关键作用。更主要的是，企业本身的专业设备和技术涉及其核心业务，能够有效利用其专长，而不是仅仅依赖于货币资源参与慈善捐赠。

布鲁克（Heike Bruch）等关于企业慈善的市场和能力导向视角实际上界定了国外企业慈善行为的两个基本面向，即外部面向——市场拓展和内部面向——企业成长。这两种面向的优缺点可以概括如下。

一是市场导向型企业慈善行为的优势和不足。作为以企业利益相关者的利益需求为关注中心的企业慈善行为，注重企业外部组织对于企业运行可能带来的正面或负面干预，其目的是保障企业运营所必备的外部环境。其优点在于：企业慈善行为和社会问题紧密结合，根据受益人的真正需求制订合理、可行的慈善方案，从而切实达到预期的慈善效果。不足之处在于：此类慈善行为主要考虑市场等外部因素，而很少将企业自身的专业能力和特长发挥出来，常与企业的核心业务相脱节。

二是能力导向型企业慈善行为的优势和不足。作为以企业自身为关注中心的企业慈善行为，注重从专业领域和技术特长参与慈善项目。围绕企业的优势和技能制订出目标细化的慈善方案，在不影响企业核心业务的同时，将企业专长延伸到社会领域。同时，通过受益人的测试，可以发现企业产品、技能和服务存在的不足。其优点在于：企业慈善行为的方案科学、目标明确、特色鲜明、专业性强、手段单一、执行便利、效果明显，并且能够体现企业的核心业务优势，对于企业品牌树立和声誉推广有极大的现实效应，有助于迅速锁定准确的目标客户群体。不足之处在于：企业的核心业务并不总是与亟待解决的社会问题有着密切关联，无法关注企业利益相关者的核心利益指向和目标期待，其提供的慈善方案适应面较窄而且相对专业、特殊，不具备市场导向型企业慈善行为的影响力，覆盖面有限，因而适宜应对局部地区和部分专门化慈善项目的特殊需求，不具备普遍性和推广性。因此，合理的企业慈善行为是将外部面向的市场导向型和内部面向的能力导向型企业慈善行为有机结合，形成一种从战略角度出发兼顾社会公益和企业私利的全局性企业慈善行为。

总之，就企业慈善行为而言，无论是基于市场导向还是能力导向，不管是外部面向还是内部面向，都有其优势的一面。但不可否认的是，其缺陷是显然的，即二者都是从企业慈善行为的某个视角考虑，片面性不可避免，缺乏战略性。

（二）国外企业慈善行为的主要类型

布鲁克（Heike Bruch）等人根据企业慈善外部导向和内部导向的需求程度将企业慈善行为划分为四种类型①：战略性慈善行为（Strategic Philanthropy）和紧缩型慈善行为（Constricted Philanthropy）、分散型慈善行为（Dispersed Philanthropy）和边缘型慈善行为（Peripheral Philanthropy）。通常来说，战略性企业慈善行为是其中最有效的，其特征是将企业强大的外部社会声誉、市场占有率和内部的慈善资源、动员能力两种面向相连接，用技术和能力协调社会需求。

目前，国外企业慈善行为类型主要体现在以下方面。

1. 战略性企业慈善行为：能力导向型和市场导向型

诸多学者将企业慈善捐赠视为一种战略性企业慈善行为。② 迈克尔·波特等人（Michael E. Porter and Mark R. Kramer）将战略性或策略性企业慈善行为理解为企业通过承担某些社会责任以有效改善企业竞争环境为导向的慈善行为。③ 迄今为止，战略性企业慈善行为被认为是最有效和最符合政府与企业双方利益的慈善行为。一方面这种慈善行为能够满足政府和社会关注的社会公益，另一方面又能保障企业的经济利益。其价值在于整合了企业内部和外部两个维度，即实现了边缘型和紧缩型两种企业慈善行为的利益结合和优势互补。从企业内部来说，决策者把企业的慈善行为与其核心竞争力相结合，借助于专业优势和慈善资源去解决社会问题。从企业外部而言，企业也会考虑到利益相关者的期待和需求，以至于企业在市场上通过慈善行为获得回报。从战略性企业慈善行为的概念和内涵来看，这是一种典型的企业非公益性捐赠行为，企业

①　Heike Bruch, Frank Walter, "The Keys to Rethinking Corporate Philanthropy", *MIT Sloan Management Review*, Vol. 47, No. 1, (2005): 49 –55.

②　Stephen Brammer, Andrew Millington, "Corporate Reputation and Philanthropy: An Empirical Analysis", *Journal of Business Ethics*, Vol. 61, No. 1, (2005): 29 –44; Arthur Gautier, Anne –Claire Pache, "Research on Corporate Philanthropy: A Review and Assessment", *Journal of Business Ethics*, Vol. 126, No. 3, (2005): 343 –396.

③　Michael E. Porter, Mark R. Kramer., "The Competitive Advantage of Corporate Philanthropy", *Harward Business Review*, Vol. 80, No. 12, (2002): 57 –68.

在关注经济利益的同时，还通过慈善捐赠致力于社会公益的实现。

比如，美国 IBM 公司的"Reinventing Education Grant Program"就是典型的战略性企业慈善行为的有效性方案。表面上看，企业慈善行为是基于企业自主、自愿或被动等意愿和动机的结果，实质上该案例隐含的深层次动因是来自激励政策影响和制度规范间接效果的外部显现。1994 年，Reinventing Education 计划启动，旨在提升美国和其他国家的学校体系和教育改革。为了实现这个目标，IBM 在家庭与学校通信，教师职业发展，学生评价和数据管理、分析等领域提供 IT 解决方案。Reinventing Education 计划主要依托 IBM 雇员的专业技能为技术问题提供解决方案。到 2004 年 8 月，这个方案仍在进行中，到 2004 年已经为学校及其所在地区提供了三轮奖励兑现，捐赠总价值超过 7000 万美元。然而，所有捐赠中只有大约 25% 是以货币的形式，而 75% 的捐赠包括研发和咨询时间、软件和技术设备。纽约市儿童和技术服务中心评估认为，有超过 9 万名教师和数百万名学生通过 Reinventing Education 计划在使用教育技术工具。这个方案通过 25 个网站遍及美国和亚洲、拉丁美洲、欧洲和大洋洲的 9 个国家。Reinventing Education 计划除了对于公共教育提升提供大量捐赠，还给 IMN 带来了重要的战略优势，比如社会声誉得到提升。从 2000 年到 2003 年，IBM 连续位居"商业伦理"（Business Ethics）100 家最佳企业公民排行榜前 5 名。同时，Reinventing Education 计划也增强了 IBM 公司雇员的自豪感和忠诚度。此外，这个方案还能在技术学习、技能转移和新技术发展方面带来潜在的商业价值。从 IBM 公司的战略性企业慈善案例，我们可以发现，企业不是仅仅参与货币捐赠这种分散型企业慈善，更重要的是从战略利益角度设计既能发挥企业专业优势和技能优势，又符合外部利益相关者如学校、社区的社会需求。其慈善方案的效果是双赢局面：学校和学生从 IBM 的教育技术手段中收益，企业获得它想得到的社会声誉。这是企业把内部优势资源和外部利益相结合的典型战略性企业慈善案例。

图 2 - 1 显示，战略性企业慈善行为是以竞争环境为战略导向的，是基于政府的社会绩效和企业的经济绩效得以双重受益的慈善行为，属于互利性的长期行为。因此，当战略性或策略性企业慈善行为在为社会提供可持续性收益时，企业也会由此获得在新的行业不断拓展核心业务和扩大市场占有率的机会。并推动雇员固有的慈善动机，刺激消费者的购买欲望，增强企业在劳动力市场的吸引力。同时，这种战略性企业慈善行为能够维持和加强慈善行为与企

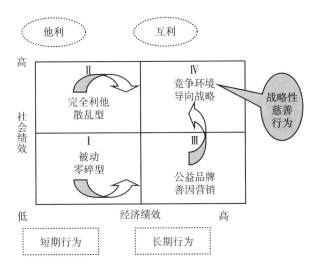

图 2 - 1　企业慈善行为——绩效矩阵

资料来源：葛笑春、蔡宁撰《战略性企业慈善行为的比
较研究》，《重庆大学学报》（社会科学版）2009 年第 1 期。

业自身使命感的联结度。菲兹曼（Fisman R.）等人研究指出，那些偏好做慈善的企业家作为"关注社会"的企业家（Socially - minded Entrepreneurs）比注重"利益最大化"的企业家（Profitmaximizing Entrepreneurs）花费更多，因而通过慈善赢得一些温情效应（Warm Glow）。[①]

2. 紧缩型企业慈善行为：市场导向型

该行为可以理解为企业将其慈善领域和活动范围相对收缩，仅仅局限于企业所擅长的专业领域和核心业务，这是与边缘型企业慈善行为完全对立的企业慈善行为，其慈善行为更加聚焦于企业核心业务所赋予的资源优势和特长。

有研究发现，与消费者有直接联系的企业是其他企业平均捐赠金额的 118 倍。[②] 紧缩型企业慈善行为相比较边缘型企业慈善行为而言，其目的性和计划性与企业内部优势资源和核心战略的联系更为紧密，因而给企业带来的社会效果和经济利益会更多。此类企业试图借助紧缩型慈善行为发挥其核心竞争力，却往往忽略了外部利益相关者的期待和需求。紧缩型慈善行为的影响同样也是

[①] Fisman. R., Heal G., V. B. Nair, "A Modelof Corporate Philanthropy", *Working Paper*, Columbia University, 2006.

[②] 曾令会、王威：《企业慈善捐赠的作用和市场反应》，《经营与管理》2013 年第 10 期。

混合的，即利用企业已有的专业人才、资源和设施来达到企业慈善行为的预期效率。

就"紧缩型企业慈善行为"的典型个案而言，沃尔玛最成功的社区慈善活动，毫无疑问是 2005 年秋天针对卡特里娜飓风（Hurricane Katrina）做出的捐赠反应。这场飓风席卷了新奥尔良及其周边地区。沃尔玛在飓风过后立即捐出了 200 万美元帮助救灾。此后，沃尔玛又投入 1500 万美元在全美展开了一项救助卡特里娜飓风受灾者的行动。除此之外，沃尔玛还在受灾地区设立了很多便利店，向有需求的受灾者免费发放衣物、尿布、婴儿油、食物、牙刷、床上用品和水等。在卡特里娜袭击后，沃尔玛用卡车为灾区民众送来了花生酱、罐头、果酱馅饼、饮用水等生活用品，成为救命英雄。沃尔玛还在受灾地区以卡车、帐篷和其他建筑形式设立了"迷你沃尔玛"商店，免费发放食品、牙刷和被褥等；建立了一个失踪人员信息在线查询系统，该系统头两天就收到了超过 2000 条信息和 20 万次访问。沃尔玛的上述慈善行动是在沃尔玛位于新奥尔良的商店受到卡特里娜飓风严重破坏的情况下展开的，受到了全球的赞誉。

目前来看，企业试图达到以下目的：通过联结企业慈善和经营行为向社会、消费者、受益人等消费群体和产品对象传递企业文化和员工心态。企业管理者力求在企业内部利用企业文化向员工传递和灌输一种社会责任意识，在新的专业领域培养创新意识。当企业在新的专业领域参与慈善项目时，其产品和服务在陌生环境和条件下可能出现新问题。因此，需要企业根据新问题去不断改良和完善其产品和服务，从而不断提高企业的创新意识和能力。

总之，紧缩型企业慈善行为具备的慈善资源与企业的核心业务联系密切，其慈善项目反映的公益目标极为明确，但是往往忽略企业利益相关者的需求。即这种慈善行为往往表明企业本身具有明确的战略性慈善目标和捐赠动机，但是没有考虑社会公益的价值和意义，因而是一种带有战略性成分的捐赠行为。

3. 分散型企业慈善行为

分散型企业慈善行为是指企业可能出现慈善战略目标或方向的迷失，无法准确定位企业慈善行为所要达成的绩效和满足的社会或企业需求，即部分企业对于慈善没有明确的目标和方案。这种慈善行为既不属于基于外部驱动因素的边缘型企业慈善行为，也不是基于企业内部驱动因素的紧缩型企业慈善行为。

比如，部分企业慈善行为缺乏一个紧密联系的战略方向，并且被所谓的"时尚慈善"行为所误导，导致企业慈善投入常常被挥霍或浪费。通常表现为企业管理层和雇员对于企业慈善认识不统一、目标不清晰，企业慈善方案无法给出清晰的决策准则，没有协调好慈善认知的分歧。其结果是分散型企业慈善行为大多是由中小型企业做出的小型慈善计划，而不是大型企业基于战略角度设计的导向性慈善主题。比如小金额的货币捐赠就是一种没有目的性和战略考虑的分散型企业慈善行为。

目前来看，分散型企业慈善行为的缺陷是慈善目标不明确、决策不清晰，故无论是对于慈善企业本身还是受助对象而言，其效果都不太显著。这种慈善行为表现为企业慈善的战略意图含糊不清、模棱两可，既不是外部利益相关者需求，也不是企业慈善意识起作用。所以，既不能讨好外部利益相关者，也无法取悦企业内部的股东和雇员，以至于企业决策者和参与者不清楚其慈善行为的目的和内容，最终产生的经济效益、慈善效果和社会影响力都微不足道。一方面，企业慈善行为偏离企业的核心竞争力和战略目标，不能与企业自身的长远利益有效契合。另一方面，这种分散的小型慈善计划使得企业很难集中慈善资源提供持续的利益供给去满足利益集团的需求。因此，分散型企业慈善并非企业管理层集体决策的结果，多是董事会中个别人出于私人利益做出的决定。

总之，分散型企业慈善行为具备的慈善资源缺乏鲜明的特性和优势，因而无法帮助企业选择明确的慈善目标。大多数中小型企业基于企业自身实力和经济考量等因素选择分散型企业慈善行为。

4. 边缘型企业慈善行为：能力导向型

边缘型企业慈善行为是指企业慈善行为与企业的核心业务没有直接关系，属于企业所在行业的边缘范畴。因而其慈善行为的领域和范围相对较为宽泛，不受企业核心能力的限制，适应面较大，具有一定的主动性，主要是被外部需求和利益相关者的期待所驱动。通常是与企业核心业务无关的货币、实物和设备捐赠等；这类企业试图将捐赠赢得的社会声誉内化为内在驱动力。如增强雇员对于企业价值观的认同，企业能够从社会声誉获得间接的长期利益，有助于刺激消费者对于其产品和服务的需求。或是为提高吸引和维持高素质雇员的能力，或是为减少来自社会的批判和政府的监管。换句话说，当企业进行边缘型慈善时，由于考虑到外部需求和利益相关者的期望，所以慈善行为尽管与企业核心业务没有直接关系，无法在短期内给企业带来直接的经济效益，却可以帮助企业获得良好的社会声誉和长期的经济效益。

但是，边缘型企业慈善行为无法提升企业的核心竞争力。当企业慈善行为远离核心业务能力、呈现边缘化的特征时，社会和消费者有可能对企业慈善行为的可靠性和专业性表现出某种程度的怀疑，因为这不是该企业所擅长的领域。在这种情况下，企业或许因为缺乏专业特色而放弃某些慈善项目。因此，当企业的捐赠表现过于边缘化、远离专业技能和特长时，会导致社会和消费者对于该企业的核心业务和专业领域难以理解和认同，以至于企业在其专业领域的品牌、地位和形象受到损害。

总之，边缘型企业慈善行为具备的慈善资源与企业的核心业务相偏离，进而有可能造成企业慈善目标含糊不清，尽管这种捐赠行为很大程度是基于社会契约动机下的企业公益性捐赠行为。虽然带有一定战略性的慈善动机，但由于没有将企业自身利益与社会公益相结合，不能成为真正意义上的战略性企业慈善行为，其慈善动机和行为有其固有的缺陷和不足。换句话说，基于公益性慈善动机的边缘型企业慈善行为贡献的社会公益赢得了社会尊重和公益形象，但是对于企业经营没有直接的推动作用，因而无助于企业私利的快速回报。

基于以上分析，国外企业慈善行为类型可以划分为以下几种。

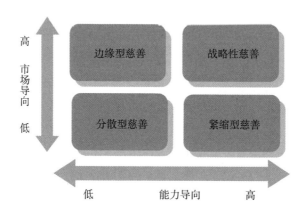

图 2 - 2　国外企业慈善行为类型结构

资料来源：Heike Bruch，Frank Walter，"The Keys to Rethinking Corporate Philanthropy"，*MIT Sloan Management Review*，Vol. 47，No. 1，（2005）：49 - 55。

表 2 - 1　国外企业慈善行为的类型划分一览

国外企业慈善行为 主要类型	目标面向	类型划分依据	聚焦领域	社会需求 契合度
边缘型企业慈善行为	外部面向	能力导向型	社会外部因素	不明确
紧缩型企业慈善行为	内部面向	市场导向型	企业自身因素	不明确
分散型企业慈善行为	不确定	不确定	不确定	极度不明确
战略性企业慈善行为	内部和外部面向	能力和市场导向 有机结合	整体因素	明确

表 2 - 1 表明，整体而言，战略性企业慈善行为效率最高，合理、有效兼顾社会公益和企业私利，所具备的慈善资源相比较其他类型的慈善行为最具优势和竞争力，属于慈善绩效最佳的类型。

总之，战略性企业慈善行为表现为能够给企业自身和利益相关者带来持续的收益，因而已经成为西方国家企业慈善行为的主要代表。

二　国内企业慈善行为概述

（一）边缘型企业慈善行为

作为中国慈善企业的主体——大中型国企和民企的慈善捐赠仍以货币捐助为主要方式。这种捐赠行为与企业自身的核心业务和行业领域没有直接的关联，因而无法为企业主营产品带来直接的经济利益，属于比较典型的企业公益性捐赠行为，本研究将其归纳为边缘型企业慈善行为。比如，2008 年 5 月 18日，在中央电视台举办的汶川地震赈灾晚会上，生产罐装王老吉饮料的加多宝公司宣布向灾区捐赠一亿元，立刻成为全国人民关注的焦点。在其宣布捐赠一亿元的 10 多分钟后，各大贴吧、论坛上出现了大量对其形象进行宣传的文章，王老吉尽管在短期获得了销量的大幅提升，但在公众了解到其操纵宣传的行为之后，产生了很多的批评和指责。①

不可否认的是，边缘型企业慈善行为背后大多隐藏着某种深层次的慈善策划方案和运作方式。从表面来看，可能体现为一种纯粹的公益性慈善行为，但是往往会给企业带来无形的社会效应。值得注意的是，这种慈善方案设计是一

---

①　刘巳洋、张沈伟、李刚、邱静：《地震之后的企业慈善行为》，《三星中国经济评论》2008年第 10 期。

把双刃剑，当其隐含的媒介炒作或策划意图被公众知晓时，有可能导致诸如上述"王老吉"个案的社会负面效果。通常来说，此类企业慈善行为有时会被公众理解为是在行业竞争中为企业赢得更好声誉、形象和竞争优势的营销方法和市场推广策略，尽管其慈善动机及其行为是公益性的。再以2013年"芦山地震"救灾捐赠为例，中国银行向四川地震灾区紧急捐款500万元，中国太平保险集团捐赠1000万元。在零售行业中，农夫山泉、五粮液等企业捐款1000万元。根据北京成龙慈善基金会发布的企业慈善行为信息来看，绝大多数企业采取的慈善行为方式都是货币捐助。① 鉴于中国设有私人慈善基金会的企业为数不多，边缘型企业慈善行为多体现为货币捐赠。因而对企业的经营状况、可支配货币和流动资金等有较高的要求，企业在参与突发事件捐赠时可以随时支配一定的货币额度。根据《中华人民共和国公益事业捐赠法》第二十四条规定，国企的固定资产和流动资金按照有关法律、法规的规定，企业不能将之用于捐赠。

通常，货币捐赠大多由大型国企或民企实施，毕竟小额货币捐赠对于企业形象提升和灾区基金救助意义不大。大型国企和民企之所以热衷于选择边缘型企业慈善行为，主要在于手续简便、影响力大、应急性强、适应面宽。对于受助对象而言，货币捐赠是针对紧急救助或短期慈善项目最有效、最便捷和最受欢迎的捐赠方式。尽管货币捐赠缺乏计划性、有效性和战略性，远离企业的核心业务和专业技能，不能给企业带来直接的经济利益，并且缺乏长期的慈善效果，但是大额货币捐助对于临时性、突发性的紧急救助是尤为必要的。因此，大型国企和民企实施大额货币捐赠能够通过"中华慈善奖"等政府表彰和媒介宣传树立企业社会形象，进而扩大产品知名度和市场美誉度，使其在占据行业竞争优势的同时，将企业竞争力和影响力延伸到其他行业或领域。

总之，大型国企和民企参与慈善捐赠依然处于发展阶段，其捐赠经验、渠道、方式和效果等都在摸索中。基于战略利益的慈善方案有待于进一步设计和完善，货币捐赠应逐步拓展为技术、设备、人力和智力等多元化企业慈善方案。从企业慈善行为的成熟度来看，大中型国企和民企反映出的边缘型企业慈善行为仍然是中国企业慈善行为的重要组成部分，即以与企业核心业务和专业技能无关的货币、物质和设备捐赠等为捐赠手段。

---

① 资料来源：北京成龙慈善基金会网站，http：//www.chengloongcishan.org/html/use。

（二）企业战略性和紧缩型慈善行为

战略性慈善行为和紧缩型慈善行为是外企在中国慈善领域的主要类型，尤以战略性或策略性慈善行为为主。现有文献指出，战略性慈善行为可以同时兼顾企业的经济目标和社会责任目标。① 孙红莉尝试解释民企在融资难的困境下仍能同时实现高额慈善捐赠和高强度研发投入这一现象。基于战略性慈善行为相关理论，撬动更多外部融资是慈善捐赠促进民企研发投入的途径之一。通过选取 2002～2010 年中国私营企业调查微观数据（CPES）和经济发展水平等宏观经济数据，进一步实证分析验证了企业战略性慈善行为的外部融资效应，即战略性慈善行为能够集聚更多银行贷款和外部投资等社会资源。② 之所以出现这种情况，与外企从战略目标和长期利益出发，致力于将自身核心业务和专业技能与慈善捐赠相结合的慈善方案选择有着密切的关系。相比较以企业公益性捐赠行为为主的边缘型企业慈善行为而言，战略性企业慈善行为在充分发挥企业专业特长、优势的同时，拓宽了核心业务领域，扩大了产品市场份额，树立了良好的企业公民形象和品牌市场价值。比如，在华外企慈善行为多以教育、知识、科技等智力型、科技型专业领域为主，注重捐赠项目的可持续性、长期受益和受助对象的能力培养。

以美国微软公司为例，2013 年 9 月，该公司与国内部分高校合作在校园通过微软问卷调查和抽奖等形式开展的校园免费赠送微软新产品的公益性活动，微软公司免费向学生发放了 10000 台 Surface RT 平板电脑。在帮助校园教育技能提升的同时，还推广了企业的专业优势，扩大了市场知名度和影响力。通过类似的慈善行为，微软公司可以迅速地抢占国内高校市场、在学生群体中赢得信誉和口碑。同时，获取受众对微软公司产品附加服务的购买，如产品维修、系统更换和配件选择等，进而在无形中扩大了微软公司的市场份额和影响力。

目前，不仅是外企，部分大型国企和民企逐渐受到战略性企业慈善理论的影响，关注并实施战略性企业慈善行为。即企业要获得社会效益带来长期回报，而不是急功近利的短视行为。换句话说，企业会有动力持续从事公益慈善事业。在社会效益与经济效益之间寻求平衡状态，既有助于社会问题的解决，

① 钟宏武：《企业捐赠作用的综合解析》，《中国工业经济》2007 年第 2 期。
② 孙红莉：《战略性慈善行为、外部融资与民营企业研发投入》，《经济管理》2019 年第 8 期。

又会对企业长期发展和社会形象塑造带来帮助。毕竟企业是理性的，单纯做慈善对企业来说是难以持续的。所以，对于企业从事公益慈善，政府和社会要给予理解和包容。

由此可见，随着新的慈善理念和动机逐渐兴起，战略性企业慈善行为理应成为大多数国企和大型民企参与慈善事业的主要方式。比如，沃尔玛中国有限公司参与四川汶川地震灾后救援典型的紧缩型企业慈善行为。汶川地震之后，该公司除了向中国红十字会进行募捐之外，还负责把救灾实物运送到灾区分发点。沃尔玛利用自身优势——实物库存和物流系统采购2万箱水、12000袋大包装饼干、4万袋大包装火腿肠、8万多袋方便面、3000多个帐篷和1000多个睡袋，还有毛毯、手电筒、电池、大米、榨菜等货物并将其运往灾区。同时，该公司在灾区计划兴建5000家便民商店，这样不仅可以平抑物价，更可以给人们带来很大的心理安慰。[①] 上述个案表明，沃尔玛公司作为企业组织，其基本责任是向股东提供最好的效益回报。然而，企业同样还是社会公民，其不仅只有经济责任，还要肩负起社会、伦理和慈善责任等公益责任。因此，从2008年汶川地震的慈善捐赠来看，沃尔玛将慈善行为与专业技能紧密结合，体现出紧缩型企业慈善行为的实质。

总之，企业通过战略性慈善行为能够在受助对象中形成良好的公益形象和声誉资本，从而对潜在雇员构成较强的就业吸引力。战略性企业慈善行为作为一种既能兼顾企业自身利益，又能促进社会公益的行为模式相比较紧缩型企业慈善行为更为合理、更加全面、更有优势，自然慈善效果会更显著，理应成为企业慈善行为重点发展的方向。不可否认，战略性企业慈善行为相比较其他慈善行为优势突出。

（三）分散型企业慈善行为

相比较边缘型、战略性和紧缩型企业慈善行为而言，中国中小型民企属于典型的分散型慈善行为。既没有边缘型企业的雄厚经济实力保障其提供可观的货币捐赠，也不具备战略性和紧缩型企业拥有的计划性和策略性慈善方案。一方面，这固然与其经济实力有关，没有可供捐赠的富余资源，其慈善能力还停留在初级阶段。另一方面，中小型民企大多处于创业时期或起步阶段，其公益

---

① 刘巳洋、张沈伟、李刚、邱静：《地震之后的企业慈善行为》，《三星中国经济评论》2008年第10期。

性慈善意识和动机相对薄弱。中国慈善事业长期实行的管理机制是政府指导下的垂直化管理体系，使得企业和个人的慈善意识还落后于社会文明程度和经济发展水平。中小型民企在慈善意识、动机和能力上的缺失，使其注定在企业慈善行为的影响力、捐赠份额和慈善效果等方面落后于大中型国企、民企和外企。受其慈善意识和能力限制，其慈善效果大多是锦上添花的象征性意义，对于灾害性慈善救助没有太多的实质性帮助。因此，就分散型企业慈善行为的表现而言，这是中小型民企在现阶段的典型反映。即企业规模小，实力弱，慈善能力有限。民企呈现捐赠数额相对较少，企业参与慈善数量相对较多的特点。[1] 因此，民企慈善行为的特点与分散型企业慈善行为的特征以及民企经营现状是相对应的，说明了分散型企业慈善行为确实是当下中小型民企的基本行为。研究指出，虽然民企能够通过公益性捐赠与政府进行交换以获取发展资源，但并不能作为促使企业进行慈善捐赠的长效机制。[2]

总之，分散型企业慈善行为是企业根据自身可支配的慈善资源提供有限的捐赠，故其代表的中小型民企具有的慈善动机和行为值得肯定和鼓励，在社会上具有一定的示范效应。

三　国内外企业慈善行为的差异性比较

本研究认为国外企业慈善行为主要表现为战略性企业慈善行为，即不再仅仅注重货币捐赠等传统的慈善方式，而是试图将企业慈善方式与其战略目标和专业优势相结合，其慈善行为从单一的货币捐赠向产品捐赠、服务捐赠、技术支持、人力支持、影响力投资、债权转让和股权捐赠等多元化捐赠方向转变，因而慈善效果更有针对性和现实性，有助于满足不同受助对象的多元化慈善需求。而中国仍然是以边缘型企业慈善行为为主，虽然其捐赠的货币资源能够发挥慈善效果，但是既不会给予企业直接利益回报，同时缺乏针对性和目的性，不能解决某些受助对象的具体需求。显然，如何在企业经济责任与社会慈善责任之间实现融合和平衡是现实的企业慈善能力问题。研究结果表明，所有权和中国文化（儒家、道教、易经、墨家、孙子等）影响着中国企业的社会责任

---

[1] 李志艳、吴晨：《企业慈善行为分析 2009－2010》，《中国慈善发展报告（2011）》，社会科学文献出版社，2011，第 7 页。

[2] 杜兰英、王硕、余宜珂：《中国税收优惠政策对民营企业公益性捐赠的激励效用初探——基于资源依赖理论和社会交换理论的博弈分析》，《税务研究》2017 年第 6 期。

计划。虽然慈善事业在企业社会责任中扮演着重要角色，但是受访者仍然认为经济责任和员工关系是最重要的。[1] 以西班牙为例，由于意识到企业社会责任的优势，西班牙政府于 2014 年 7 月通过了《2014 - 2020 年西班牙企业社会责任战略》（西班牙，2014 年）。根据欧盟 2011 ~ 2014 年战略建议，2014 ~ 2020 年西班牙企业社会责任战略通过将企业社会责任不仅延伸到上市公司，还延伸到其他公司（包括中小企业）和公共行政部门，补充了之前的法规。它以十条行动方针为基础，如推动企业社会责任成为更具可持续性的组织动力、将企业社会责任纳入教育、培训和研究、善政和透明度、负责任的人力资源管理和就业促进、对社会负责的投资和研发与创新，发展社会责任关系系统、供应链组成部分、负责任的消费、尊重环境、合作促进发展以及中央、区域和地方当局之间的协调和参与。[2] 就外企个案而言，沃尔玛参与汶川救灾的慈善案例，值得国内企业借鉴和参考。即企业可以不涉及广泛的社会慈善领域，而专注于企业技术、产品能力和特长范围之内的慈善需求。如果能够根据企业自身能力和优势专注于社会最需要解决的问题，获得最佳的慈善效果，就是达到了企业慈善行为的真正目的。

在认识企业社会责任时，理解公司权利也很重要。在某种程度上，预期的责任不会侵犯其权利，也符合其自身利益（见图 2 - 3），因而引入有意义的变革和建立更可持续的经济模式的机会增加了。[3]

总之，外企的慈善动机及其行为更加理性，而本土企业受外来慈善意识的影响，其慈善动机和行为正在趋于理性。一方面，就外企而言，其捐赠动因在内部和外部均相对均衡。另一方面，就本土企业而言，其捐赠动因中外部驱动因素明显超过内部驱动因素，这表明其更加关注政府、社会、灾害等外部因素的影响与干预。这意味着来自政府方面的激励工具对于本土企业慈善行为有着更为明显的促进作用。其捐赠指向更加注重非利益相关者，表明本土企业专注于社会慈善需求，较少将慈善捐赠与企业利益相结合，而外企更加关注企业慈

[1] Dashi Zhang, *Corporate Social Responsibility in China*：*Cultural and Ownership Influences on Perceptions and Practices*,（Springer Nature Singapore Pte Ltd. 2017）.

[2] Belén Díaz Díaz, Rebeca García Ramos, and Elisa Baraibar Díez. Key Corporate Social Responsibility Initiatives：An Empirical Evidence from Spain, Samuel O. Idowu Editor, Springer International Publishing Switzerland, 2016.

[3] David Chandler, *Strategic Corporate Social Responsibility*：*Sustainable Value Creation*（4 Edition）（Sage Publications, 2016）, p. 110.

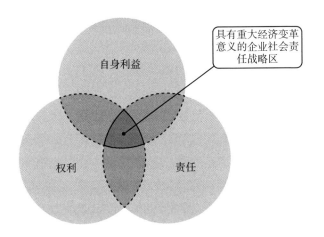

图 2 - 3 企业的权利、责任和自身利益

资料来源：David Chandler，*Strategic Corporate Social Responsibility*：*Sustainable Value Creation* （4 Edition）， （Sage Publications，2016），p. 110。

善战略规划和利益相关者的态度，追求长期效益的战略极为明显。此外，本土企业捐赠管理则明显缺失，相比外企而言，其捐赠管理机制则不够健全。

第二节 影响企业慈善行为的相关因素

一 影响企业慈善行为的外部因素：制度环境

企业利益相关者是环境的关键要素，他们构成了企业，并在很大程度上决定了企业的生存能力。利益相关者依赖于企业创造的价值，而企业则依赖于其利益相关者，以获得能够实现这种价值的资源，其中最重要的是维持企业经营所需的社会合法性。鉴于这种共生关系，利益相关者对公司的评价不仅取决于公司做什么，而且取决于它如何做。组织的成功取决于其内部竞争环境的匹配，这一等式两边的核心是公司的内部和外部利益相关者。通过将企业社会责任观点纳入战略规划和日常运营中，企业可以更好地应对和适应其动态环境，从而有助于确保企业的战略有效且耐用。因此，企业慈善行为受到政府、社会和消费者等利益相关者的影响和干预。在这种情形下，企业慈善行为更多体现出一种被动性色彩。比如，企业被嵌入在一张"关系网络"之中，这张关系网通过施加压力迫使企业与某种期待保持一致。① 这张关系网络由政府、社会、消费者和企业董事会以及雇员等各种利益相关者和企业自身所构成。其中，既有制度性的强制规范，也有非制度性的社会舆情，乃至企业内部雇员的社会责任意识。概括而言，企业慈善行为的影响因素包括外部向度和内部向度两个维度。其共同的影响根源来自：社会公益。具体来说，其影响因素体现在以下层面。

外部的制度环境包括以政府为代表的政策因素（属于正式制度）和以社会舆论、消费者、行业协会为代表的社会、市场、行业因素（属于非正式制度）。卢正文等以 2011~2015 年沪深两市 A 股上市公司为研究样本，实证分析了制度环境对企业慈善行为的影响以及客户定位对二者关系的调节作用。结果显示：区域经济发展水平、媒体关注程度和市场集中度对企业慈善行为都有显著正影响；区域的市场化程度和税负水平对企业慈善行为都有显著负影响；区域的法制化水平与企业慈善行为没有显著相关关系。上述结果表明，制度环境深刻影响了企业的慈善捐赠行为。这种影响在客户定位于消费者市场的上市公司中表现得更加显著。②

（一）政策因素：政府干预

政府是国家强制性权威的象征和代言人，有其他社会组织所不具备的政治合法性地位、强制性统治力和不可替代的社会影响力，掌握着一个国家最多的信息渠道和优势资源。换句话说，政府拥有在纯理论上即使是最有势力的公民也不能分享的资源。③ 由此可见，政府掌握的公共资源和权威成为其管理社会的资本和实力所在。目前，国内越来越多的企业从自身发展的战略性动机考虑，主动与政府合作，在政府的主导下实施慈善行为。2004 年一份调查研究结果表明：国内企业的捐赠驱动因素有 59% 是来自政府动员、社团劝募和社区申请等。④ 同样，有 33.4% 的国内企业认同政府的行政动员，对企业慈善捐

① David Hess, Danielle E. Warren, "The Meaning and Meaningfulness of Corporate Social Initiatives, *Business and Society Review*", Vol. 113, No. 2, (2008): 163 – 197.

② 卢正文、陈鹏：《制度环境、客户定位与企业慈善行为》，《山西财经大学学报》2020 年第 5 期。

③ George J. Stigler, "The Theory of Economic Regulation", *The Bell Journal of Economics and Management Science*, Vol. 2, No. 1, (1971): 3 – 21.

④ 葛道顺：《捐赠场域：跨国公司的网络生产与民族企业的慈善表达》，《和谐社会与慈善事业》，社会科学文献出版社，2007，第 151~162 页。

赠有着重要影响。[1] 一方面，地方政府面临诸多亟待解决的扶贫项目，如中国中西部地区普遍面临的困境：缺乏资金和能力。另一方面，企业与政府认同和社会期待具有共通性，既能够保障慈善效果的实现，又能够在公众中制造良性的公益形象。

总之，政府干预对于企业慈善行为而言是重要的外部影响因素。作为影响企业慈善行为的核心要素，通常的治理方式是借助激励工具引导企业慈善行为。因此，政府干预是影响中国企业慈善行为的核心因素，直接决定着企业的慈善方式和走向。

（二）社会因素：社会舆论

政府干预作为核心的影响因素固然重要，但是社会力量作为新崛起的外部因素同样不可忽视。社会舆情由于集伦理、道德、传统文化等非制度性社会观念于一体，代表了社会主流群体的价值观念和道德标准，是一种非权力性社会影响力。在这种社会舆情压力下，企业慈善行为有可能从早期的被动式参与过渡为主动慈善行为。当社会慈善意识被人们广为接受时，就会内化为一种精神，形成大众广泛认可的正当秩序。一旦企业行为不能体现这种精神，就被认为是破坏了合法性秩序，并会因此招致广泛的批评和制裁，企业在这种压力下不得不通过慈善行为来谋求生存和发展空间。[2] 随着社会力量的日益强大，社会舆论的网络传播特点带来了前所未有的舆情影响，这是企业慈善行为必须面对的外部压力。汶川地震之后，在国内诸多慈善捐赠事件中，均发生过社会舆情对于企业慈善行为的质疑和批判，给国内企业慈善发展造成了不利的舆论环境和真相不明的网络论争。

总之，社会舆情在某种程度上不次于政府干预的效果和影响力。在这种情况下，企业明智的选择是在参与慈善时重视和认可社会舆情的影响力。社会问题是企业自身的关键要素，积极采取圆满的方式解决社会问题在经济上和伦理上都是关键的。[3]

---

[1] 张传良：《中外企业慈善捐赠状况对比调查》，《企业家信息》2005 年第 17 期。

[2] 张韵君：《企业慈善社会责任建设存在的问题与对策》，《山西高等学校社会科学学报》2011 年第 2 期。

[3] Heike Bruch, Frank Walter, "The Keys to Rethinking Corporate Philanthropy", *MIT Sloan Management Review*, Vol. 47, No. 1, (2005): 49–55.

(三) 市场因素: 消费者

企业慈善行为有助于建立品牌认知和 (消费者的) 忠诚度, 提升企业形象, 增加 (企业的) 声誉资本。[1] 中国社会科学院关于汶川地震后企业慈善行为的大众评价调查显示: 79% 的消费者会优先选择公益企业的产品, 64.7% 的消费者谴责不捐赠的企业。从投资者来看, 70% 的受访者考虑购买公益企业的股票, 65% 的受访者考虑抛售吝啬企业的股票。[2] 企业利用产品减价促销等方式既利用了自身的行业优势, 同时推广和扩大产品声誉和市场占有率, 抓住消费者乐善好施的心理吸引消费者购买其产品, 促使其与企业一道参与慈善活动。从社会伦理角度分析, 消费者通常在超市、商场会对此类企业慈善行为表示关注并产生购买其产品的兴趣。

总之, 消费者对于企业的认知和态度决定了消费者是否会成为该企业长期稳定或潜在的直接利益相关者 (即客户), 因而企业必须针对消费者的态度和偏好给予充分的关注和应对。基于上述考虑, 企业往往把建立品牌形象、社会声誉和市场口碑作为慈善行为的利益影响因素, 这直接关系到企业产品和服务能否在市场上立足、占据一定的销售份额和保障适当的销售周期。

(四) 行业因素: 行业协会

一直以来, 行业组织作为自发引导、协调和规范某一产业领域企业集群发展走向和整体市场行为的社会组织扮演着政府的重要辅助性角色, 并形成政府与企业之间合作的纽带和信息沟通的桥梁。由此, 行业协会作为社会组织的关键成员, 对于企业慈善动机乃至主动、积极投身慈善事业的意愿与行为有可能产生一定的影响力和导向性。但是, 长期以来, 国内外对于行业协会作为影响企业慈善动机的因素这一新兴外部视角关注极少。近年来, 国内有学者开始关注并探索这个领域, 并取得了一定的成果。比如, 作为行业协会的主体构成——民企的慈善动机与是否受到行业协会的影响等。对此, 陈贵梧等采用中国私营企业调查数据, 分析和检验了行业协会对民企慈善行为的影响。研究发现, 在控制其他因素的前提下, 加入行业协会的民企比没有加入行业协会的民企进行了更多的慈善捐赠, 反映出慈善捐赠是民企对其所面临的组织情境的一

---

① Yongqiang Gao, "Philanthropic Disaster Relief Giving As a Response to Institutional Pressure: Evidence from China", *Journal of Business Research*, Vol. 64, No. 12, (2011): 1377 - 1382.

② 毛欢喜:《企业救灾吝啬 2/3 股民欲抛股票》, 搜狐网, http://business.sohu.com/20080703/n257917330.shtml, 最后访问日期: 2018 年 7 月 20 日。

种策略性回应。进一步分析表明，行业协会可以通过党组织这一路径，促进企业的慈善捐赠；尽管行业协会和政治关联均对企业慈善行为产生了显著的正向影响，但是前者的影响效应并不如后者。研究结论为转型时期中国"两新组织"的党组织角色和作用提供了直接的经验证据，尤其是为行业协会可以构成稳定地影响企业行为的制度性力量这一命题提供了来自转型国家的经验证据，因而具有明显的政策含义。① 上述研究结果表明，相对于国企而言，民企的慈善动机明显受到行业协会的影响，即民企在加入行业协会后，其慈善捐赠有了显著增加。这意味着其慈善动机无疑有来自行业协会的影响和推动。

二 影响企业慈善行为的内部因素：自身团队

企业慈善行为涉及的内部因素有 CEO 的个人兴趣、董事会中女性比例、高管的同情心、经理人任期、企业家的国际外派背景等。许年行等利用2006～2014 年上市公司慈善捐赠数据研究了高管贫困经历（出生地贫困程度或童年是否具有"大饥荒"经历）对企业慈善行为的影响，并考察了汶川地震这一自然灾害的外生冲击如何影响两者之间的关系。研究发现：当 CEO 出生于贫困地区，其所在企业进行了更多的社会慈善捐赠，那些早期经历过"大饥荒"的 CEO 所在企业的慈善捐赠水平也更高；有过贫困经历的 CEO 所在企业的慈善捐赠水平在地震发生后有更大幅度的提高。进一步研究发现，出生于富裕地区的 CEO 所在企业并未捐赠更多，有过贫困经历且受过良好教育的 CEO 进行了更多的慈善捐赠以回馈社会，有过饥荒经历且家乡饥荒程度更严重的 CEO 更加慷慨，政治关联状况并不影响两者之间的关系。② 上述内部因素主要与董事会成员和雇员有关，包括企业高管和核心业务骨干等。企业投身公益获得的回报可以帮助企业营运取得更佳成效，因而通过鼓励公司员工提高工作专注度和效率，可以使优秀员工不致流失的同时吸引更多的人才，增加企业收益并且吸引更多的战略投资者。③ 由此可见，董事会和雇员是企业内部影响慈善动机的重要因素，在一定程度上会改变企业荣誉兴衰和发展走向。总之，董事会和

---

① 陈贵梧、胡辉华：《加入行业协会的民企慈善行为更多吗？——基于全国民企调查数据的实证研究》，《财经研究》2018 年第 1 期。
② 许年行、李哲：《高管贫困经历与企业慈善行为》，《经济研究》2016 年第 12 期。
③ 孙鹏程、沈华勤：《论公司捐赠中的社会责任——以现行法为基础的制度设计》，《法学》2003 年第 4 期。

雇员作为企业内部资源和能力核心要素，直接决定了企业战略利益的成败，同时作为企业慈善行为的内部驱动力影响着企业的慈善表现。雇员作为企业成员，其慈善动机在很大程度上受到企业高层及其设计的慈善捐赠组织影响和干预，因而具有较强的突发性、短期性、临时性、不确定性和脆弱性。很多时候，企业慈善榜与企业家个人慈善榜是近乎一致的。此外，企业慈善行为的内部影响因素还与自身经营状况有着密切关联，包括税前利润、净收入、企业规模、负债水平、董事会结构、所有权性质、政企关联等。

因此，企业慈善行为总体上表现为非公益性捐赠。这表明，企业本性决定了慈善动机很难有公益性或利他主义表现。无论企业选择公益性或非公益性慈善动机只是其慈善目标和出发点不同，即企业经济利益与社会公益的契合度在价值立场和利益诉求方面有所不同。企业自身发展与社会公益契合度越合理、越现实、越理性的慈善行为就越符合其长期利益和战略目标，其主导的慈善行为才有可能持续、健康、稳定地发展，而趋利性或非公益性慈善行为恰恰具备了这种可行性、适应性和可持续性。

三　影响企业慈善行为的其他因素：捐赠成本与预期风险等

除了上述企业慈善行为的影响因素之外，还有其他相关问题会影响企业慈善行为的意愿和表现，包括捐赠成本、预期风险等。有研究指出，公益捐赠帮助陌生人，对企业而言也是一种成本，而且成本越高越会降低帮助行为的可能性。企业慈善行为时所面临的风险有多种，包括绩效、物质、财务、精神、社会和时间损失的风险。预期风险对捐赠行为有消极影响，例如捐赠者对他/她的捐赠是否按照所承诺的得以使用，捐赠在满足受赠者的需要方面是否合适。当捐赠者知晓他们的捐赠的效用较低或者影响很小，捐赠就会减少。另外，当捐赠者意识到风险时，有可能以此为借口根本就不再捐赠……企业慈善行为事关社会公益，同时也和企业的风险管理相连。[①] 尤其是在涉及企业慈善行为的影响因素的文献中，与企业所得税制度相关的研究非常少见……国内虽也有关于企业所得税改革的相关研究，但对企业所得税改革与企业慈善行为进行实证

---

① 陈宗仕：《区域文化、民企治理结构与企业慈善》，《浙江学刊》2020 年第 4 期。

研究的较为缺乏。[1] 在极少数的关于所得税改革对企业慈善行为影响的实证研究中，龙朝晖和王杰仅仅以广东省的上市公司为样本，有一定的局限性[2]；朱迎春主要研究了企业慈善行为支出与企业利润及捐赠价格变动等因素的关系，并没有明确涉及企业所得税改革对企业慈善行为的影响。[3]

四　国内外企业慈善行为的影响因素比较

西方学界历来关注企业慈善动机的影响因素，并强调这些影响因素对于企业慈善动机的社会影响和慈善方案的执行有着直接的正面或负面效应。陈宗仕（2020）认为，企业合法性根本上依赖于一个社会如何评估商业的影响，这种影响不仅仅是经济绩效，其文化绩效被视为对伦理决策影响最重要的因素之一。这种文化嵌入性会影响企业的员工、消费者、政府等利益相关者的态度和行为取向，这些都会直接或间接地影响企业的决策，即使它们可能与企业主的个人价值观不符。[4] 企业像是在一种六棱形的圈子运营，这是比喻公司承受着诸多利益相关者的压力。六棱圈指的是出资人、雇员、顾客、供货商、环境、社区六种针对企业慈善动机有着密切关系和影响效果的内外部因素。企业对于"六棱圈"各方都有某种承诺，但是利益又不为任何一方所独有。麦肯锡公司对于西方国家721份样本的抽样调查显示，企业慈善行为方案所涉及的利益相关者根据其重要性程度依次为雇员、当地社区、消费者、利益相关者或投资者、董事会成员、政府或激励者、非政府组织、媒体和领导者等，企业认为对于其社会角色影响最大的利益相关者依次是雇员、董事会成员、投资者、消费者、政府、激励者、媒体、领导者和非正式组织等。[5]

无论是从企业慈善方案的拟定还是企业慈善行为的影响因素来看，雇员都是国内外企业最为看重的慈善行为影响因素。就中国而言，除了雇员因素之

[1]　谢露、邓英雯：《企业所得税改革与企业慈善捐赠——基于我国上市公司的经验证据》，《财政研究》2016年第4期。

[2]　龙朝晖、王杰：《企业所得税改革前后广东上市公司慈善捐赠的实证分析》，《税收经济研究》2013年第3期。

[3]　朱迎春：《我国企业慈善捐赠税收政策激励效应——基于2007年度中国A股上市公司数据的实证研究》，《当代财经》2010年第1期。

[4]　陈宗仕：《区域文化、民企治理结构与企业慈善》，《浙江学刊》2020年第4期。

[5]　Sheila Bonini, Stéphanie Chênevert, "The State of Corporate Philanthropy: A McKinsey Global Survey", *McKinsey Quarterly*, January, 2007.

外，国内企业在公有制社会结构的市场经济环境中面临着诸多外部影响因素，其中最有权力的制度成分是国家或政府、媒介或公众。[①]

根据上述国外企业慈善行为影响因素的比较，导致东西方存在影响因素差异性的原因主要有以下几方面。

（一）制度差异

之所以在东西方国家出现企业慈善行为受到不同程度影响因素的干预现象，其根本原因在于政治制度的差异。

西方国家主体为私有制国家，强调私有化是社会发展的基础和根本，在一切可能的前提下鼓励和支持社会全方位私有化。与此相应的是，政府尽可能减少对于社会和市场的政策干预。而中国作为公有制国家，政府和社会分别掌握了最关键的权力资源和舆论资源，激励和社会舆情决定了企业经济运行和社会交往的外部环境和制度条件，企业发展所必需的正的外部性依赖于政府、社会的约束性限制或政策性、社会性支持。因而，对于中国企业慈善动机而言，最重要的影响因素是来自政府、社会等外部因素的制度性或非制度性干预。相应的是，来自雇员和社区的影响程度处于次要地位。通过15家国内企业（国企9家，民企6家）进行个案访谈作为数据比对，中资公司的捐赠驱动力主要来自政府动员、社团劝募和社区申请等外部驱动，比例为59%。[②]

（二）文化差异

西方文化带有自由主义的传统和特征，强调对于个体能力的认可和人格素养的价值尊重，有能力、技术和知识的高素质雇员历来受到社会各界的重视和关照。

雇员虽然是企业的员工，但是在西方文化讲究"人人生而平等"的伦理环境下，能够受到与企业老板和管理者同等的待遇。同时，企业实践中意识到高素质雇员是稀缺的和不可替代的，是企业进步的关键资源。因而企业尤为注重培养、挖掘、引进高素质雇员，以充实和优化自身的成员结构，高素质雇员同样更关注或愿意选择热心于慈善事业的有良知和爱心的慈善企业作为立身之处。相比之下，中国企业在考虑慈善影响因素时大多数是把政府和

---

① Yongqiang Gao, "Dealing with Non – Market Stakeholders in International Market: Case Studies of US – Based MNEs in China", *Singapore Manage Review*, Vol. 29, No. 1 (2007): 75 – 88.

② 葛道顺：《捐赠场域：跨国公司的网络生产与民族企业的慈善表达》，《和谐社会与慈善事业》，社会科学文献出版社，2007，第151~162页。

社会作为最优先的选择，这是深受中国文化传统和价值观念影响的结果。比如，就中国传统的集体主义特征而言，从封建社会的统治性权威到家族和地域的宗亲部落、邻里关系和血缘观念和群居方式，无不是体现出小团体的集体抱团生存意识。长期以来，普通民众注重和追求对于威权政治和政府权力的敬畏、崇尚以及个人或者组织社会声誉、人格口碑。结果是中国民众往往将自己或他人等个体的位置或身份放到比较低的层次，更加关心政府、社会的态度和认同。

（三）认识差异

东西方国家存在制度、文化、历史等社会背景的差异，导致各国企业对于慈善行为影响因素的认识也存在着较大的区别。西方企业更多是从企业自身的经济利益出发考虑慈善行为，关注董事会和雇员等内部利益相关者的利益诉求，因而其慈善行为的影响因素多与企业自身有着直接联系，如雇员、当地社区等，对于政府、社会等影响因素则关注不多。而中国企业则是在满足自身经济利益的基础上，在政府、社会等外部因素的压力下参与慈善捐赠。由此，企业认识到政府和社会是影响其生存和成长的最关键因素。因此，就中国来看，外部的激励工具和社会舆论的强制推动形成了对于企业慈善行为影响因素的认识。由于东西方国家对于企业慈善行为的认识差异，导致双方在对待企业慈善动机的态度、行为和方式选择上存在着较大差异。比如，典型反映在企业慈善行为是否具有战略性策略、明确的慈善动机以及企业是否具有捐赠的主动性等。根据选取 15 家跨国公司和中资企业作为样本的比对结果，外资公司有着明确的捐赠动机，内部驱动占主导，是一种主动性捐赠；中资公司捐赠动机模糊，被动捐赠的行动更多。[①] 显然，来自企业内部和外部渠道的企业慈善驱动力导致企业慈善行为影响因素的差异性。

总之，政府、社会等是影响中国企业慈善行为的重要外部驱动因素。正是中西方国家关于企业慈善行为的影响因素认识存在差异性，导致了国内外企业慈善行为在内外部呈现不同的驱动力量和慈善路径。就中国而言，影响企业慈善行为的激励因素是来自政府角度的激励工具。

---

① 葛道顺：《捐赠场域：跨国公司的网络生产与民族企业的慈善表达》，《和谐社会与慈善事业》，社会科学文献出版社，2007，第 151～162 页。

第三节 企业慈善行为的利益指向、
性质属性和价值判断

一 中国企业慈善行为的利益指向与捐赠性质

（一）企业公益性捐赠行为利益指向与捐赠性质：边缘型企业慈善行为

就企业公益性捐赠行为而言，边缘型企业慈善行为主要体现为企业公益性捐赠行为。其原因在于：一是其与企业核心业务、专业技能无关。这种慈善行为提供的货币或实物捐赠方式和企业自身的经济利益没有直接的联系，具有明显的企业公益性捐赠行为特色；二是货币或实物捐赠更适合于临时性或突发性的灾害救助或紧急抢险，这种捐赠行为的公益性特征尤为突出。前文访谈个案关于公益性和非公益性慈善动机的性质分析也验证了这一点。从传统慈善捐赠来看，以边缘型企业慈善行为为代表的企业公益性捐赠行为是中国企业慈善行为的主体，其对于社会慈善的贡献程度是最显著的。但是，随着市场经济的深入，越来越多的国企和大型民企逐渐涉足于战略性企业慈善领域，特别是近年来这种现象呈现快速发展的势头。因此，企业非公益性捐赠行为已经绝对超越企业公益性捐赠行为成为企业慈善行为的主体。这意味着边缘型企业慈善行为不再是首选，因而企业公益性捐赠行为的使命和地位正在逐步弱化。

总之，边缘型企业慈善行为作为一种典型的企业公益性捐赠行为所反映出的价值立场与政府、社会所追求的社会公益是一致的，但是与企业追求的经济私利存在价值冲突，因而不符合企业的价值观念和市场属性。

（二）企业非公益性捐赠行为利益指向与捐赠性质：战略性企业慈善行为

就企业非公益性捐赠行为而言，战略性企业慈善行为主要体现为企业非公益性捐赠行为。其原因在于：一是战略性企业慈善行为在中国企业慈善行为领域的作用和地位日益突出，这种企业慈善行为与企业自身的经济利益有着直接而密切的联系，具有明显的非公益性特色；二是其外在的多元化捐赠符合并且适应中国常规性的慈善需求，毕竟常规性慈善需求在中国慈善领域最为普遍、最具代表性，也最有社会慈善需求，因而是企业慈善行为的主要救助领域。如果要保证持续、稳定的企业慈善行为以供给常规性社会慈善需求，必须从企业自发的慈善动机和意识着眼，同时兼顾企业的市场利益和经济本性，推动企业参与慈善捐赠。如果要达到这个激励目标，就必须引导和推动一种既有社会公益又有企业私利、具有复合型利益指向的企业慈善行为来介入社会公益问题。在这种背景下，战略性企业慈善行为是唯一具备上述条件的企业慈善行为。相比之下，边缘型企业慈善行为主要关注公益性的价值视角，忽略了企业自身利益的追求，不符合企业的经济本性；而紧缩型企业慈善行为则聚焦于企业自身利益的非公益性价值视角，没有放眼社会领域的社会公益。

2014 年 3 月，在全国两会期间，央广网主持人王天怡在"两会访谈·公益聚焦"的专题报道中对清华大学公共管理学院社会责任与创新研究中心主任邓国胜教授做了访谈，其内容如下①：

　　主持人：我们注意到另外一个现象，近年来企业的社会责任公益案例越来越多，其中有两个问题，一个就是有一些大众会质疑企业在作秀，第二个就是企业自己在运作的过程当中觉得投入的财力物力越来越多，感觉公益是一种负担，那么该如何解决这两个问题呢？

　　邓国胜：大家对传统的慈善相对来说熟悉一些，对现代公益慈善的理念相对来说了解得不是很到位。所以，目前这个领域存在认识上的误区。好像觉得企业做公益慈善就应该做所谓的纯慈善，不应该有任何商业上的回报。其实从国际发展趋势来看，这种慈善有时候它很难以持续，毕竟企业最重要的目标还是以利润为导向，它对股东要有问责，因此这种慈善有时候也会使得它这个（慈善捐赠）很难以持续下去。所以，国际上这些年新的一个趋势，我们讲战略上的公益慈善企业要做慈善（事实上是企业公益性捐赠行为）获得社会效益方面的回报，同时也要对它自身的经济效益带来长期的回报。不是那种急功近利的回报，那样企业才会有动力，可持续地去从事公益慈善事业，也就是说它要在社会效益、经济效益方面达成一种平衡，既能够有助于社会问题的解决，同时对企业自身的长期发展、企业的社会形象塑造会带来一定的益处。毕竟，企业也是理性的，如果让它做纯慈善（即企业公益性捐赠行为）可能对有些企业来说，

① 王天怡：《战略性的慈善项目会实现经济与社会效益双赢》，央广网，http：//news. cnr. cn/special/2014lh/ljr/gyjj2/zy/201403/t20140305_ 514998410. shtml，最后访问日期：2014 年 8 月 15 日。

特别是对一些处于起步阶段的企业来说是难以持续的。因此，我们的观点就是，对于企业从事慈善，应给予更多的理解、更多的包容。它愿意用什么模式来做慈善，我觉得是可以多元的，鼓励企业更多地去参与慈善，方式上可以多元，有的可以愿意做纯慈善（企业公益性捐赠行为），特别是对一些效益非常好的，愿意拿出来一部分做纯慈善也无可厚非。他如果希望通过做一些公益慈善，也能够帮助企业树立这种形象，甚至从企业长期战略来说，对经济效益也会带来一些效益，未尝不可（指企业非公益性捐赠行为）。其实，这个对企业和社会来说有时候会达到双赢的目标。给你举一个简单的例子，有一家跨国公司，它在做慈善方面就不是按照我们有些公众的观点属于作秀，甚至是为了企业的目的，做公益不是那么纯粹，它是怎么做的呢？就是有一些拉丁美洲贫困地方的农民种植咖啡豆，那个地方的咖啡质量是非常好的。但是它对当地的水土破坏会非常严重，而贫困人口没有更多的财力去进行改造，自身的融资也比较困难。这个跨国公司是专门生产咖啡的，它需要这种品质优良的可可豆，但是产量又非常低，那怎么做呢？就是帮助这些当地的穷人，给他们贷款，给他们提供融资服务，小额贷款服务，给他们提供技术培训，帮助他们在种咖啡豆的同时去保护环境。一方面，帮助这些人脱贫致富，另外一方面也为当地带来了稳定的原料供应，而且是高品质的原料供应。因此，使得当地环境得到保护，可以可持续生产咖啡豆，所以跨国公司和当地政府、社会、穷人达成了双赢，对当地的老百姓好，对公司也好。为什么这个模式就不行呢？我觉得现在是公众要慢慢去改变这样一种理念，企业做慈善，它可以做纯慈善的我们不反对，它如果是一种战略性慈善，达到经济、社会效益双赢，我觉得也是非常好的。由于公司做得更大，它有更多的资源来帮助更多的穷人，而且帮助当地改造环境。而传统的模式就是你做慈善，捐款甚至你可能会养老等，但是需要的资产也会很严重，有时候你（指慈善效果）未必那么有效。所以，我觉得我们要慢慢适应这种新的欢迎（指战略性企业慈善行为），接受这种现代慈善理念，要使得企业在这个方面能够有它自己的选择，只要它愿意去做好事我觉得就应该鼓励。

由访谈可知，企业非公益性企捐赠作为一种能够实现经济和社会双赢的战略性企业慈善行为可以带来更多的慈善资源帮助受助对象，这是传统企业公益性捐赠行为所不具备的优势和特色。作为一种新的慈善理念，企业非公益性捐赠行为理应逐渐得到政府、社会和公众的理解和接受。毕竟，无论是这种企业慈善行为基于何种动机，只要其捐赠行为能够带来公益性慈善效果，政府都应给予相应的政策激励。

总之，战略性企业慈善行为可以理解为是一种对于政府、社会和企业都有利的捐赠行为，能够实现多方共赢。由访谈提及的典型个案可知，作为实现政府、社会和企业互惠、社会公益和企业私利双赢的新型企业慈善行为，战略性企业慈善行为从企业自身的经济理性动机实施捐赠行为，因而具有明显的非公益性特征，这是企业非公益性捐赠行为的典型表现。

二　企业慈善行为的基本价值判断

如果从中国企业慈善行为的利益、动机、效果等维度判断中国企业慈善行为的总体效力，其分析结果可以参见表1－4和表1－5。其价值判断主要是围绕公益性和非公益性展开，这种价值判断对于中国企业非公益性捐赠行为模式的确定是基本的价值依据。

表2－2　中国企业慈善行为的利益指向和慈善动机价值判断一览

企业慈善行为类型	利益指向	市场面向度	能力面向度	慈善动机价值判断
边缘型企业慈善行为	社会公益	高	低	公益性
战略性企业慈善行为	企业私利和社会公益	高	高	非公益性
紧缩型企业慈善行为	企业私利	低	高	非公益性
分散型企业慈善行为	不明	低	低	不明

表2－2表明，从中国企业慈善行为的利益指向和慈善动机来看，外企慈善行为的价值判断最高；中小型民企的价值判断最低；大中型国企和民企慈善行为的综合评价中等。外企在其慈善行为表现方面获得最高的价值评价，这与其明确的慈善目标、客观的慈善能力、丰富的慈善资源和可供借鉴的个案经验有着密切关系。而中小型民企作为分散型企业慈善行为的主体，其利益指向和慈善动机均没有明确的表达，缺乏有力的证据支持，其慈善行为的总体价值评价是最低的。

表 2-3　中国企业慈善行为的利益指向和慈善效果价值判断一览

企业慈善行为类型	利益指向	市场面向度	能力面向度	慈善效果价值判断
边缘型企业慈善行为	社会公益	高	低	公益性
战略性企业慈善行为	企业私利和社会公益	高	高	公益性
紧缩型企业慈善行为	企业私利	低	高	公益性
分散型企业慈善行为	不明	低	低	公益性

表 2-3 表明，首先，从中国企业慈善行为的利益指向和慈善效果来看，战略性（或策略性）契约慈善行为在利益指向上兼顾了企业私利和社会公益，并且其慈善效果是公益性的，这种捐赠行为同时符合政府、社会、企业和公众等各方社会主体和市场主体的利益诉求，因而其评价值是最高的。边缘型企业慈善行为和紧缩型企业慈善行为尽管慈善效果都是公益性的，但其利益指向均存在明显的价值缺陷，前者缺乏关注企业自身经济利益的价值动机，后者缺乏关注社会公益的价值动机，因而将政府、社会、企业和公众之间的社会公益和企业私利割裂开来，不利于实现各种利益的整合。而分散型企业慈善行为由于慈善动机和效果不明，加之其慈善效果较小，所以可以被忽略。再者，从企业慈善行为的慈善动机和行为来看，战略性和紧缩型企业慈善行为虽然均为基于非公益性慈善动机的企业慈善行为模式，但是紧缩型企业慈善行为缺乏关注社会公益的利益指向作为固有的价值缺陷，不可能成为企业非公益性捐赠行为的主导型行为模式，而战略性企业慈善行为显然具备成为企业非公益性捐赠行为模式的客观条件。一方面，仅有经济利益考虑的企业非公益性捐赠行为如紧缩型企业慈善行为引起动机指向的片面性难以赢得社会主体的认同和支持，从企业战略目标来看，不利于形成企业成长必需的良性外部性制度保障和舆论环境。另一方面，仅有社会公益考虑的公益性企业慈善行为无法兼顾自身经济利益，难以培育企业经营规模，不利于壮大其经济性慈善资源。因此，从社会慈善角度来看，削弱了企业参与慈善的经济实力。

因此，中国企业慈善行为应从公益性、非公益性两个维度给予价值判断，主要涉及以下方面。

第一，企业慈善动机是否存在公益性。即企业是纯粹从公益角度无偿向社会奉献了资金、实物、人力，是否具有第三方独立性公益组织出具的慈善捐赠证明。研究表明，社会契约慈善动机表现为公益性动机。公益性动机在短期内无法有效促进企业发展，但是有利于企业长期目标的达成。

第二，慈善动机能否促进企业的经营指标的完成。如果可以，是促进了短期、中期还是长期指标，即企业的产品和服务与其潜在市场、目标客户和消费群体的相关性，这种相关性越强，其公益性慈善动机则越差。因为，经济理性慈善动机属于非公益性慈善动机，能够促进企业中短期经营指标的达成和企业战略目标的实现。

第三，企业慈善动机是否应考虑政府干预的因素或者是政企之间的政治关系，是否着眼于企业的危机公关效应，是直接有利还是间接有利等。研究表明，政治嵌入型和社会同构型慈善动机带有明显的政府介入因素。或是基于政企合作的目的，或是来自行政动员、政治动员的外部压力，这种背景下的慈善动机能够通过其慈善行为给企业带来直接的利益。

第四，政治嵌入慈善动机与特殊历史时期的社会背景和政企关系有着密切的联系。一方面，计划经济时代遗留的行政干预理念和影响仍然左右政府与企业之间的合作关系，进而涉及企业慈善行为的意愿和态度。另一方面，随着中国慈善事业市场化趋势的加快，在慈善行为的选择上，企业拥有更多的自主权。就企业本身而言，更多从企业自身利益和价值取向的立场（即非公益性经济理性慈善动机）出发确定是否参与慈善捐赠。

随着西方企业慈善动机观念逐渐影响我国企业参与慈善的动机选择，企业慈善动机的政治属性发生着相应的变化，传统的政治嵌入或社会同构型慈善动机随着行政干预程度的削弱或政治动员、行政动员效力的降低导致企业关注度的降低，而经济理性慈善动机作为一种既能促进经济效益又能推动社会公益的互惠型慈善动机则逐渐被企业、社会接受。但是，该动机因具有非公益性慈善性质而较少获得政府、社会和受助对象的关注。反之，社会契约慈善动机由于体现出明显的公益性慈善性质而备受政府、社会的重视。通过沪市主板上市公司年报数据的差异性研究，并结合大型民企和国企的访谈个案，本研究认为，中国企业慈善行为表现为整体非公益性，即"绿领巾"，但是局部仍然存在公益性，即"红领巾"。

因此，如何在明确中国企业慈善动机的非公益性基础上，紧扣其占据主导地位（绿领巾）的现状，在满足企业借助慈善行为获取经济利益回报的同时，引导企业非公益性捐赠行为贡献公益性慈善效果，是设计激励对策时应该考虑的突破口和切入点。基于以上考虑，战略性企业慈善行为是最符合各方利益的企业非公益性捐赠行为模式。作为一种兼顾企业私利和社会公益的慈善行为——战略性企业慈善行为才是既符合企业本性又顺应社会期待的理性行为选择。

总之，根据上述分析，中国企业慈善行为的利益指向、捐赠属性价值判断可以理解为功利性、趋利性或者非公益性，这表明经济理性慈善动机正在超越社会契约慈善动机成为企业慈善的主导性动机。企业慈善动机从社会契约向经济理性的变化预示着企业慈善行为的结构和导向随之改变，即从企业公益性捐赠行为转向企业非公益性捐赠行为。由于企业慈善行为的价值判断难以用数据直接进行量化分析，本研究通过差异性分析倒推出其非公益性，进而推导出企业非公益性捐赠行为在慈善事业中所体现的主导性地位。

第三章　企业非公益性捐赠行为
激励的理论框架

中国企业非公益性捐赠行为激励研究应以达成各方利益最大化（经济利益最大化和社会效益最大化）为宗旨，其结果是政府和企业围绕相互合作关系形成的利益博弈和政策妥协，并确定双方共同接受的激励方式，这是一种理性的激励方式选择。J. 斯蒂格勒在其分析模式中首先认定了两个假定前提……第二个前提是政府管制机关将选择最能使其效用最大化的行动方案，即管制机构会做一种理性的（政策）选择。①

就本研究所涉及的企业慈善领域而言，中国慈善事业长期以来一直表现为以国家意志为核心的"政府慈善"模式，企业和非政府组织等市场和社会力量在整个国家慈善事业体系中的社会地位和影响力相对较弱。而在西方发达国家，个体、企业和非政府组织是慈善事业的主体，是以市场自发运行和资源自助配置为核心的"社会慈善"模式。上述两种不同面向的慈善模式是应该采取相应的研究理论来分析。概括来说，无论是激励者、激励对象、体制结构，还是制度环境等激励要素，西方国家与中国都有明显的区别。在中国，政府与企业关系以及政策安排的传统对于企业慈善的形式和优先性有一种强大的影响力。②

---

① 转引自张其禄《管制行政：理论与经验分析》，商鼎文化出版社，2007，第54页。
② Meng Zhao，"CSR – Based Political Legitimacy Strategy：Managing the State by Doing Good in China & Russia"，*Journal of Business Ethics*，Vol. 111，No. 4，（2012）：439 – 460.

第一节　企业捐赠理念的路径演变与激励认识比较

一　企业捐赠理念的路径演变：从公益性到非公益性

目前，中国企业慈善行为相比较以往有了较大的进步，已由计划经济时代企业公益性捐赠行为占据主导地位转变为转型时期企业非公益性捐赠行为为主体的捐赠格局。这意味着中国企业慈善行为的重心正在发生变化，即从企业公益性捐赠行为向企业非公益性捐赠行为转变。这种变化意味着企业对于慈善捐赠的认识开始发生改变，其捐赠行为从最初的感性认识和盲目决策进化为理性判断和科学决策，这种慈善行为背后隐含的深层次因素在于企业慈善动机的变化。换句话说，正是由于中国企业慈善动机从纯粹公益性社会契约慈善逐渐转变为兼顾公益和私利的经济理性慈善，企业公益性捐赠行为随之演变为企业非公益性捐赠行为。就中国企业慈善行为类型来看，如果从企业慈善行为的性质划分，可以分为：一是利他型捐赠。即企业慈善家个人行为，与企业目标无关，企业的社会责任与经济责任无关；二是互利型捐赠。以创新战略和合作战略为主题，通过资助项目拓展创新空间，提升企业经营绩效，增强企业竞争力，实现社会公益和企业绩效的双赢。[①] 由相关分析可知，利他型捐赠显然是一种以促进社会进步为核心的企业公益性捐赠行为，而互利型捐赠则体现为以社会和企业双赢为宗旨的企业非公益性捐赠行为。因此，将企业慈善行为从更为理性的战略角度设计并实施，可以为企业进入慈善领域强化内在动机、拓宽捐赠渠道。面对中国亟待调动慈善资源的现实需求，开发企业慈善的空间和潜力是一条可行的道路，而实施以战略为导向、双赢互惠的策略性慈善是企业慈善可以采纳的可持续发展路径。[②]

总之，从企业公益性捐赠行为到企业非公益性捐赠行为引起的是企业慈善行为性质的改变，由此导致企业慈善行为的激励工具从公益性捐赠向非公益性捐赠推进。这表明，政府对于企业慈善行为的认识和激励也在因此发生

---

① 黄靖：《企业慈善行为与税收政策关系》，浙江大学博士学位论文，2011，第34页。
② 章空尽：《美国企业慈善从"传统"到"策略"之路》，《社会保障研究（北京）》2008年第2期。

变化。但是，无论中国企业慈善行为如何发展，行为性质如何变化，企业慈善行为对于社会公益事业产生的慈善效果始终是公益性的，不会有变化。因此，中国企业慈善行为逐步从公益性向非公益性演变是中国慈善事业发展进步的体现。

二　公益性和企业非公益性捐赠行为的激励认识研究

（一）传统的企业公益性捐赠行为激励研究

企业公益性捐赠行为长期以来一直受到各国政府的重视和支持，其激励工具、措施基本上是以公益性捐赠为激励对象所设计的。目前，《企业所得税法》及其实施条例以及政府应对突发性重大灾害或国家重大活动临时出台的专门性激励政策均将公益性慈善行为纳入激励范畴。应该说，从促进社会公益的立场出发激励企业公益性捐赠行为是政府职责所在。但是，国内企业慈善行为现状表明，企业公益性捐赠行为并非出自企业本性，其内在的社会契约慈善动机与企业追求经济利益最大化的本质属性存在价值冲突和利益分歧。因此，从企业慈善行为发展的角度来看，仅仅针对企业公益性捐赠行为给予激励是远远不够的。比如，企业非公益性捐赠行为无法享受政策扶持，则势必影响企业慈善行为的全面进步。

总之，从企业的角度来看，企业公益性捐赠行为激励应当予以持续支持，并不断优化、完善其激励工具。在此基础上，充分借鉴激励企业公益性捐赠行为的成熟经验，推进非公益性捐赠享受有效的政策激励。

（二）新兴的企业非公益性捐赠行为激励研究

随着企业慈善动机从社会契约向经济理性的转变，企业慈善行为从公益性向非公益性转型不可避免，这种现象揭示了企业慈善行为开始回归其经济价值最大化的本性。为了引导和激励企业非公益性捐赠行为发展，政府有必要在运用激励工具支持企业公益性捐赠行为的基础上，给予企业非公益性捐赠行为以相应的政策扶持。毕竟，仅仅依靠企业公益性捐赠行为不足以支撑中国慈善事业的发展，也不能优化中国企业慈善行为的整体格局。目前，企业非公益性捐赠行为在中国企业慈善领域乃至整个慈善事业中的重要性和贡献度还没有引起各界的足够重视，这与政府政策导向和社会舆论宣传以及消费者的认知程度有着直接关系。现阶段，国内相关的激励工具和社会舆论都是围绕着公益性捐赠所展开的，政府在推动企业非公益性捐赠行为激励方面基本上处于空白状态。

2008 年汶川地震之后，国内企业慈善事业发展迅速，但是企业慈善总量与中国庞大的企业总量相比，无论是参与程度和捐赠数额均有较大的提升空间。根据慈善组织的公益调查，国内工商注册登记的企业超过 1000 万家，但有过捐赠记录的不超过 10 万家，这意味着有 99% 的企业从来没有参与过捐赠。[1] 这意味着中国绝大多数企业从来没有捐赠行为。因此，如果能够借助激励工具引导其中的部分企业逐渐参与慈善事业，将会加快中国企业慈善事业发展的整体步伐。

总之，就企业非公益性捐赠行为激励而言，政府关于企业慈善行为的激励实践应该进一步向前推进，即从企业公益性捐赠领域扩大到企业非公益性捐赠领域，并适时导入有效或适用的激励工具。

第二节　企业非公益性捐赠行为激励理论：
战略性企业慈善理论

一　西方战略性企业慈善理论的基本思想

21 世纪初期，哈佛大学教授迈克尔·波特将企业竞争性战略与企业慈善行为相结合，提出了著名的"战略性企业慈善理论"。他从战略角度分析了企业慈善行为，为战略性企业慈善行为提供了科学的理论基础。根据他的研究结果，慈善是改进企业竞争优势时最具有成本效益的方式，能够有效完善企业、公益组织以及其他机构的基础设施。根据波特等人的观点，战略性企业慈善理论能够改善企业的竞争环境，改进企业与政府、社会和公众之间的关系，有助于获得企业成长必要的慈善优势和战略环境。在美国企业慈善面临困境的今天，许多企业开始在其慈善行为方面寻求更为合理、充分的战略性途径。随之而来的是，企业慈善通常被用于一种公关的形式或广告，推动企业的形象或者品牌。[2] 此后，关于战略性慈善的进一步研究发现，企业慈善行为有助于提升

---

[1] 嫒琦：《中国慈善机构现状调查》，《胡润百富》2008 年第 4 期。

[2] Michael E. Porter, Mark R. Kramer, "The Competitive Advantage of Corporate Philanthropy", *Harward Business Review*, Vol. 80, No. 12, (2012): 57 – 68.

企业的战略地位，获取诸如声誉资本等战略性资源，并最终提升企业绩效。[①]由此可见，战略性企业慈善理论是从企业的社会价值入手，最终落实到企业经济价值的实现。波特等人试图改变企业与社会之间的"零和博弈"关系，将慈善行动内化为公司战略，并将其与竞争优势结合。[②] 战略性企业慈善理论既是社会与企业相互融合、相互支持的关键纽带，同时还是企业经济内生性动力增长和激活的理论依据。当一个社会问题与企业的经济利益紧密联系的时候，撬动企业资源和促进社会公益的机会就会更多。[③]

但是，在 20 世纪 80 年代后期和 90 年代中期乃至 21 世纪初期，西方的诸多学者，包括纳瓦罗（Peter Navarro）、斯都赫尔等（Stodghill et al.）、赛亚等（Saiia et al.）、海思等（Hess et al.）、桑切斯（Sánchez）、库恩（Vidaver Cohen，Altman）、布莱默（Brammer，Millington），提供了关于战略性企业慈善丰富的研究成果。其中，纳瓦罗认为，企业慈善行为同样可能是企业价值提升的最佳决策，因为捐赠行为有助于改善企业的竞争环境，增加社会公众和政府监管部门的好感，进而扩大企业市场份额，降低企业运行成本。[④] 赛亚等研究发现，战略性慈善行为的目的在于企业本身获益，尤其是在企业的战略地位方面。在这种情况下，企业所蕴含的价值不再只是其自身的经济价值，还包括其潜在的社会价值。比如，这会涉及社会形象、品牌价值、市场份额、消费者认同和同行口碑等一系列对于企业的竞争优势和市场份额产生关键影响的社会因素，从而直接关系到企业社会价值的高低。此外，战略性企业慈善资源虽然是用于非商业化的社区事务，但其是一种有助于提升企业战略地位的实践活动，即通过"利他"来实现"利己"的目的。[⑤] 因此，企业的战略性慈善行为虽

[①] Paul C. Godfrey, "The Relationship Between Corporate Philanthropy and Shareholder Wealth: A Risk Management Perspective", *Academy of Management Review*, Vol. 30, No. 4, (2012): 777 – 798.

[②] 蔡宁、沈奇泰松、吴结兵：《经济理性、社会契约与制度规范：企业慈善动机问题研究综述与扩展》，《浙江大学学报》（人文社会科学版）2009 年第 3 期。

[③] Michael E. Porter and Mark R. Kramer, "Strategy and society: The Link Between Competitive Advantage and Corporate Social Responsibility", *Harvard Business Review*, Vol. 86, No. 12, (2006): 78 – 92.

[④] Peter Navarro, "Why Do Corporations Give to Charity?", *Journal of Business*, Vol. 61, No. 1, (1988): 65 – 93.

[⑤] David H. Saiia, Archie B. Carroll, Ann K. Buchholtz, "Philanthropy as Strategy: When Corporate Charity 'Begins at Home'", *Business Society*, Vol. 42, No. 2, (2003): 169 – 201.

然没有通过直接的经济渠道为企业创造利润，但借助社会公益项目这种慈善参
与方式，能够提高企业的战略地位。即政府、社会和消费者在认可和肯定战略
性企业慈善行为的基础上，会以政策、舆论或市场等方式帮助该企业获得战略
地位和市场优势。

总之，西方战略性企业慈善研究成果表明，战略性企业慈善理论已经被西
方主流学者接受和引用，所反映的企业慈善行为实质是：战略性或策略性企业
慈善行为是企业的支出能同时产生经济效益和社会效益，并最终保证企业长期
持续的利润最大化的慈善捐赠。[①]

二 战略性企业慈善理论分析与借鉴

就中国企业慈善行为的理论研究而言，同样有诸多的研究成果支持西方战
略性企业慈善理论的核心观点。比如，策略性企业慈善行为可以起到保值和增
值作用，保值在于确保企业免受不确定事项带来的损失，增值则在于增强企业
的竞争优势，进而直接或者间接地改善企业经营绩效……就民企而言，其更愿
意捐赠的原因可能是源于其更强烈的改善社会公众和政府对其的评价，以改善
与民众和政府的关系为动机。[②] 这种分析结果显示，民企作为市场经济的主体
之一，期待从战略角度以慈善捐赠的方式改善其与社会各界的关系，以达到获
得竞争优势的目的。毫无疑问，这是典型的战略性企业慈善理论的现实表现。
中国企业慈善行为存在着与西方国家企业慈善行为关注共同利益的着眼点：战
略性或策略性企业慈善行为能够帮助企业获得其期待的竞争优势，这是保证企
业在市场竞争中占据先机和领先对手的关键环节。其最终目标是促进企业经营
状况的改善。与此同时，国内诸多学者从实证研究的角度同样分析了企业在慈
善捐赠时隐含了战略性慈善理论的核心理念。山立威等通过分析中国汶川地震
之后上市公司的慈善捐赠数据，首次考察了中国上市公司的慈善动机，发现公
司捐赠存在着提升社会声誉以获得广告效用的经济动机。[③] 方军雄则仅考察了
捐赠公司的捐款力度，并没有考察企业的捐款与不捐款或者是企业的主动捐款

---

① 周艳、冯秀梅、张洪胜：《策略捐赠——我国企业慈善长效发展的路径探究》，《中国市场》
2011 年第 22 期。
② 钟宏武：《企业捐赠作用的综合解析》，《中国工业经济》2007 年第 2 期。
③ 山立威、甘犁、郑涛：《公司捐款与经济动机——汶川地震后中国上市公司捐款的实证研
究》，《经济研究》2008 年第 11 期。

与被动捐款之间存在的差异性，这在一定程度上损害了该研究的可靠性和丰富性。因此，他从公司捐赠与经济理性的相关性出发，检验管理层自利动机和价值提升动机对其捐赠行为的影响。进而针对汶川地震后中国上市公司的捐赠行为进行了再检验。通过分析"5·12"汶川地震中的非常捐赠现象，认为中国上市公司的捐赠决策更大程度上体现为一种"价值提升"的经济动机，包括是否捐赠、捐赠的及时性和捐赠力度等相关慈善捐赠要素主要考虑了捐赠可能产生的口碑效应……其结论是，公司捐赠更多地体现了价值提升的理性动机。① 钱丽华等基于 Heckman 二阶段模型的实证研究指出，管理者可以从战略上有效利用慈善活动，促进企业私利的增长，实现社会与企业的双赢局面。但更值得注意的是，"战略慈善"不应被过度工具化。② 此研究结果在客观的立场上反映出战略性企业慈善的积极效应，同时指出对于战略慈善要适当介入，避免出现企业慈善行为的过度工具性。因此，企业的生存和发展既是经济性的，也是道德性的；既为利益而生，又为责任而存，利益与道德相得益彰、相辅相成。③

　　总之，上述研究表明，企业在实施慈善时主要是从自身经济利益出发，进而根据社会公益和慈善捐赠的需求，着眼于社会价值提升、社会声誉维护和社会形象培育以及市场销售扩张等战略性竞争环境优化和经营资源获取。

三　企业非公益性捐赠行为激励研究的理论根源

　　从企业非公益性捐赠行为的现实来看，大多具有随意性，部分企业还没有制定长期的慈善规划，包括明确的慈善目标、科学的慈善项目运行、合理的慈善资源配置和有效的慈善效果等企业慈善行为策略。企业在捐赠过程中既没有明确的目的、计划，更没有将其慈善方案加以制度化、规范化和定期化。相比之下，西方很多企业将慈善行为视为一项战略性企业发展行为。根据西方战略性企业慈善理论的基本思想，从中国企业慈善行为的前进方向和发展趋势来

① 方军雄：《公司捐赠与经济理性——汶川地震后中国上市公司捐赠行为的再检验》，《上海立信会计学院学报》2011 年第 1 期。
② 钱丽华、刘春林、丁慧：《慈善捐赠、利益相关者动机认知与企业绩效——基于 Heckman 二阶段模型的实证研究》，《软科学》2018 年第 5 期。
③ 范松仁：《慈善捐赠的道德省思》，《江西社会科学》2008 年第 12 期。

看，基于经济理性慈善动机和战略性慈善思维的企业慈善行为是符合企业参与慈善捐赠的根本利益和客观现实的。米尔顿·弗里德曼关于"世界上没有免费的午餐"的观点同样适用于企业慈善领域。大多数企业不会无缘无故地给社会提供其宝贵的慈善资源，无论是货币、技术、人力、服务还是设备等，因为所有的慈善行为都需要企业承担相应的慈善成本。企业可从捐赠之后直接获得的社会价值或间接受益的经济回报等方面产生其经济理性的慈善动机，但若政府等外部力量没有提供具有足够吸引力的激励工具给予强力推进的话，战略性企业慈善行为势必在中国的发展态势远低于政府、社会和公众的预期。在这种背景下，为了加快中国企业慈善事业的整体步伐，充分发挥企业非公益性捐赠行为的慈善效果和公益性价值，政府对于企业战略性慈善行为应该给予高度的重视和促进。因此，企业战略性慈善理论有必要作为西方重要的企业慈善理论引入中国企业慈善行为激励工具领域。

从战略性企业慈善行为的实质可以看出，实现策略性企业慈善行为需要企业、政府以及慈善组织三方的共同努力才能实现。[①] 就政府而言，在其中扮演的角色主要是运用激励工具激励企业从战略慈善的层面展开慈善行动。如前所述，中国企业慈善行为的主体是非公益性慈善，而战略性慈善行为则是企业非公益性捐赠行为的典型代表和核心构成，这一点与西方国家企业慈善行为的现状是比较接近的。这表明，中国企业慈善行为的现状符合西方战略性企业慈善理论本土化的制度土壤和市场需求。政府如果要为企业的慈善捐赠需求供给合理、有效、对口的激励性工具，其前提条件是掌握中国企业慈善行为的总体状况，包括类型、性质和存在的问题等。就中国企业慈善行为的关键问题而言，在于企业参与慈善捐赠的动机和意识不足。企业慈善行为缺乏战略性、计划性，导致其慈善目的、方式和效益与亟待救助的慈善对象、针对领域和公益效果很难真正对应，社会真正需要慈善行动的地域、群体和领域往往没有得到足够的慈善支持，使得企业慈善行为不能充分发挥慈善效益，而且无助于企业战略规划的实现和自身经济利益的保障。相比之下，欧美等慈善事业发达的国家和地区，企业会从企业发展的战略层面将慈善行为与慈善事业、社会需求和企业自身产业规划相结合，努力实现多方共赢。根据近年来公布的《中国慈善

---

① 周艳、冯秀梅、张洪胜：《策略捐赠——我国企业慈善长效发展的路径探究》，《中国市场》
2011年第22期。

发展报告》，企业慈善行为还存在不少问题，比如缺乏积极性和计划性、慈善领域过窄、慈善行为零散等，如此缺乏策略的企业慈善行为并不符合企业商业利益的内在要求。[1] 从目前来看，中国企业家在慈善方面最大的缺陷就是没有意识到慈善是一种投资，他们总认为慈善是一种没有回报的净投入。[2] 类似的研究结果反映出中国慈善事业的政策环境有待完善，政府用于引导和激励企业慈善行为的制度建设严重缺失，相关部门需要不断优化制度建设和完善政策保障，以达到有效激励企业参与慈善捐赠的目的。

因此，激励工具缺失的根本原因值得探索。除了用以促进企业公益性捐赠行为的激励工具之外，围绕企业非公益性捐赠行为的激励政策尚处于空白阶段。根据前文实证研究的差异性分析可知，中国沪市主板上市公司年报的慈善数据表明，在存在捐赠行为的上市公司中，绝大多数捐赠行为是企业非公益性捐赠行为，无论是捐赠公司数量还是捐赠金额都充分证明了这一点。与此同时，在企业非公益性捐赠行为的背后隐藏着战略性慈善理论的色彩和影子。如果政府不能准确把握企业慈善动机及其捐赠行为背后真正的捐赠意图，那么就无法及时跟进相应的激励工具。

总之，战略性企业慈善理论作为折射出绝大多数企业非公益性捐赠行为外在表象之下的深层次慈善理念和捐赠意识，是中国企业非公益性捐赠行为激励研究的理论根源。只有在准确判断中国企业非公益性捐赠行为的理论根源之后，政府做出的激励对策才是科学、合理和有效的。

第三节 企业非公益性捐赠行为模式：
战略性企业慈善行为

一 企业非公益性捐赠行为梳理：战略性、边缘型和紧缩型

从企业捐赠比较来看，现有企业慈善行为均难以回避追求利益回报的慈善动机和目的，带有典型的非公益性慈善动机色彩。根据前文研究，无论是从国

---

[1] 邓韵宜：《中国企业慈善行为策略研究——以苏宁电器为例》，《中国商贸》2013 年第 1 期。

[2] 陆南：《专访清华大学邓国胜：慈善家缺位的三大原因》，《国际先驱导报》2004 年 3 月 30 日。

外还是国内的企业慈善行为表现来看，战略性、边缘型和紧缩型三种企业慈善行为均体现出明显的非公益性质。即战略性企业慈善行为强调帮助企业获得战略性竞争地位和先发优势；边缘型企业慈善行为有助于树立企业的良好社会形象，能够巩固企业的社会地位，加强与政府、社会的合作关系；紧缩型企业慈善行为更加贴近市场服务，能够扩大企业核心产品的市场知名度。由此可见，现有的企业慈善行为均能给企业自身带来一定的利益回报，其非公益性色彩是显而易见的，且其慈善效果都具有公益性质。其中，基于战略性理论和慈善动机考量的战略性企业慈善行为能够合理、有效兼顾政府、社会、企业和消费者等利益相关者的价值立场，因而受到政府和企业的高度重视和深度介入。根据战略性慈善理论的观点，企业慈善行为和绩效是相容的，对利益相关者如客户、社区、员工等是有吸引力的，进而可以巩固企业的资源基础以增强企业竞争力。

战略性慈善观点指出，企业捐赠行为可以达到直接或间接为企业增值的目的。其中，间接增值观点认为，捐赠提升企业绩效的前提需要通过关系资产这个中间载体来发挥作用，因而战略性慈善的间接增值观点认为企业慈善捐赠对其绩效的影响是间接的、长期的和迂回的。研究发现，虽然企业慈善捐赠会显著受到盈余能力的影响，但是业绩下滑企业并没有因为自身盈利能力下降而减少捐赠，甚至会更积极增加捐赠支出。而战略性慈善行为降低了利益相关者对企业下滑业绩的风险感知，抑制了企业商业信用资源流失的风险。研究结论证实了战略性慈善的增值作用及其内在作用机制，不过研究也同时发现这种战略性慈善的增值效应存在一定的主体性边界。①

二 战略性企业慈善行为模式确定

就企业经济本性而言，其慈善动机性质属于典型的非公益性，而战略性企业慈善行为恰恰符合这种慈善动机驱动的行为模式。一般而言，既然企业选择以公益性捐赠之外的形式参与慈善事业，就意味着其行为带有非公益性色彩，这背后隐含着企业追逐的经济或其他利益回报。否则，这种慈善行为与企业公益性捐赠行为无异。但是，企业非公益性捐赠行为的公益性慈善效果是政府、

---

① 李四海、陈旋、宋献中：《穷人的慷慨：一个战略性动机的研究》，《管理世界》2016 年第 5 期。

社会和公众所追求的，即战略性企业慈善行为与其慈善效果可以反映为不同的利益取向和价值立场，值得肯定和推广。关于战略性企业慈善行为的捐赠效率可参见表 3－1。

表 3－1　企业慈善捐赠效率

企业慈善行为类型	边缘型企业慈善行为	战略性企业慈善行为	分散型企业慈善行为	紧缩型企业慈善行为
市场面向度	高	高	低	低
能力面向度	低	高	低	高
综合性	低	高	低	低
效率评价	战略性企业慈善行为整体效率：最高 分散型企业慈善行为整体效率：最低			

表 3－1 表明，就国内外慈善行为而言，无论是从市场面向度、能力面向度还是综合性的角度来看，战略性企业慈善行为的捐赠效率是最高的。再从企业慈善行为的手段、能力和效果等因素分析，可见表 3－2。

表 3－2　企业慈善行为的手段、能力及效果分析一览

企业慈善行为类型	手段	能力优势	能力缺陷	效果
战略性企业慈善行为	多元化（货币、实物、股权、人力、技术、房产、有价证券等）	①兼顾各方利益②效果突出③注重受助者能力提升	①企业慈善方案和运作需要较高的策略和技巧②企业慈善资源要求较高	强
边缘型企业慈善行为	单一（大额货币）	①树立社会公益形象②效果直接、有效	①方式单一②缺乏核心能力	强
紧缩型企业慈善行为	单一（技术、人力或设备）	①结合企业自身优势②满足专业救助需求③效果比较明显	①缺乏战略视野②手段较为单一③对外部因素关注不够	强
分散型企业慈善行为	单一（小额货币）	①熟悉弱势群体需求	①手段单一②资源薄弱③效果不足	弱

从表 3-2 来看，战略性企业慈善行为是中国企业慈善领域最为理性、最为有效的慈善行为方式，其他慈善行为在慈善方式、能力或效果方面皆存在某种劣势或缺陷。从企业慈善行为的效果而言，企业在实施慈善捐赠时，其公益性或非公益性捐赠的效果都是公益性的，最主要的区别在于两者的动机差异。前文实证研究表明，基于经济理性动机的企业非公益性捐赠行为是企业的主体慈善行为，这反映出战略性企业慈善理论正在日趋影响和主导企业参与慈善捐赠的动机与行为。因而战略性企业慈善行为有理由成为中国企业非公益性捐赠行为模式的最佳选择，符合政府与企业各自的价值立场和利益诉求，属于明智的企业慈善选择。其判断的依据在于：一方面，战略性企业慈善行为从宏观角度考虑其捐赠举措，具有强烈的理性主义或工具主义背景，无形中与经济理性慈善动机是相对应的；另一方面，战略性企业慈善行为与企业非公益性捐赠行为属于相同或接近的慈善行为，明显不同于企业公益性捐赠行为。

总之，就企业非公益性捐赠行为而言，应以战略性企业慈善为核心，使其有助于经济利益和社会效益的最大化，这是较为理性的慈善行为模式，并有显著的慈善效果。不仅在于其具有很高的慈善绩效，而且能够实现政府、企业与社会合作共赢，符合政府的目标指向，从而达到政策激励效应。因此，战略性企业慈善行为具有显著的慈善资源优势，理应作为典型模式加以推广，并给予政策激励，而边缘型、紧缩型和分散型企业慈善行为因其利益缺失或价值立场不适宜采纳企业非公益性捐赠行为。

第四节　企业非公益性捐赠行为的慈善
效果与激励效应分析

一　企业非公益性捐赠行为的慈善效果：整体公益性

无论企业从公益性或非公益性慈善动机实施的慈善行为，其结果总是对应着同一个慈善效果：社会公益性。显然，企业慈善动机差异不会影响到慈善行为的最终目的和效果。

随着西方现代慈善理念和行为对中国慈善事业的冲击和影响，国内企业逐渐从经济理性慈善动机角度展开慈善行动，并没有把社会契约慈善动机作为优先选择和重点考虑，作为公有制为主体的社会，理应履行更多的公益慈善责任，当下企业慈善动机划分充分证明了这一点。即公益性慈善行为贡献度依次是大型民企、国企和外企。近年来，大型民企慈善捐赠总量已经超过国企，占企业捐赠总额的50%以上。但是，正如前文引用的调查数据表明，大型民企对于公益性慈善的认识和理解相比较国企还有一定的差距，外企的公益性慈善认识则更为欠缺。尽管民企和外企等非公企业不具有国企的政治背景和特殊身份，但是我国的具体国情和企业制度反映出应该充分考虑公益性慈善行为，这是与公有制社会的公益事业性质紧密联系的。因此，政府激励非公益性捐赠行为在于引导和推动企业在基于自身利益的前提下参与慈善捐赠，从而将企业慈善行为的公益效果与整个社会的公益发展方向相统一。

总之，如果企业能够认识到这一点，就有可能在政策、制度等方面受到关注和支持，获得社会、消费者的肯定和赞赏。企业应该根据公有制下慈善事业的发展需求，在政策激励和制度环境压力下，结合经济理性慈善动机，逐步调整慈善理念以迎合政府、社会和公众的期待和要求。

二　企业非公益性捐赠行为的慈善效果评价

现阶段，企业慈善捐赠的激励实践从公益性向非公益性捐赠领域推进。治理转换的目的在于激发慈善企业的资源优势和公益效果。与西方国家不同，中国没有针对个人采取高额遗产税或房产税等强制性激励政策，以至于个人缺乏捐赠动机和意识。从近年来个人捐赠数量和金额发现，企业慈善行为效果远超过个人。毕竟，企业来自政府、社会和公众的慈善压力远大于个人，为了改善自身生存环境，有理由从经济理性慈善动机实施非公益性捐赠。

图3-1显示，个人捐赠在美国社会捐赠份额中以72%的比例占据绝对主导地位，远远超过6%的企业慈善比例。由此可见，中国与西方慈善主体的关键区别在于：在以美国为首的西方发达国家，个体一直是社会捐赠的最关键角色。因此，西方国家的激励研究和实践主要是围绕个人这一慈善主体设计和实施的。企业相对于个人而言，在捐赠方面受到来自企业领导者、董事会、股东和员工等诸多利益相关者的影响和干预，其参与慈善的权利、范围和程度相比较个人捐赠有很大的局限性。因此，在这种情形下，政府用以引导企业慈善行为的政策、法律相对没有形成系统、完善的治理体系。但是，中国慈善主体及其捐赠份额与西方国家显然存在较大的差别。

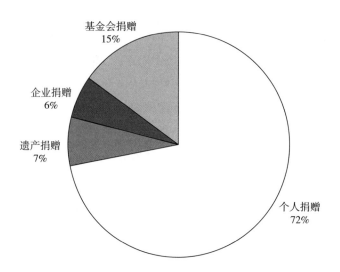

图 3 – 1 2012 年美国慈善捐赠比例

资料来源：上海东滩投资管理顾问有限公司：《国外慈善公
益事业发展分析》，东滩顾问网，http：//www. dongtanimc. com/
yanjiu_ detail/542781812a60c104. html，最后访问日期：2013 年 9
月 21 日。

根据近年来慈善捐赠年度统计来看，企业已经是中国慈善事业中最为重要
的慈善主体。既然企业在中国慈善事业中发挥了巨大的作用，政府就应该给予
企业慈善行为尤其是企业非公益性捐赠行为以相应的重视和支持。在这种情形
下，政府关于企业慈善行为激励的制度建设与优化就显得尤为必要。而企业非
公益性捐赠行为作为企业慈善行为的主体，强化政府对其激励是理所当然的。
因此，企业非公益性捐赠行为源自经济理性慈善动机，这与企业的经济属性是
对应的，针对企业非公益性捐赠行为的激励研究有助于激发更多企业参与捐赠
的热情和活力。换句话说，为了从整体层面推进企业慈善行为的进步，政府仅
仅依靠公益性捐赠的力量是远远不够的，必须认识到引导企业非公益性捐赠行
为的价值及其可能的贡献，即探索一套符合企业非公益性捐赠行为的激励
机制。

目前，企业所得税政策已在各国用于激励企业公益性捐赠行为。一直以
来，企业所得税政策对应着社会契约型慈善动机及其对应的企业公益性捐赠行
为，而经济理性慈善行为作为企业优先考虑的慈善动机，与其所归属的非公益
性捐赠行为产生的慈善效果同样是公益性的，理应受惠于政策激励。由此，关

键问题在于：企业公益性捐赠行为的激励工具能否通过政策移植引导企业非公益性捐赠，并产生公益性慈善效果。

总之，既然公益性和企业非公益性捐赠行为的慈善效果都是公益性的，政府无须过度考虑企业慈善动机及其行为的性质。只要企业慈善行为最终结果有利于慈善事业的发展，能够促进社会公益进步，任何性质的慈善动机及其捐赠行为都应享受同等、合理的政策激励支持。

三　企业非公益性捐赠行为的激励效应分析

根据企业慈善动机性质的差异性实证研究和个案访谈研究，可以确认中国企业慈善动机整体而言表现为经济理性慈善动机，这种慈善动机的性质与企业属性在本质上是一致的，即企业基于自身利益和战略目标参与社会慈善活动。由此可见，非公益性慈善动机与政府、社会所关注的公益性慈善动机有着本质的区别。

尽管慈善主体参与公益活动的动机存在差异，既有社会契约慈善动机，也有经济理性慈善动机。但只要是致力于解决社会问题，无论是何种动机，在法律许可的范围内都应该受到引导、鼓励和支持。毕竟企业慈善动机直接决定了慈善行为，因而激励企业慈善行为应该首先从其源头——慈善动机着手，以准确判断企业慈善动机为逻辑起点，探索现政府的激励缺失。

从目前来看，政府激励工具尚为数不多，仅仅包括少数法律法规和税收政策等。值得注意的是，针对企业慈善的激励工具均是围绕企业公益性捐赠行为设计的。显而易见的是，政府既没有考虑企业本质属性及其非公益性慈善动机，也没有清晰认识中国企业慈善行为的总体状况和客观现实。从政府角度而言，引导和激励企业慈善行为以促进社会公益是政府必须承担的公共责任。为了达到这个目的，激励工具应关注企业慈善行为的变化。因此，政府激励工具应该以企业慈善动机性质为轴心加以规划和完善，即考虑企业慈善动机性质演变及其捐赠表现，适时导入合理的激励工具。

在企业慈善动机从社会契约向经济理性演变的过程中，其慈善行为同时经历了从公益性到非公益性的转变。在这种情形下，政府应及时植入引导企业非公益性捐赠行为的激励工具，以适应企业慈善行为的主体变化和激励需求。从企业角度来看，慈善捐赠不是其必须承担的社会责任，更不是慈善任务。就企业天性而言，除了来自少数公益性动机的慈善行为外，大部分非公益性慈善行为均是来自企业自身或外部因素，包括吸引优秀员工、营造和谐社区氛围、改善企业与社会的关系和建立政企合作关系等。

总之，政府应该关注非公益性企业激励理论，为企业非公益性捐赠行为激励提供理论指导，以指引激励对策研究。

四　企业非公益性捐赠行为慈善效果与激励效应的利益平衡

企业慈善行为性质包括公益性和非公益性，反映出企业慈善动机内含的价值立场和利益着眼点存在差异性，即经济利益和社会利益、经济价值和社会价值之间的本质区别。长期以来，政府一直强调企业慈善动机及其行为的公益性，因而相应的激励工具都是围绕这个激励目标指向设计的。随着企业非公益性捐赠行为的发展，企业慈善动机及行为尽管性质不同，但是慈善效果则是公益性的。因此，如果强行要求企业从公益性动机参与慈善活动是不符合企业慈善行为发展规律、不能顺应企业本身的经济本性的。

在这种情况下，政府在向企业非公益性捐赠领域引入激励工具时，应该充分尊重、理解并支持非公益性捐赠行为，毕竟其结果整体上是公益性的。换句话说，政府需要在企业非公益性捐赠行为的公益性慈善效果与激励效应之间寻求一种利益平衡。众所周知，企业公益性捐赠行为本身与政府激励的目标是一致的，无须过多表述。就企业非公益性捐赠行为而言，如何既能保障企业捐赠获得合法的利益回报，同时又能促进社会问题的解决，是政府必须考虑的重要因素。显然，激励工具、制度设计和激励对策应有利于社会效益和经济利益共赢局面的促成，即企业非公益性捐赠行为的公益性慈善效果和政府引导企业非公益性捐赠的激励效应能保障企业获得相应的利益回报。唯其如此，政府与企业追求的利益和价值才能达成。换句话说，不同利益主体之间的协调与整合应该在公益效果与激励效应之间获得平衡。因此，只有当激励政策对企业有足够的吸引力、足以产生显著的激励效应时，企业才会考虑主动、积极地参与慈善捐赠。否则，二者间的利益平衡点没有形成，激励工具难以对企业非公益性捐赠产生激励效应，无法实现公益性慈善效果的最大化。

总之，从政府和企业的立场来看，企业非公益性捐赠行为的公益性慈善效果与慈善事业预期目标是一致的，即社会公益性，由此带来的激励效应有助于形成企业自身的利益回报。从这点来看，企业非公益性捐赠与激励政策最终是殊途同归，这就是企业非公益性捐赠的慈善效果与激励效应之间的利益平衡点所在。

第四章 企业非公益性捐赠行为激励工具的参照研究

第一节 国外企业公益性捐赠行为激励工具参照

一 企业所得税政策

就国外而言，主要是关于税收减免扣除比例的规定。个人和企业两者都可以出于减免税的目的而将他们对慈善组织的捐赠从他们的收入中扣除。[1] 这种积极的所得税政策在保障社会获得大量捐赠收入的同时，还使慈善企业通过所得税政策获得相应的税收减免待遇。目前来看，政府借助企业所得税政策对企业公益性捐赠行为施以税收激励的做法已为众多国家所推行。显然，各国制定企业所得税政策来自两个方面的考虑：一方面是对于企业公益性慈善行为的正当性表达了权威性认可，在制度层面消解了企业公益性捐赠行为合法性危机；另一方面鼓励企业公益性捐赠行为，促进了公益事业的蓬勃发展。[2]

同时，西方国家出台了完善的配套措施以强化政策激励效应，在制度激励和规范方面提供了健全的保障措施。比如，在慈善捐赠的税收制度方面做到了"一疏二堵"：一疏，是企业和个人捐助慈善和公益事业可以获得免税的待遇；二堵，是用高额的遗产税和赠予税对资产转移进行限制。[3] 美国税法规定，税

---

[1] 陈成文、谭娟：《税收政策与慈善事业：美国经验及其启示》，《湖南师范大学社会科学学报》2007 年第 6 期。

[2] 吴飞飞：《公司公益捐赠税收优惠法律制度之完善》，《广西大学学报》（哲学社会科学版）2012 年第 1 期。

[3] 唐钧：《慈善捐赠仍属"第二次分配"》，转引自人民网，http：//theory. people. com. cn/GB/40540/3293144. htm，最后访问日期：2015 年 6 月 10 日。

前扣除的捐赠财物包括三类，即货币、长期资本增益或普通所得的财物。换句话说，企业捐赠税收优惠对象包括货币捐赠和货物捐赠等，其税收政策优惠范围相对宽泛，有利于推动企业根据自身情况选择捐赠方式。此外，根据德国公司法规定，法人通过慈善组织履行捐赠手续可以依法要求税收减免，在缴纳企业税费时按一定比例进行税前扣除。捐赠者应要求接受捐赠的慈善组织提供可扣除税款的捐赠证明，然后把这份证明连同纳税申报表一起提交给有关部门申请获得税收优惠或减免待遇。以日本为例，其企业所得税政策比较倾向于法人，因此企业慈善行为所占的比重很高。一般而言，企业法人对政府（包括中央和地方政府）的捐赠以及对公益团体的"指定捐赠"，可以在税前全额扣除。指定捐赠是向指定的公益性组织捐赠。同时，对特定公益法人的捐赠采用最高限额扣除。特定公益法人指在依法设置的公益法人中，尤其对振兴教育、科技、促进文化交流和社会福利效果明显的法人。

此外，企业以股票、股权、技术、债券和实物等非货币形式为捐赠资源，在美国、德国等西方发达国家均可以享受相应的税收优惠或减免待遇。美国最权威的《国内税收法典》第170条第（a）款第（1）项规定：公司在纳税年度内的可抵扣限额是其应纳税所得额的10%。[1] 即只要把财产捐给有免税资格的慈善机构，这笔捐赠就不用再付所得税。比如，根据美国《国内税收法典》规定，凡是向公益慈善组织提供捐赠的组织或个人均可依法享受按照所捐赠款物的价值计算的税收优惠，但是这种优惠的获取必须符合一系列法定条件。比如，对于捐赠的物品和服务的价值计算必须依据公平市价（Fair Market Value，FMV），否则捐赠者不能享受税收优惠。因此，在与公益慈善组织发生的交易中，如果造成，或者预计会直接或间接导致捐赠人获益（例如使其获得人寿保险、年金或其他形式的给付合同），捐赠者便不能享受税收优惠。[2]

总之，就企业产生的慈善价值和捐赠效果而言，无论是捐赠还是纳税，都是有助于慈善事业和公益性效果的。企业选择纳税或者捐赠作为回报社会的手

---

① 葛伟军：《公司捐赠的慈善抵扣——美国法的架构及对中国的启示》，《中外法学》2014年第5期。

② 中国社会科学院美国研究所：《美国政府对公益慈善事业的管理及启示》，中国社会科学网，http：//www.cssn.cn/gj/gj_ gjwtyj/gj_ mg/201310/t20131026_ 593321.shtml，最后访问日期：2015年8月5日。

段无非其价值偏好不同所导致的社会选择和慈善观念不同。在这种情况下，企业慈善行为有理由享受企业所得税政策等支持。相对而言，西方企业更加看重慈善捐赠的社会效果，其慈善行为的社会化本质决定了相应的政策保障体系更加完善、到位。因而国外企业慈善行为的税收政策整体上比中国的政策、法律更加合理、健全、有效。

二　结转税制度

除了企业所得税政策之外，结转税制度同样是国外较为普遍的慈善捐赠激励工具，这是西方国家较为普遍的企业公益性捐赠行为激励制度。按照国际通行做法，企业公益性捐赠都可以向后结转一定的年限。美国、德国等发达国家都允许企业公益性捐赠向后结转。[1] 从美国的经验来看，根据捐赠渠道划分税收优惠的政策支持，能够在一定程度上鼓励企业等捐助者借助公共慈善组织参与慈善捐赠。如果是企业慈善行为，则捐赠扣除额不得超过调整后毛收入的10%。对于超过可扣除比例的捐赠部分，以时序在其后的5个课税年度内予以扣除。[2] 国外引导企业慈善行为的税收政策具有多元化、人性化的特点。

一般而言，美国企业慈善捐赠的税前扣除标准如下：企业慈善行为必须向享有受赠资格的公益组织捐赠才能进行税前扣除。企业的最高扣除额为不考虑慈善捐赠扣除、净经营亏损结转，资本利亏结转或收受股息的扣除时所计算的应税所得的10%，超过限额部分的捐赠可以向前结转五年，结转的捐赠扣除要优先于当年的捐赠扣除。[3] 目前，结转税制度被公认为是国外最有效的激励性税收优惠政策。世界上的发达国家大多允许企业公益性捐赠行为向后结转，只是在结转年限上存在大同小异的规定。[4] 结转税制度已经成为国际上通用的税收制度。以美国为例，其现行的税收优惠政策规定企业年度捐赠享受的税收减免标准是利润总额的10%，即5年结转期内能够获得税收优惠是某一年度利润总额的50%。美国等西方国家在现行税法中明确了企业慈善捐赠抵税结转的法律规定。根据规定，超出企业慈善行为税收优惠额度的部分可以结转到

① 樊丽明、郭健：《社会捐赠税收激励的国际经验与政策建议》，《涉外税务》2008年第11期。
② 江希和：《有关慈善捐赠税收优惠政策的国际比较》，《财会月刊》2007年第7期。
③ 杨龙军：《美国非政府组织的税收制度及其借鉴》，《涉外税务》2004年第1期。
④ 刘磊：《企业捐赠的税收处理问题研究》，《税务研究》2006年第1期。

以后的 5 年。这种企业慈善税收减免制度具有明显的激励效果，结转性制度的政策激励能够降低企业应交的税金。对于企业根据经营计划合理安排年度捐赠具有推动和激励效应，即如果当年纳税人的捐赠额度超过了法律规定的 10%，但是在以后 5 年内可以在 10% 范围内进行扣除。[①] 因此，结转税制度能有效缓解企业慈善的资金压力，合理规划和分配年度捐赠额度，有助于企业慈善行为的持续推进，是引导企业公益性捐赠行为的有效制度形式。

总之，国外企业公益性捐赠行为的激励效果体现在捐赠数额税前优惠政策对于企业慈善捐赠产生的价格效应和收入效应上。捐赠税收扣除额标准越高，其价格效应和收入效应越大，从而促使捐赠者增加捐赠。[②] 慈善捐赠和纳税是企业投身社会公益或慈善事业的主要渠道和路径，成熟的社会会给予公民和企业两种选择：税收或捐赠。

第二节　国内企业公益性捐赠行为激励工具参照

一　税收优惠减免政策

概括来说，税收优惠减免政策（以下简称"税收政策"）的核心内容是政府税务部门依据法律法规，根据公益性社会团体和公益性非营利事业单位出具的捐赠证明，给予参与慈善捐赠企业办理税收优惠或减免的待遇，因而相对于竞争对手能够获得更多的竞争优势、经济效益、社会声誉和市场口碑。中国企业公益性捐赠行为税收政策与社会公益事业息息相关，因而捐赠的社会生成是捐赠税收政策的基础，没有大量社会捐赠的出现，税收捐赠政策就不可能制定。[③]

（一）企业公益性捐赠行为的税收政策

税收政策是企业慈善行为最有效、最直接的激励措施，是政府税务部门依据中国慈善事业管理法律法规、公益性社会团体和公益性非营利事业单位出具

---

① 史正保、陈卫林：《我国企业公益性捐赠税收优惠制度研究》，《经济研究参考》2012 年第 65 期。
② 谢娜：《我国慈善捐赠税收优惠政策现状、问题及调整》，《中国经贸导刊》2012 年第 26 期。
③ 赵海林：《公益捐赠税收政策研究》，《山东社会科学》2010 年第 7 期。

的捐赠证明给予参与慈善捐赠的企业办理税收减免的依据。实证研究表明，企业所得税政策能够对企业慈善行为产生影响，企业慈善支出与企业所得税税率同向变动。[①] 显然，税收减免政策能够促进企业积极参与慈善行动，能够帮助企业在市场竞争中降低运行成本，相比竞争对手获得更多比较优势和经济利益。税收政策能够有效激励和促进企业参与慈善捐赠，是激励企业慈善行为的主要激励工具。目前，我国尚没有出台专门的企业慈善税收政策，现有的政策法规多散布于用以规范慈善事业的社会性政策文件之中。如表4-1所示。

表4-1　中国引导公益性慈善捐赠的主要政策条例

政策条例名称	发布机构	发布年份
中华人民共和国企所得税法	全国人大常委会	2008
中华人民共和国企所得税法实施条例	国务院	2008
关于公益性捐赠税前扣除有关问题的通知	财政部、国家税务总局、民政部	2008
关于公益性捐赠税前扣除有关问题的补充通知	财政部、国家税务总局、民政部	2010
中华人民共和国公益事业捐赠法	全国人大常委会	2015
中华人民共和国慈善法	国务院	2016
企业所得税法（第一次修订）	全国人大常委会	2017
企业所得税法（第二次修订）	全国人大常委会	2018
关于企业扶贫捐赠所得税税前扣除政策的公告	国家税务总局	2019

表4-1显示，关于调整公益性慈善捐赠的政策条例为数不多，目前，企业捐赠的所得税扣除存在的问题包括：一是仅有通过特定团体或部门做出的公益捐赠才能享受所得税扣除优惠政策，慈善捐赠能够获得的税收优惠有限；二是企业超额捐赠所得税扣除缺乏限额的规定，递延三年的具体扣除方法不明确，且对年度利润额较低的中小型企业缺少考虑。[②] 此外，中国相关税收激励政策还零星散布在《营业税暂行条例》、《房产税暂行条例》和《扶贫、慈善性捐赠物质免征进口税收暂行办法》等各类规章及规范性文件之中。

根据《中华人民共和国公益事业捐赠法》第二十四条规定：企业依照本法规定捐赠财产用于公益事业，依照法律、行政法规的规定，享受企业所得

---

① 张奇林、黄晓瑞：《税收政策是否可以促进企业慈善捐赠探讨——基于2010年度深市主板上市公司数据分析》，《天津财经大学学报》2013年第1期。

② 贺宏：《慈善捐赠所得税扣除的制度思考》，《税务研究》2018年第3期。

方面的优惠。关于企业慈善行为享受税收优惠或减免待遇的主要内容包括：第
一，企业慈善行为的财产必须是依法可以捐赠的合法财产。第二，如果企业不
是向本法规定的公益性社会团体和公益性非营利的事业单位捐赠，而是向个人
或企业捐赠财产，不能享受企业所得税的优惠。第三，捐赠的财产必须用于本
法规定的公益事业。如果企业慈善行为的财产不是用于本法规定的公益事业，
不能享受企业所得税的优惠。比如，企业直接资助贫困学生，这种行为应当受
到鼓励和提倡。但由于这种捐助未经公益性社会团体管理与支配，政府无法掌
握具体情况，难以给予所得税优惠。第四，捐赠必须是无偿的，带有广告性质
的商业行为不能享受所得税优惠。显然，税收政策对于企业慈善行为的税费减
免待遇设定了严格标准，不利于促进企业非公益性捐赠行为发展。上述规定
从法律角度对于企业慈善行为给予了明确的激励性措施，同时公益性社会团
体、公益性事业单位和政府税务部门依法给予企业慈善捐赠以相应的税收减
免待遇。税收减免激励机制涉及若干关键的要素，包括：捐赠企业资格和捐
赠财产的合法性以及企业可支配性；企业慈善行为渠道或者说受赠主体必须
是政府授权的公益性社会团体和公益性非营利事业单位即公募慈善基金会
等，个人或企业等捐赠渠道如企业创办的私募慈善基金会和壹基金等个人慈
善基金会不能享受税收减免待遇；企业捐赠财产必须经过公益性社会团体等正
规官方合法捐赠渠道进行管理与支配，在政府掌握捐赠信息之后才能办理税收
减免手续；在这种情况下，企业慈善行为必须是无偿的、公益性的，不能带有
任何商业色彩。

总之，作为中国政府指导社会慈善事业发展的纲领性政策《中国慈善事
业发展指导纲要》《慈善法》等政策文件旨在推动慈善捐赠税收优惠政策的调
整和完善，充分发挥税收政策的对于捐赠主体的引导作用。

（二）企业公益性捐赠行为的专项扶持政策

目前，我国的税收政策不仅包括长期性政策，还有少数临时性、特殊性的
专项扶持政策。多年来，在汶川和玉树地震救灾、奥运会和世博会等国内重大
事件或活动过程中，政府会出台旨在支持灾后紧急救助的公益性捐赠税收减免
政策。比如，财政部、国家税务总局、海关总署在《关于支持汶川地震灾后
恢复重建有关税收政策问题》的通知中指出，对企业、个人通过公益性社会
团体、县级以上人民政府及其部门向受灾地区的捐赠，允许在当年企业所得税
前和当年个人所得税前全额扣除。该通知即属于典型的公益性企业、个人捐赠

临时性专项扶持政策。财政部、国家税务总局、海关总署在《关于支持舟曲灾后恢复重建有关税收政策问题》的通知中指出，对企业、个人通过公益性社会团体、县级以上人民政府及其部门向灾区的捐赠，允许在当年企业所得税前和当年个人所得税前全额扣除。财政部、国家税务总局、海关总署在《关于支持玉树地震灾后恢复重建有关税收政策问题》的通知中指出，对企业、个人通过公益性社会团体、县级以上人民政府及其部门向受灾地区的捐赠，允许在当年企业所得税前和当年个人所得税前全额扣除。类似的专门性税收激励政策是中央政府为了重大灾难救助或支持全国性活动举办而临时制定的，并不具备普遍性、长期性和代表性，属于企业慈善行为税收政策的非典型个案，其目的是以税收激励企业的公益性捐赠。因此，在特定情况下，政府围绕重大救灾、活动出台的慈善捐赠税收政策虽然在一定程度上调动了企业等社会力量捐赠的积极性和主动性，但是其政策的负面影响也随之产生。

类似临时性政策支持方案缺乏明确的法理依据。从程序角度来看，这种临时性政策不符合政策设计的规范性，也不具备政策执行的连续性。比如，2000年国务院制定的《关于完善城镇社会保障体系的试点方案》中规定，在实行社会保障体系改革试点的省、自治区、直辖市，对企业、事业单位、社会团体和个人向基金会等非营利机构的公益、救济性捐赠，准予在缴纳企业所得税和个人所得税前全额扣除。

总之，税收政策是针对企业公益性捐赠行为最有效、直接的激励工具，其包括的优惠措施能够引导企业公益性捐赠行为，有利于企业在市场竞争中降低运营成本。

二　行政动员或政治动员

事实上，企业慈善行为的发展壮大依赖于政策法规营造良性的外部制度环境，无论是国企、民企还是外企，对企业慈善行为的政策需求同样迫切。唐跃军等基于慈善的制度动机和市场转型理论，采用中国市场化指数和上市公司捐赠相关的经验证据，探讨新兴市场中制度环境变迁对公司慈善行为的影响；讨论了中国市场制度环境变迁对不同产权性质的中国企业慈善行为的影响，并通过实证研究指出：第一，市场化改革可以降低中国企业因"主动配合"或"被动选择"而进行慈善捐赠的动机；第二，有着天然的政治关联和政治合法性、拥有垄断或优势市场地位、面临来自地方政府层面压力较小的国企，获得了制度环境市场化改革在公司慈善捐赠方面带来的"制度红利";第三,在市场竞争中处于弱势地位、不具备足够政治合法性的民企可能在制度动机和政府压力的双重作用下不得不"主动配合"捐赠,"被动选择"政治性慈善行为以"购买"制度环境的稳定性或寻求庇护。① 上述研究表明,不同产权性质企业在履行慈善行为时,获得的政策支持和制度保障有着显著差异。一方面,国企作为与政府有着紧密关联的组织,其拥有的"政策红利"或"制度红利"毋庸置疑,这是其天然优势;另一方面,民企和外企更为看重借助慈善行为等方式取得政府的认可和政策优惠,以改善其制度环境。

在特殊的制度环境下,企业进行慈善捐赠不仅仅是出于社会责任,民企融资困难,它们进行捐赠除了助弱扶困、回馈社会,可能更多地是为了进一步获得政府的资金支持以及各类借款,即出于政治和制度力量动机。调查显示,大部分的国内企业倾向于在有政府动员和劝募的情况下实施捐赠,认同"政府的行政动员"在慈善捐赠中有重要作用的国内企业占33.4%,而跨国公司则没有受到此因素的影响。可以看出,中国企业的慈善捐赠行为确实存在"捐赠摊派"或"行政捐赠"的成分。② 很显然,慈善资源作为一种公共资源具有资源的稀缺性和有限性,政府、社会与企业的行动一致性即社会公益价值取向和正义普适性。国企作为政府的重要经济支柱和财产部分,其接受的激励性规制机制主要来自激励性规制的行政动员或政治动员机制。詹姆斯·R. 汤森和布兰特利·沃马克在政治学视阈下给予政治动员的经典定义是:统治精英获取资源尤其是人力资源为政治权威服务的过程。③ 概括而言,行政动员或政治动员可以理解为:政府或政党推动企业将经济资源转化为慈善资源,为慈善事业服务。就慈善事业而言,作为一种维护社会公益和政府合法性政治基础的社会治理内容,政府获取企业经济并以资源转化为社会慈善资源为政府主导下的慈善事业服务。还有学者指出,"一般而言,政治动员研究的核心旨趣体现为对动员中集体行动形成机制的解释"④。很显然,政治动员的核心是其代表一种

---

① 唐跃军、左晶晶、李汇东:《制度环境变迁对公司慈善行为的影响机制研究》,《经济研究》2014年第2期。

② 贾明、张喆:《高管的政治关联影响公司慈善行为吗?》,《管理世界》2010年第4期。

③ 〔美〕詹姆斯·汤森等:《中国政治》,顾速等译,江苏人民出版社,1996,第102页。

④ 孔繁斌:《政治动员的行动逻辑——一个概念模型及其应用》,《江苏行政学院学报》2006年第6期。

组织内集体行动逻辑的机制性反映。在慈善领域，政治动员带有较多的计划经济色彩，所以通常也将其称为行政动员或政府动员。李雪等以 2004～2016 年中国 A 股民营上市公司为研究样本，实证检验了"原罪"嫌疑是如何影响民企的慈善捐赠行为的。结果发现，"原罪"嫌疑所引致的民企合法性得不到正式认可与保护，背负"原罪"嫌疑的民企有动机通过慈善捐赠来讨好政府和社会公众以便降低这种威胁，而且这一正向影响关系随着企业所在省市的制度环境的完善而减弱。进一步研究还发现，"原罪"嫌疑对民企慈善水平的正向影响关系在不存在政治关联的企业以及实际控制人登上富豪榜后表现得更为明显。[①]

总之，计划经济时代延续至今的行政动员或政治动员仍然是中国国企慈善捐赠的主要规制机制，但是近年来，行政动员对于少数大型民企慈善行为也开始发挥规制效果。张敏等也验证了慈善捐赠被视为企业与政府间的纽带，探讨了企业所有制对这一纽带关系的影响，并且发现这样的纽带关系大大增加了企业尤其是国企从政府手中获取的补贴收入。同时，民企的政治参与有助于其进入政府管制性行业，从而获得高额利润，促进企业经济绩效的提高。然而，政治关联与私营经济发展产生的影响，不仅在于对资源配置的影响，还可以有效提高资源配置效率，避免资源浪费。企业家努力成为人大代表、政协委员以及担任政府职务的政治参与需求不断高涨，这样的政治关联在一定程度上使得私营企业与政府间的关系更加稳定。同时可以确保企业有更良好的发展环境，获得政府的保护，免除一些不必要的麻烦，这是慈善捐赠对于企业外部融资能力提升的间接作用，即通过慈善捐赠的"政治和制度力量动机"来发挥作用，从而在一定程度上大大强化政治关联的作用。[②] 因此，慈善资源作为一种公共资源具有稀缺性、专属性和排他性等特征。

总之，行政动员或政治动员依然是引导中国部分企业尤其是国企捐赠的激励工具之一。但是，随着慈善事业市场化进程的加快，行政动员或政治动员对于企业公益性捐赠行为的干预效果逐渐减弱，其影响力乃至被部分企业所忽略。

---

① 李雪、罗进辉、黄泽悦：《"原罪"嫌疑、制度环境与民营企业慈善捐赠》，《会计研究》2020 年第 1 期。

② 王艺明、刘一鸣：《慈善捐赠、政治关联与私营企业融资行为》，《财政研究》2018 年第 6 期。

第三节　国内外企业公益性捐赠行为
激励工具差异化比较

一　企业慈善行为的税收优惠政策差异化

国外企业公益性捐赠行为税收政策主要包括支持私人慈善基金会作为企业慈善行为的渠道、实行结转税制度等。美国等西方国家对于捐赠人的税收优惠取决于其捐赠渠道属于公共慈善机构还是私人慈善基金会，即针对捐赠渠道的差别给予相应的税收优惠政策（比如，公司所得税法里并没有对公司捐赠给私人基金会的税收优惠规定）。但是，其税收政策更加倾向于私人慈善基金会作为捐赠渠道。同时，结转税制度是一种比较普遍的企业慈善行为激励性制度。中国的税收政策则是强调官办公益性慈善组织作为企业慈善渠道，依靠企业所得税等引导企业公益性捐赠，其手段单一，激励效果不明显。因此，根据政策规定，企业只有通过少数官办公益性慈善组织捐赠时，才能享受相应的税收减免待遇，而企业如果从私人慈善基金会渠道捐赠时，则无法享受税收优惠待遇等政策扶持，由此造成中国私人慈善基金会发展缓慢。同时，由于企业公益性捐赠行为税收减免程序较为复杂，部分企业往往放弃应有的优惠待遇。有研究指出，捐赠抵税政策提高了企业的捐赠参与度，促进了企业慈善行为水平的提高。进一步研究表明，相比国企，税收优惠减免政策对外企和民企的激励效果更明显，非国企对宏观税收变革的战略反应更强。[①]

二　企业慈善行为方式的税收减免差异化

在西方国家，非货币性捐赠方式能够享受到相应的税收优惠政策。而我国的《企业所得税法》仅针对货币捐赠给予税收减免待遇，对于实物、劳务、技术和股权等非货币捐赠形式没有给予税收优惠待遇（原因在于非货币性捐赠需由相关部门评估核定为货币价值），因而税收政策限制了企业慈善行为的多样化选择。2018年发布的《企业所得税法实施条例》第二十五条规定，企

[①] 朱金凤、黄丹丹、张坦：《税收优惠政策对企业慈善行为的激励效应研究》，《会计之友》2020年第15期。

业发生非货币性资产交换，以及将货物、财产、劳务用于捐赠、偿债、赞助、集资、广告、样品、职工福利或者利润分配等用途的，应当视同销售货物、转让财产或者提供劳务，但国务院财政、税务主管部门另有规定的除外。这意味着货物等非货币性捐赠等同于销售货物，需要按照税法规定缴纳税收。但是实物、技术等非货币性捐赠在整个慈善资源捐赠总量中的比重越来越大，尤其是慈善企业会结合自身的资源优势和产品价值来开展非公益性捐赠。《中国慈善发展报告（2020）》的数据显示，2018 年度各社会捐赠接收主体实际接受现金及物资捐赠价值 12070 亿元……其中，现金和有价证券占比为 70.03%，物资折价占比为 29.97%。[①]

正如杜兰英等研究指出，政府部门还需要进一步完善非货币捐赠税收优惠政策。随着中国社会公益活动的不断升温，货币捐赠、商品捐赠、不动产捐赠、无形资产捐赠、股权捐赠等多种捐赠形式不断孕育而生，但是仅有货币捐赠能够享受税前扣除的优惠待遇，非货币性企业捐赠还应缴纳企业所得税，特别是货物捐赠除企业所得税外，还要缴纳增值税、城市维护建设税等。因此，在企业捐赠范围界定上，存在一定的政策滞后性。需要进一步完善非货币捐赠的税收优惠政策，激励企业的多种形式捐赠行为。[②]

总之，随着非货币性企业捐赠规模逐渐扩大，政府应该考虑在后续的《企业所得税法》修订中扩大政策激励范围，有助于企业在捐赠过程中发挥非货币性捐赠方式优势、实现慈善资源利用效益最大化。

三　国内外企业公益性捐赠行为激励工具的差异化比较

西方各国为了鼓励企业、个人参与慈善捐赠，大多制定了较高免税比例的激励政策，使捐赠者获得了可观的捐赠免税待遇，极大地促进了慈善事业发展。就我国而言，2008 年发布的《企业所得税法》将公益性捐赠的税收优惠比例确定为 12%，基本上与国际通行标准接轨，但是缺乏相关的配套政策支持。总体上，企业享受的捐赠税收待遇等仍然远落后于西方国家的政策支持。由此可见，我国税收政策对于企业公益性捐赠行为缺乏足够的激励力度，很难

[①] 宋宗合：《2018～2019 年度中国慈善捐赠报告》，《中国慈善发展报告（2020）》，社会科学文献出版社，2020，第 29 页。

[②] 杜兰英、王硕、余宜珂：《我国税收优惠政策对民营企业公益性捐赠的激励效用初探——基于资源依赖理论和社会交换理论的博弈分析》，《税务研究》2017 年第 6 期。

引导企业主动投身慈善事业。政府对慈善事业的税收激励表现为企业慈善行为免税起点较高、免税比例较低，税收优惠政策适用主体不平等。[①]

就企业公益性捐赠行为激励而言，无论是国外还是国内，税收政策是引导企业参与社会捐赠、推动社会公益进步的重要激励工具。事实表明，捐赠和纳税是企业投身社会公益或慈善事业的主要渠道和路径。成熟的社会给予公民和企业两种选择：公民和企业可以将自己收入的一部分作为税收交给政府，然后通过"税收—财政—公共支出"的途径用于公益事业；同时，公民和企业也可以将自己收入的一部分作为社会捐款捐献给慈善事业，通过"社会捐款—慈善基金—慈善事业"的途径用于公益事业或福利事业。[②] 因此，就企业而言，无论是捐赠和纳税，其产生的慈善价值和效果没有多少差别。而企业选择纳税或者捐赠作为回报社会的手段无非其价值偏好不同所导致的社会选择和慈善观念不同。

前述唐跃军等基于制度动机和市场转型理论，采用中国市场化指数和上市公司捐赠的经验证据，探讨新兴市场中制度环境变迁对公司慈善行为的影响；讨论了市场变迁对企业慈善行为的影响。研究表明，不同产权性质的企业在参与慈善活动时，获得的政策支持和制度保障有着显著差异。一方面，国企与政府有着紧密的关联，其拥有的"政策红利"或"制度红利"毋庸置疑，这是民企和外企不具备的天然优势；另一方面，民企和外企缺乏激励性政策扶持，更为看重借助慈善行为获取政府认可和政策扶持，以改善其生存的制度环境。

总之，税收优惠减免、抵税政策已成为各国普遍应用的企业公益性捐赠行为激励工具，而行政动员或政治动员则是具有中国特色的激励工具。由于制度、环境和理念的差异，国内外企业公益性捐赠行为激励工具存在明显的差异。

---

① 王华春、周悦、崔炜：《中外慈善事业的政府规制比较研究》，《山西大学学报》（哲学社会科学版）2011 年第 9 期。

② 唐钧：《慈善捐赠仍属"第二次分配"》，《北京日报》2005 年 4 月 4 日，转引自人民网，http://theory.people.com.cn/GB/40540/3293144.html，最后访问日期：2011 年 7 月 15 日。

第五章　企业非公益性捐赠行为的
激励缺失与导入

第一节　企业非公益性捐赠行为的激励缺失

一　关于企业非公益性捐赠行为的激励指向不当

税收政策虽然提高了企业公益性捐赠免税标准，其免税资格仅限于公益性捐赠。政府在激励工具设计和政策调整时应将企业非公益性捐赠行为纳入激励范围。否则，将出现企业非公益性捐赠行为激励指向不当。企业本性是追求利润最大化，因而企业公益性捐赠行为不符合企业的利益取向和价值诉求。因此，在理解企业非公益性捐赠行为的动机和性质方面，政府缺乏明智判断和客观认识。相比较企业公益性捐赠，企业非公益性捐赠行为的贡献度和影响力更大。政府尚没有出台引导企业非公益性捐赠行为的政策法规，不符合慈善事业快速发展的政策需求。

二　针对企业非公益性捐赠行为的激励工具缺乏

清华大学公共管理学院创新与社会责任研究中心主任邓国胜在"夜话：重建中国公益生态"访谈中表示，目前中国的慈善捐款基本保持在每年1000亿元人民币左右，占 GDP 的比重比较低，仅 0.17%；而美国的捐款在 2013 年是 3000 亿美元，占其 GDP 的 2.2%。①

就慈善事业而言，捐赠比重低的原因在于引导企业非公益性捐赠行为的激

---

① 王晓易：《邓国胜：中国每年捐款额占 GDP 仅 0.17% 美国为 2.2%》，网易财经，https：//www. 163. com/money/article/ADHKD60F002554JB. html，最后访问日期：2015 年 2 月 20 日。

励工具缺失，并且至今政府还没有出台相应的激励政策加以推进。显然，这对于做出巨大捐赠贡献的非公益性慈善企业是不公平的，毕竟企业慈善行为依然是中国慈善事业的主体，企业非公益性捐赠行为同样产生了公益型慈善效果。近年来，国内陆续出台了十余部涉及企业慈善的政策法规，但是真正能促进企业慈善行为的激励工具为数极少。事实上，慈善领域制度建设的滞后性已经严重阻碍了中国企业慈善行为的整体发展。如果从企业慈善行为的均衡性角度分析，激励工具针对企业非公益性捐赠行为的制度缺失，难以实现全面引导企业慈善行为的激励效应。

三 围绕非货币性企业慈善行为的激励措施欠缺

2018 年新修订的《企业所得税法》依然没有将非货币性企业捐赠纳入政策激励范围，导致税收政策难以跟上我国企业慈善事业快速发展的形势，亟待加以完善。

表 5 - 1　2009～2013 年中国货物捐赠数量

所在年度	货物捐赠金额(亿元)	社会捐赠总额(亿元)	所占比例(%)
2009	156	630	25
2010	161	1032	16
2011	159	845	19
2012	203	889	23
2013	338	989	34

表 5 - 1 表明，从 2009 年到 2013 年，中国货物捐赠的比例均保持在 15% 以上，2013 年更是达到最高点，所占比重超过 30%。总体来看，货物捐赠在慈善捐赠总量中呈现逐年上升的趋势。

根据《企业所得税法实施条例》第二十五条规定，企业发生非货币性资产交换，以及将货物、财产、劳务用于捐赠、偿债、赞助、集资、广告、样品、职工福利或者利润分配等用途的，应当视同销售货物、转让财产或者提供劳务，但国务院财政、税务主管部门另有规定的除外。这意味着企业纳税除了涉及增值税、消费税之外，还应缴纳相应的企业所得税，诸多纳税名目明显不利于激励企业非公益性捐赠。由于《企业所得税法》及其实施条例等激励性政策存在滞后性、片面性和不合理性，除了货物捐赠之外，股权、劳务、技术、债券和影响力投资等新兴的非货币性慈善捐赠形式同样无法享受税收优惠减免待遇。这在一定程度上抑制了非货币性企业慈善行为应有的动力、优势、功能和效力。

就税收政策而言，货币捐赠可以享受税收优惠待遇，而非货币性捐赠则没有相应的税收优惠减免待遇。这对于企业是不公平的，因而政府应该完善激励政策保障企业有权选择捐赠方式和途径。目前，越来越多的企业尝试从战略性慈善角度出发，选择非货币性企业慈善行为提高社会影响力、消费者认同度和市场占有率。如果给予非货币性捐赠以税收优惠待遇，能够激发企业捐赠意愿，丰富企业非公益性捐赠方式，增强公益性慈善效果。因此，随着非货币性企业慈善行为在捐赠总量中所占比重逐步上升，政府应适时完善政策条款，以达到鼓励非货币性企业捐赠、强化企业非公益性捐赠的慈善效应的目的。

总之，通过分析企业非公益性捐赠行为激励缺失，税收政策围绕企业公益性捐赠行为设计的激励性政策已无法适应企业慈善事业快速发展的形势。政府应出台引导企业非公益性捐赠行为的激励工具。但是，《慈善法》《企业所得税法》等政策法规在引导企业公益性捐赠行为时存在激励力度不足、捐赠方式激励不合理、税费减免兑现程序复杂、配套激励措施缺失等政策缺陷。因此，政府先要解决企业公益性捐赠行为激励实践中存在的缺陷和不足，从而避免企业非公益性捐赠行为激励出现类似的问题。

第二节　企业非公益性捐赠行为的激励导入研究

一　企业非公益性捐赠行为激励导入的价值分析

（一）企业非公益性捐赠行为激励导入的必要性分析

目前，我国企业慈善行为分为公益性捐赠和非公益性捐赠两类。其中，企业公益性捐赠行为属于长期受到政府激励和倡导的慈善行为，这与企业公益性捐赠行为及其慈善效果受到政府关注和支持有着密切联系。政府通过制定政策法律促进社会福利提高，并采取多种方法来应付社会贫困、灾难以及突发事件等。但是政府的财政和救助能力毕竟有限，无法顾及各种社会问题。在这种情况下，政府需要非营利组织、企业主动参与捐赠，帮助政府分担社会责任。企业慈善行为越多，政府的慈善事业进展就越顺利。在这种情况下，企业慈善行为往往受到政府的重视和支持。[①] 作为有助于社会价值提升的企业捐赠行为，它体现出企业对于社会的奉献意识和慈善爱心。由于企业公益性捐赠行为无须社会回报，所以政府给予其相应的政策支持反映了其具有的公益性慈善价值。但是，政府如要全面提升企业慈善行为的公益性效果，还应将企业非公益性捐赠行为纳入激励范畴，及时导入相应的企业公益性捐赠行为激励工具，否则无法在企业公益性捐赠行为和企业非公益性捐赠行为之间做出合理的政策协调与利益平衡。因此，随着国内企业对于慈善层次的认识逐渐深入，越来越多的国企、民企开始探索企业非公益性捐赠行为这一不同于传统企业公益性捐赠行为的互惠型、互利型慈善行为，其典型表现是战略性企业慈善行为。

总之，政府如何因势利导，合理、有效地引导企业非公益性捐赠行为成为政府在慈善事业治理变革和激励改进方面的焦点问题，而适时围绕企业非公益性捐赠行为进行激励导入，这对于推动企业非公益性捐赠行为发展、提升企业捐赠公益性效果是必要的政策手段。

(二) 企业非公益性捐赠行为激励导入的可行性分析

尽管企业非公益性捐赠行为与企业公益性捐赠行为在动机、目的、途径等方面存在本质区别，但二者投入社会公益的慈善效果是一致的，都能促进慈善事业的进步。从企业非公益性捐赠行为角度来说，一方面，慈善企业经过实践发现非公益性捐赠行为如同企业的经济行为可以为企业创造经济价值。另一方面，不仅公益性捐赠行为能够为社会创造捐赠资源和公益价值，企业非公益性捐赠行为同样能够为社会产生公益性慈善效果，甚至很多慈善企业实施企业非公益性捐赠行为对于社会公益和社会价值的贡献要远远超越企业公益性捐赠行为的慈善效果。毕竟非公益性捐赠行为既有企业对于慈善作用的认同，更有符合企业私利的考量。

在这种情形下，还应把我国企业非公益性捐赠行为进行激励导入的可行性分析与慈善事业发展的社会基础相结合。政府延续现有的激励性政策，不利于培育和扶持中国正处于起步阶段的企业非公益性捐赠行为。关于上市公司慈善动机的差异性分析表明，企业捐赠态度和认识正在向非公益性捐赠转变，企业慈善行为的性质发生了明显变化。样本数据显示，2009 年履行非公益性捐赠

---

① 葛伟军：《公司捐赠的慈善抵扣——美国法的架构及对中国的启示》，《中外法学》2014 年第 5 期。

的公司数量迅速增长30%，相比之下，从事公益性捐赠的公司数量急剧减少50%。虽然该年度非公益性捐赠金额减少约6000万元，但是仍然在企业慈善行为总额中高居90%。因此，企业非公益性捐赠行为在中国企业慈善领域所处的地位不言而喻，如果由此形成的激励导入可行性分析经过本研究的实证或案例研究具有足够的信度和效度，确保了本课题研究的创新性。

总之，关于企业非公益性捐赠行为的激励导入可行性分析决定了政府应该根据中国企业慈善动机及其行为的性质变化及时提供激励工具给予引导，从而为中国企业非公益性捐赠行为的激励导入提供相应的理论依据。

（三）企业非公益性捐赠行为激励导入的解释性分析

从政策效应的角度来看，制度依赖是一种方式可行、成本可降、风险可控的政策创新手段。前文分析可知，企业公益性捐赠行为引入激励政策在国内外已经被学界和社会接受和认可，并且其激励效果已经被诸多实证研究所检验。如果将企业公益性捐赠行为激励政策移植到企业非公益性捐赠行为领域，必须从实证角度再次验证诸如税收政策等作为激励工具的有效性，以确保被移植的激励政策是合理、可行的。

总之，激励工具导入是企业非公益性捐赠激励研究的路径依赖，在进行解释性分析时，关于企业公益性捐赠行为激励工具的政策优势和制度缺陷还应给予关注，体现在以下方面。

1. 企业公益性捐赠行为的政策优势

所谓税收政策关于企业非公益性捐赠行为的税收优惠待遇，可以概括为相关的政策、法律关于企业提供的慈善捐赠经费能够通过不同的方式享受减免应缴税收，从而获得税收优惠待遇。毋庸置疑，在一个常态完整的市场经济条件下，税收优惠政策给社会公益事业带来的影响是积极的，它不仅配合了政府职能的良性实现、尽量降低了政府的管理成本，还为社会公益资源的拓展开辟了广阔空间。[1]

总之，关于企业慈善行为激励的税收政策反映出现有税收优惠待遇不足以适应企业慈善行为，尤其是企业非公益性捐赠事业迅速发展的形势和局面。

2. 企业公益性捐赠行为的制度缺陷

企业公益性捐赠行为的税收捐赠优惠制度缺陷表现在：享受税前扣除的慈

---

[1] 卢汉龙、沈康荣：《税收减免政策对企业公益捐赠的影响》，http://wenku.baidu.com/view/1e9d722d2af90242a895e591.html。

善组织的范围狭窄；税前扣除比例较低，缺乏结转规定；缺乏货物捐赠税收优惠具体规定；慈善捐赠减免税程序不尽合理、可操作性不强等。[①] 因此，政府在进行政策工具移植时应对既有的制度缺陷加以改进和完善，以免在激励企业非公益性捐赠时导致政策效力被削弱。

长期以来，以社会契约和政治嵌入为代表的慈善动机背后折射出公益性捐赠的影子，这在计划经济时代是企业慈善行为的主要动机来源。一方面，部分企业出于自身的捐赠觉悟和意识，主动参与救灾扶贫等慈善活动；另一方面，部分企业则是考虑来自政府压力以及与政府间的联系进行捐赠。就企业自身成长来看，公益性捐赠行为短期内很难给企业带来利益回报。

总之，非公益性慈善行为更加契合企业的经营理念及其慈善认识，是出于对于慈善事业和捐赠效果的理性判读，有利于激发企业参与慈善捐赠的动力和信心。企业公益性捐赠行为体现在临时性、应急性和突发性等救助救灾方面，其优势在于解决灾后重建和紧急援助等迫切的社会问题，捐赠效果立竿见影；企业非公益性捐赠行为则主要体现在常规性、长期性、战略性和可持续捐赠方面，因而其公益性慈善效果更合理、稳定、持续和有效。因此，社会契约和政治嵌入慈善动机对应了企业公益性捐赠行为，经济理性慈善动机对应了企业非公益性捐赠行为。

二 企业非公益性捐赠行为的激励导入理念

随着税收政策作为企业公益性捐赠行为激励工具在实践中获得检验和应用，现有适用于企业公益性捐赠行为激励工具在企业非公益性捐赠行为领域进行激励导入时，其可行性无疑具有一定的制度基础。在此之前，必须首选确定公益性企业慈善激励工具导入非公益性慈善行为的可行性和适用性。同时，还应考虑遴选企业公益性捐赠行为激励工具是应直接加以移植和传递，还是应结合企业非公益性捐赠行为的特质和形式加以适当改造后再予以采纳。基于上述考虑，本研究选取的方法是制度依赖，即政府并非直接将现行的公益性捐赠激励工具照搬过来或者直接复制，而是要考虑以下两方面的因素：一是现行企业公益性捐赠行为激励政策是否完美？其政策优势是什么？是否还存在制度缺陷，如果有不足，又体现在哪些方面？如何加以改进？二是这种公益性捐赠激

---

① 张天生：《慈善捐赠税收优惠政策研究》，《中国财经报》2012 年 5 月 15 日。

励政策涵盖的企业所得税税率标准、货币捐赠奖励范围和税收优惠兑现程序是否符合企业非公益性捐赠行为的激励需求？更为合理的税率标准、更宽泛的激励范围、更为简便的税收优惠兑现程序以及更为完善的配套措施能否在激励政策移植时作为政策内容加以补充？从政策制定的角度来看，政策移植是现阶段中国政府提供企业非公益性捐赠行为激励政策时较为现实的方法和路径。从国外的理论研究和实践经验来看，政策制定过程其实是党派相互调整的过程，这个过程中的特色是妥协与交易，在这种情况下，政策变动幅度不会太大，仅能采取与现有政策略有不同的温和调整策略，政策执行过程中出现问题时，再以政治协商的手段加以解决。因此，制度依赖作为一种较为稳妥、温和的政策创新和激励导入方式是符合政策制定的基本理念和价值认同的。

总之，由于企业非公益性捐赠行为的兴起，企业公益性捐赠行为的慈善效果相对趋于平淡、弱化，毕竟企业能够募集和动用的慈善资源和参与捐赠的人力、物力、时间和精力是有限的，不可能完全兼顾公益性和非公益性这两种慈善维度。因此，政府应该重视发挥以战略性企业慈善行为为核心的企业非公益性捐赠行为的慈善效果，适时借鉴企业公益性捐赠行为激励工具的成功经验；进而改进现有激励工具存在的缺陷，将其移植于企业非公益性捐赠行为。

三　企业非公益性捐赠行为激励导入的相关性研究

（一）可行性与有效性研究

以企业公益性捐赠行为的主要激励工具——税收政策为例，其作为政府引导企业公益性捐赠行为的重要激励性政策，经过多年的实践检验和政策修订，作为一种激励工具已经具有一定的可行性和有效性。如果这种激励工具被导入企业非公益性捐赠领域同样以税收政策的形式出现，则势必要满足可行性与有效性这两个条件。一方面，就中国企业非公益性捐赠行为导入的关系要素而言，可行性是确保税收政策作为一种激励工具得以存在的前提和基础。如果某种激励工具根本不具备在某个社会、经济或市场环境下存在的可行性，即使这种激励工具在其他环境下被证明是行之有效的，依然是毫无价值的。另一方面，有效性是确保税收政策作为一种激励工具得以应用的保障和根本。如果某种激励工具具备了在一定环境下得以实施的可行性，但其原本具有的某种有效性无法发挥，其在某种环境下固有的有效性则是无效的。因此，相关激励工具的导入应该将其可行性与有效性的有机结合作为关系要素的内容之一。前者是后者的基础，后者是前者的保障；后者以前者为前提，前者以后者为根本，二者缺一不可，互为补充。

（二）可行性与适用性研究

就中国企业非公益性捐赠行为的激励导入而言，除了税收政策作为激励工具可能具有的可行性与有效性关系之外，还有其他关系存在，比如可行性与适用性之间的关系。这种关系虽然不如可行性与有效性之间的关系具有普遍性和权威性，但同样具有一定的存在价值。以特许经营制度为例，尽管这种关于企业非公益性捐赠行为可能实施的激励工具基于现有的数据尚无法通过实证研究验证其是否具有有效性，但如果我们能够借助典型个案分析证明其在一定条件或环境下能发挥其应有的作用，则可以认为特许经营制度作为一种激励工具是有适用性的。一方面，这种激励工具必须对其可行性进行逻辑推演，表明其确实是有存在的理论依据；另一方面，为了确保这种激励工具具有一定程度或范围的适用性，必须进行相应的个案分析。尤其是当难以用实证研究法进行有效性分析时，其他研究方法所做的适用性分析就尤为重要。因此，相关激励工具的导入应该将其可行性与适用性的有机结合作为关系要素的内容之一。前者是后者的基础，后者是前者的延伸；后者以前者为前提，前者以后者为依据，二者缺一不可，互为补充。

总之，企业非公益性捐赠行为的激励导入应该考虑这种激励工具能否兼容可行性与有效性，当然这种适用性必须经过相应的个案研究加以分析，否则无法保证激励工具的适用性具有足够的信度和效度。

（三）可行性、有效性与适用性研究

税收政策和特许经营制度作为激励工具被植入企业非公益性捐赠领域，存在可行性与有效性或适用性之间的不同关系。税收政策作为主导型激励工具应协调好可行性和有效性之间的关系；同时，特许经营制度作为辅助激励工具，同样应处理好可行性与适用性之间的关系。一方面，可行性作为激励工具的基础和前提，必须加以逻辑分析和检验，这是必不可少的；另一方面，有效性或适用性分析建立在可行性分析结果之上，并借助定量研究或个案分析加以验证。因此，只有可行性、有效性或适用性三者之间的关系有两种要素经过验证，并且能构建合理的逻辑关系，激励工具功能才能在一定程度或范围内体现。

总之，可行性与有效性或适用性分析有助于进一步厘清企业非公益性捐赠行为激励导入的内在逻辑关系，从而明确在何种条件或环境下应用激励工具引导和激励企业非公益性捐赠行为。

第三节　企业非公益性捐赠行为激励
导入的政策伦理维度

社会公益是将私营部门对待顾客的隐喻应用到公共部门，政府机构将民众当成购买公共财产或公共服务且有支付能力的顾客，凡是符合顾客至上精神的公共服务就是代表社会公益。[①] 但是，企业非公益性捐赠行为在价值立场和利益诉求方面与激励政策存在明显的差别，因而需要加以利益整合。

因此，本研究拟从社会公平、社会公益和弱势群体等伦理和现实层面的不同维度围绕中国企业非公益性捐赠行为激励导入的利益整合加以分析。

一　社会公平的维度

社会公平是社会进步的重要标志之一，也是推动各类市场组织参与产业竞争的基本制度保障。以美国为例，该国公共行政发展的三个基石分别为效率、效果和社会公平。社会政策的制定者之所以将社会公平纳入政策范畴，其原因在于社会公平是扮演社会主体黏合剂的角色，其功能在于将国家、社会、企业和公民等公域和私域的社会主体和市场主体的不同利益表达加以维系和协调，在承认各方价值冲突的同时，尽可能维护各自的利益。从公共管理学的视阈来看，社会公平的价值与地位在于：一是民主社会的基础；二是足以影响各种社会行为；三是分配社会公共服务的法律基础；四是分配公共服务的实务基础；五是作为研究与分析的挑战。[②] 由此可见，社会公平对于促进社会公益的进步是不可或缺的制度基础和伦理依据。

就最重要的市场主体——企业而言，社会公平对其影响主要涉及两个维度：集团性和机会性。概括而言，这两种社会公平是指政府能否保障企业作为私域主体在参与市场竞争时在整体上获得公平竞争的合法性机会，这种集团化层面的社会公平对于企业运行而言是极为关键的。就中国企业慈善事业的发展状况而言，社会公平体现为企业非公益性捐赠行为能否如同企业公益性捐赠行

---

① 丘昌泰：《公共政策》（第五版），巨流图书公司，2013，第103页。

② H. G. Frederickson. *The Spirit of Public Administration*（San Francisico：Jossey – bass Publishers，1997），p. 116.

为一样获得来自与政府同等或更为优惠的激励政策支持。从目前来看，仅有企业公益性捐赠行为激励政策显然是不合理的，这种政策导向对于企业非公益性捐赠行为的付出所产生的公益性慈善效果也是不公平的。在这种情况下，就引导和激励企业慈善行为而言，现有的政策激励目标、对象、工具显然是不符合社会公平政策伦理所应反映的价值均等和利益许可的。其存在的弊端是显而易见的。从政策导向来看，企业非公益性捐赠行为的公益性慈善效果促进了社会公益事业的进步，却并没有获得相应的回报。因此，激励性政策对于企业非公益性捐赠行为缺乏有效的激励效应，这显然是不公平的。同时，企业公益性捐赠行为尽管有政策激励，但是与经济属性相分离，以至于其慈善动机和捐赠理念难以获得企业的真正认同。

总之，社会公平要求政府提供引导企业慈善行为的激励政策，不能有所偏向或出于其自身利益而体现政策倾斜。毕竟企业非公益性捐赠行为的公益性效果在促进社会公益方面的贡献度是政府、社会都无法回避的，政府理应将社会公平作为激励企业慈善行为的首要制度基础和伦理依据，充分考虑政策伦理的价值所在。

二　社会公益的维度

根据关于社会公益的概念和内涵界定，我们注意到，社会利益的增加不仅可以由公共部门达成，而且同样可以由私营部门实现。既然企业公益性捐赠行为的慈善效果具有公益性且与政府激励目标相对应，理应被相应的激励政策所引导。那么企业非公益性捐赠行为具有的公益性慈善效果在引入激励政策时，其慈善动机及其行为的非公益性与政府引导企业慈善行为的公益性激励目标就不可避免会存在价值冲突和利益分歧。因此，政府在制定激励政策时应协调企业私利、社会公益与政策伦理之间的价值冲突。

既然企业非公益性捐赠行为的慈善效果是公益性的，政府无须刻意关注其慈善动机是公益性或非公益性的，毕竟慈善效果是最关键的。非公益性慈善动机及其行为的慈善效果是公益性的，出台政策对其加以引导就是有价值的，何况其中的利益分歧和价值冲突并非不可调和。从政策角度来看，价值分歧与伦理冲突处理模式可以分为以下几种：一是代理人模式；二是父权模式；三是契约模式；四是友情模式；五是信任模式。其中，代理人和父权模式是较为传统的处理模式，不太适应现今公共管理的发展形势，而契约模式和友情模式虽然在利益层面趋向平等，但前者过于"重法"，后者过于"重情"，处理视角不够均衡，各有偏重。[①]

总之，理性的价值冲突处理模式是"信任模式"，既然政策双方是基于平等互信的关系，伦理价值的冲突应在互信的基础上加以解决。激励工具植入不仅应引导和激励企业非公益性捐赠行为的政策效果，还应有助于促进社会公益进步。因此，无论是从社会还是企业的维度来看，企业公益性捐赠行为和非公益性捐赠行为之间的政策伦理妥协与协调都是必要的、合理的。

三　弱势群体的维度

弱势群体是企业慈善行为考虑的主要受助对象，无论是企业公益性捐赠行为还是非公益性捐赠行为都将弱势群体纳入慈善救助的对象范围。其原因在于：企业公益性捐赠行为和非公益性捐赠行为的动机性质、行为方式和价值立场尽管有所不同，但是其在弱势群体身上产生的慈善效果是相同的。这意味着弱势群体不需要过于关注企业究竟是出于何种慈善动机或捐赠方式、慈善行为是公益性还是非公益性的，只要是该慈善行为的效果能够救助弱势群体，这种慈善行为就值得肯定和支持，毕竟就弱势群体等救助对象而言，慈善效果才是最直接、最重要的。

从弱势群体的角度来看，仅仅依靠激励政策引导企业公益性捐赠行为是不能满足全社会弱势群体的慈善需求的，还必须充分借助企业非公益性捐赠行为的资源和优势。如果政府不能及时出台引导企业非公益性捐赠行为的激励政策，不仅无法真正解决弱势群体面临的各种社会问题，也会给社会各界留下政府激励政策目标和导向不当的不良印象。同时，从中国企业慈善现状来看，弱势群体等救助对象存在的困难远不是企业公益性捐赠行为所能应对的，对企业非公益性捐赠行为等各类有助于慈善事业发展的社会力量都应该加以充分动员。因此，弱势群体的慈善需求理应作为政府激励政策应用时考虑的主要因素之一，政策伦理的体现应该是以弱势群体的利益诉求为最终衡量准绳，而不是仅仅考虑社会公平或社会公益，弱势群体作为受助对象和政府、社会、企业一样，应该作为政策制定的利益兼顾对象。

总之，企业在秉持经济理性慈善动机的前提下，会酌情考虑税收政策的激

---

① 丘昌泰：《公共政策》（第五版），巨流图书公司，2013，第108~109页。

励效应，从而关注慈善事业面临的社会问题。因而政府往往会通过税收政策与行政动员两种行为来影响企业慈善活动的策略选择。① 税收政策作为引导企业公益性捐赠行为的激励工具有可能移植到企业非公益性捐赠领域，并作为其激励工具。

---

① 陈宏辉、王鹏飞：《企业慈善行为影响因素的实证分析——以广东省民企为例》，《当代经济管理》2010 年第 8 期。

第六章 企业非公益性捐赠行为激励工具、激励检验和激励性规制

税收政策就是通过税收的调节，对社会公益资源和企业的税收份额进行适度干预，运用税收的杠杆作用调节各方利益，在宏观上刺激社会总供给和总需求，使之趋向平衡。这在市场经济中已被证明是行之有效的经济政策，在建立社会主义市场经济制度的过程中也将发挥积极作用。[1] 减轻企业税收负担、降低企业纳税成本是促进企业慈善行为的重要激励措施。

目前，中国慈善法律法规主要涉及减免税等优惠制度方面，[2] 税收政策包括税收抵免政策和税前扣除政策。《企业所得税法》中关于公益性慈善捐赠税后减免待遇就是典型的税前扣除政策，即企业在缴纳年度所得税之前按照政策规定和减免税手续根据公益性捐赠数额扣除所应缴纳的税费。税收抵免政策与税前扣除政策的区别在于税前扣除政策通过降低税率减少了应纳税额，而税收抵免政策则直接从应纳税额中进行一定比例的扣除。从激励机制来看，两者都是在应纳税额减少的前提下发挥了替代效应和收入效应的同向作用，从而带来捐赠数额的增加。[3] 因此，我国企业慈善行为的主要激励措施是《企业所得税法》，即税收政策。

---

① 杨团、葛道顺：《公司与社会公益Ⅱ》，社会科学文献出版社，2003，第85页。
② 张娅茜：《我国慈善事业发展的法制进路与优化》，《求索》2010年第3期。
③ 张磊：《高校社会捐赠税收激励的国际比较与制度优化》，《江苏高教》2014年第5期。

第一节　税收政策作为激励工具的有效性分析：
基于上市公司数据

一　政策依据和资料来源

（一）政策依据

目前，我国关于非公益性慈善捐赠行为尚没有出台专门性的税收激励政策，作者选取了激励企业公益性捐赠行为的《企业所得税法》及其实施条例作为定量研究的政策依据。通过对其实证检验，旨在分析围绕公益性捐赠设计的《企业所得税法》（即税收政策）是否适用企业非公益性捐赠领域，以实现企业慈善行为激励研究从公益性捐赠领域向非公益性捐赠领域转移和推进。

表6－1　《企业所得税法》关于公益性捐赠税收减免待遇比较

企业公益性慈善捐赠税收优惠政策	年度针对利润总额的企业慈善行为减免比例	有无配套支持政策
《企业所得税法》及其实施条例	12%	无
修订的《企业所得税法》及其实施条例	12%	有（结转税制度）
国外税收政策关于企业慈善行为的减免比例	10%	有（结转税制度）

（二）数据来源

本研究选取沪市主板上市公司年报作为慈善捐赠资料来源，即梳理年报中的公司"营业外支出"部分是否存在公益性或者是非公益性捐赠行为。公司年报中的捐赠数据能够客观反映出某个上市公司在上一年度的总体慈善状况，不论是企业公益性捐赠行为还是企业非公益性捐赠行为。

为此，本研究以2008年公益性慈善行为的免税优惠政策为时间节点，分析企业所得税法作为典型的税收优惠政策在政策内容变动前后企业公益性捐赠金额和总体性（公益性和非公益性）慈善捐赠金额的变化情况。之所以选择这个时间节点作为数据比对的分水岭，在于考虑《企业所得税法》在变动前后产生的政策影响效果最为显著，对于政策效果的评估更加有效。

表6-2 2007~2009年外部因素变化对于企业慈善行为的影响

年份	企业慈善行为变化有无重大的外部影响因素	企业慈善行为的变化
2007	无	没有显著调整
2008	1. 政策因素:《企业所得税法》发布实施 2. 自然因素:汶川地震等重大自然灾害 3. 社会因素:社会舆论对于慈善事业推波助澜	存在显著调整
2009	无	没有显著调整

表6-2表明,2007年和2009年作为没有重大自然灾害和意外事故的正常年份,其间的企业慈善行为数据比对是能够作为量化研究数据依据的,而2008年由于汶川地震、《企业所得税法》修订后的实行以及社会舆论对于慈善捐赠的引导等来自政策、自然、社会诸多方面外部因素的影响和推动。就此年份而言,企业在慈善捐赠相比较其他正常年份有着显著调整,其在慈善意识、动机选择和捐赠额度等方面都有着某种不同于其他年份的特殊性,因而不能作为企业普遍性、常规性的慈善动机和行为来看待。由于企业在特殊年份的特殊慈善表现不具有代表性和整体性,因此将2008年的企业慈善行为数据排除在数据样本之外。

同时,根据民政部发布的社会捐赠数据,同样从侧面验证了慈善捐赠额度的变化与年度特殊事件的多少有直接联系。

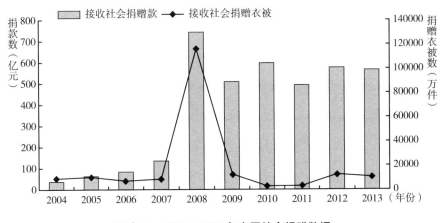

图6-1 2004~2013年中国社会捐赠数据

资料来源:民政部《2013年社会服务发展统计公报》,民政部网站,http://www.mca.gov.cn/article/zwgk/mzyw/201406/20140600654488.shtml,最后访问日期:2014年9月10日。

图 6-1 表明，在自然灾害频发或者重大灾难突发的年份，来自社会捐赠的数额会明显多于自然灾害或者意外事故相对正常的年份。2008 年属于自然灾害影响比较突出的年份，灾害造成的经济损失和社会危害相对更加严重，其社会捐赠明显异于其他年份，捐赠额度呈现出明显高于其他年份的态势。因此，为了保证数据来源的客观性和准确性，本研究将 2008 年上市公司年报数据剔除，而选取 2007 年和 2009 年的上市公司年报数据作为研究依据。

二 企业应交税费与企业慈善行为的相关性分析

（一）研究方法和分析流程

本研究旨在分析企业慈善行为的实施变化情况是否随着税费的变动而产生影响？若产生影响，影响的方向和程度是怎样的？因此，所选取的回归分析研究方法将企业慈善行为实施变化的情况量化为 2007 年和 2009 年企业慈善捐赠金额的差额（2009~2007 年所得的企业慈善捐赠金额差），将税费减免情况量化为 2007 年和 2009 年企业应交税费的差额（2009~2007 年所得的企业应交税费差）进行分析，其数据来源为 2007 年和 2009 年沪市主板上市公司年报披露的慈善捐赠数据，相关的分析流程是衡量变量间关系的强弱并用适当的统计指标表示出来的过程。通过计算相关系数 r 可以更加准确地描述变量之间的线性相关程度。二元等距变量间的相关可以通过皮尔逊积差相关法得到。企业应交税费差与企业慈善金额差的均值、标准差以及两个变量的相关系数 r，见表 6-3。

表 6-3 企业应交税费差（X）与企业慈善金额差（Y）的
Pearson 相关分析结果（$n=209$）

	均值 M	标准差 SD	企业应交税费差(X)	企业慈善行为金额差(Y)
企业应交税费差(X)	4848.123	106965.954	1	
企业慈善行为金额差（Y）	-274.054	2100.251	-0.488**	1

注：企业应交税费差及企业慈善金额差均以万元为单位，** 表示数据在 1% 的水平上显著。

由表6－3可知，企业应交税费差与企业慈善金额差的相关系数 r 为 -0.488，统计检验的相伴概率小于0.01，即企业应交税费差（X）与企业慈善金额差（Y）显著相关，且为负相关。

（二）分析结果

表6－3显示的分析结果表明，企业应交税费差与企业慈善行为金额差存在显著的负相关关系，为了进一步探讨两个变量间的关系，本研究将对变量间的关系进行回归分析。回归分析与相关分析的相异点在于：相关分析是考察变量间关系的密切程度，且变量 X 与变量 Y 处于平等的地位；而回归分析是考察数量变化规律，变量 X 是自变量，变量 Y 是因变量，所研究的是 Y 随着 X 的变化而产生的变化程度，通过样本数据，可以确定变量间的数量关系。

本研究在进行企业慈善金额差对企业应交税费差的回归分析时，将企业应交税费差作为自变量，将企业慈善金额差作为因变量建立回归方程。考虑到控制变量对因变量的影响，采用分层回归的方法。将政治身份、地区、企业应交税费差三个解释变量区分为两个阶段，首先将人口学变量政治身份、地区虚拟化（即引入0和1两个值的虚拟变量，该取值并无数量意义，仅用于说明性质和属性），将其作为第一层变量引入回归方程，再将自变量企业应交税费差作为第二层变量引入回归方程，考察解释变异量 R^2、解释变异增量 ΔR^2、统计检验量 F。企业慈善金额差对企业应交税费差的分层回归分析结果见表6－4。

表6－4　企业慈善金额差对企业应交税费差的分层回归分析结果（$n=209$）

模型	非标准回归系数 B	标准回归系数 Beta	t	R^2	ΔR^2	F
1（常量）	－24.955		－0.084			
D1（政治身份）	56.233	0.013	0.191	0.010	0.000	0.360
D2（地区）	－433.250	－0.099	－1.422			
2（常量）	45.278		0.173			
D1（政治身份）	－104.442	－0.025	－0.403			
D2（地区）	－325.905	－0.074	－1.220	0.244	0.233	0.000 ***
企业应交税费差（X）	－0.010	－0.486	－7.976 ***			

注：企业应交税费差及企业慈善金额差均以万元为单位，*** 表示数据在1‰的水平上显著。

由表 6 - 4 可知，模型 2 能够解释因变量 24.4% 的变异量，在模型 1 的基础上增加了 23.3%，达到显著性水平（$p < 0.001$），自变量的回归系数检验统计量 $t = -7.976$，相伴概率值 $p < 0.001$，得出模型 2 优于模型 1，加入自变量后能够有效改善模型。同时可以看出，模型 1 中政治身份、地区对企业慈善金额差的影响未达到显著性水平，在加入自变量企业应交税费差的模型 2 中，人口学变量的影响作用依然未达到显著性水平，由此可得人口学变量对因变量的影响并不显著。因此，在控制人口学变量的影响下，企业应交税费差对企业慈善捐赠金额差起到显著的负向预测作用，所建立的回归方程为：$Y = 45.278 - 0.01X - 104.442D1 - 325.905D2$。由此得出的研究结论是：可证明税费减免有利于促进企业慈善行为，企业应交税费与企业慈善行为之间存在显著的正相关性。

总之，企业应交税费作为企业所得税政策的重要变量表明所得税政策直接影响到中国企业慈善行为的变化。如果中国企业慈善行为激励措施涉及的企业应交税费条款符合或者接近企业慈善动机的意图，企业应交税费作为重要的政策内容就会促进企业展开慈善行动。由于样本数据包括公益性和非公益性两种捐赠行为，因而企业应交税费对于促进公益性和企业非公益性捐赠都应该是有效的。毕竟，样本数据的差异性分析显示企业非公益性捐赠在企业慈善捐赠总量中占据绝对份额，其贡献度大大超过企业公益性捐赠。这表明，企业应交税费这一激励政策内容不仅适用于企业公益性捐赠，而且适用于企业非公益性捐赠。

三　政府干预与企业慈善行为的相关性分析

长期以来，中国"政府办慈善"的理念在社会各阶层根深蒂固，政府主导慈善事业，政府干预企业慈善行为的现象屡见不鲜，而企业本身所具有的政治身份或者是慈善荣誉称号可使其获得社会公益形象。近年来，关于企业的政治身份与企业慈善捐赠行为之间的相关性研究受到学界的关注。

本研究从 2007 年和 2009 年沪市主板上市公司中分别选取有捐赠行为的 246 家和 268 家作为样本来源，经过差异性比较，其结果是：2007 年没有政治关系的公司捐赠金额为 65125.0 万元，占有捐赠公司金额的 46%；有政治关系的公司捐赠金额 75013.2 万元，占有捐赠公司总数的 54%，总计 140138.2 万元。2009 年没有政治关系的公司捐赠金额为 427513288 元，占有捐赠公司金额的49%；有政治关系的公司捐赠金额为444026169元，占有捐赠公司总数的51%，总计871539457元。数据显示，2007年，有政治关系的公司捐赠金额比没有政治关系的公司捐赠金额高8%，2009年，有政治关系的公司捐赠金额比没有政治关系的公司慈善捐赠金额仅仅高出2%。相比较2007年的数据，两者之间的差距大幅度缩小，显示政治关系对于慈善捐赠行为的影响力大大降低，几乎可以忽略不计。分析结果如表6－5所示。

表6－5 沪市主板上市公司的政治关系与其慈善捐赠金额比较

变量	2007年	2009年	增加或减少值
上市公司捐赠金额(元)	1401381979	871539457	－529842522
无政治关系的上市公司捐赠金额(元)	651249573	427513288	－223736285
无政治关系的上市公司捐赠金额所占比例(%)	46	49	3个百分点
有政治关系的上市公司捐赠金额(%)	750132406	444026169	－306106237
有政治关系的上市公司捐赠金额所占比例(%)	54	51	－3个百分点
2007年有政治关系比无政治关系的上市公司捐赠金额高出比例(%)			8
2009年有政治关系比无政治关系的上市公司捐赠金额高出比例(%)			2

总之，表6－5的数据表明，政治身份是对企业慈善行为有直接影响的外部因素。来自政府对企业慈善行为的显性或者隐性效果比2007年削弱了很多，这说明政府的影响比以往大大降低。

四 税收政策促进企业慈善行为的交互效应分析

（一）研究方法

关于企业所得税政策促进企业慈善行为的分析，拟采用的实证研究方法是线性回归分析法，主要研究"企业所得税政策"和"企业慈善行为"这两种要素之间是否存在某种数量关联，因而涉及的两种因素必须可以用数据进行量化。

1. 数据来源

通过梳理2009年沪市主板上市公司年报数据，从267家有捐赠行为的上

市公司中确定了符合分析条件的 206 家公司作为数据样本。之所以选取 2009
年的上市公司年报数据是基于 2008 年《企业所得税法》发布，企业公益性捐
赠享受的年度利润总额税收减免标准有了较大提升。通常来说，税收政策变动
前后是其影响最为突出的时间段，因此选择 2009 年上市公司的样本作为定量
研究数据来源。根据选定样本的数据处理，选择企业应交税费（$tpit$）、总资产
（ass）、税后收入（$tinc$）、利润总额（tpr）、纳税率（tri）和政治关系（plc）
六个关键指标作为自变量，并将企业捐赠总额（$giving$）作为因变量。

2. 选取数据模型

应交税费是税收政策对于企业经济行为最核心的影响因素，企业慈善行为
的实施与中国企业所得税政策有着直接而密切的联系。本研究根据数据样本和
拟分析的问题，尝试将企业所得税政策涉及的企业应交税费这一自变量作为数
据模型的关键变量。研究对企业慈善行为的促进效果，同时引入其他变量关于
企业慈善行为的相关影响，选取的数据模型如下：

$$\ln giving_i = \beta_0 + \beta_1 \ln tpit_i + \varepsilon_i$$

其中，$giving$ 表示 2009 年沪市主板选定的上市公司慈善捐赠金额，$tpit$ 表
示企业的应交税费。通过考察总资产、利润总额、纳税率和政治关系等其他变
量的影响，分析企业应交税费、总资产、税后收入、利润总额、纳税率和政治
关系六个自变量对于企业慈善总额作为因变量的干预。在引入自变量的基础
上，可以确定以下回归模型：

回归方程之一：

$$\ln giving_i = \beta_0 + \beta_1 \ln tpit_i + \varepsilon_i$$

通过分析 2009 年企业应交税费对企业慈善行为的影响，以此构建回归模
型之一。

回归方程之二：

$$\ln giving_i = \beta_0 + \beta_1 \ln tpit_i + \beta_2 \ln ass_i + \varepsilon_i$$

通过引入 2009 年上市公司总资产，分析企业在当年总资产的条件下，企
业的应交税费对企业慈善行为的影响，以此构建回归模型之二。

回归方程之三：

$$\ln giving_i = \beta_0 + \beta_1 \ln tpit_i + \beta_2 \ln ass_i + \beta_3 \ln tinc_i + \varepsilon_i$$

通过引入 2009 年上市公司税后收入，分析企业在当年总资产、税后收入的条件下，企业的应交税费对企业慈善行为的影响，以此构建回归模型之三。

回归方程之四：

$$\ln giving_i = \beta_0 + \beta_1 \ln tp_i t_i + \beta_2 \ln ass_i + \beta_3 \ln tinc_i + \beta_4 \ln tpr_i + \varepsilon_i$$

通过引入 2009 年上市公司利润总额，分析企业在当年总资产、税后收入、利润总额的条件下，企业的应交税费对企业慈善行为的影响，以此构建回归模型之四。

回归方程之五：

$$\ln giving_i = \beta_0 + \beta_1 \ln tpit_i + \beta_2 \ln ass_i + \beta_3 \ln tinc_i + \beta_4 \ln tpr_i + \beta_5 \ln tri_i + \varepsilon_i$$

通过引入 2009 年上市公司的纳税率，分析企业在当年总资产、税后收入、利润总额和纳税率的条件下，企业应交税费对企业慈善行为的影响，以此构建回归模型之五。

回归方程之六：

$$\ln giving_i = \beta_0 + \beta_1 \ln tpit_i + \beta_2 \ln ass_i + \beta_3 \ln tinc_i + \beta_4 \ln tpr_i + \beta_5 \ln tri_i + \beta_6 \ln plc_i + \varepsilon_i$$

通过引入 2009 年上市公司的政治关系作为虚拟变量，即，如果企业有政治关系 $plc = 1$，否则为 0，则分析企业在当年总资产、税后收入、利润总额、纳税率和政治关系的条件下，企业的应交税费对企业慈善行为的影响，以此构建回归模型之六。

（二）分析流程

1. 确定数据样本

根据研究需要，本研究选取 2009 年沪市主板上市公司作为样本来源，并根据以下标准选择符合要求的公司样本：控股人没有发生变化，有捐赠金额、营业收入、应交税费和利润总额为正数等。在此基础上，将 2009 年沪市主板上市公司年报数据输入电子数据库，经过数据筛选和比对，确定了 206 家符合实证研究要求的上市公司作为数据样本，其样本数量和数据内容均符达到量化分析的要求。

2. 选取样本变量

通过将数据缺失或不全的上市公司予以识别并剔除，剩余 206 家沪市上市公司作为大样本数据（远超过 30 个），所以样本变量达标。在研究样本中，

选取的自变量是应交税费、总资产、税后收入、利润总额和政治关系，其中政
治关系作为虚拟变量；因变量是企业慈善行为。经过数据分析，确定营业收
入、应交税费、纳税率变动值为自变量，捐赠金额、捐赠额变动值为因变量。

3. 确定分析结果

通过借助 SPSS 数据处理软件，将选取的变量代入线性回归模型，得出了
如表 6-6 所示的回归结果。

表 6-6　初步的回归分析结果

自变量	回归方程 1	回归方程 2	回归方程 3	回归方程 4	回归方程 5	回归方程 6
tpit	0.54975	0.2167	0.2011 △	0.12169	−6.1743	−5.3739
ass		0.4878 ***	0.3779 *	0.18635	0.2624	0.2028
tinc			0.1521	0.16641	6.2799	5.4797
tpr				0.14400 *	0.3325 *	0.3125 *
tri					6.3946	5.5623
plc						1.1359 ***
constant	3.97124	1.7056 **	1.6178 *	2.24327 **	2.9142 ***	2.3481 **
R^2	0.221	0.271	0.2742	0.2938	0.3017	0.3602
adjusted R^2	0.2171	0.264	0.2635	0.2798	0.2842	0.3409
Prob > F	1.015e−12	1.13e−14	5.254e−14	2.001e−14	3.349e−14	< 2.2e−16

注：*** 表示数据在 1‰水平上显著；** 表示数据在 1% 水平上显著；* 表示数据在 5% 水平上
显著；△ 表示数据在 10% 水平上显著；显著性水平数值越小，表示显著性越强。

由表 6-6 的回归结果可知。

第一，企业的应交税费在六个回归方程中对企业慈善总额有 4 个回归方程
呈现正相关性，有 2 个回归方程呈现负相关性，回归结果显示该变量对于企业
慈善总额的显著性均不明显。

第二，企业的总资产在五个回归方程中对企业慈善总额均呈现正相关性，
其中在两个回归方程中（回归方程 2 和回归方程 3）显著性突出。

第三，企业的税后收入作为自变量在四个方程中对企业慈善总额均呈现正
相关性，但是回归结果显著性不明显。

第四，企业的利润总额在三个回归方程中对企业慈善总额均呈现正相关，
并且其回归结果的显著性明显，这表明企业盈利越好，利润越高，其参与慈善
捐赠的动机和愿望越强烈。

第五，企业纳税率对企业慈善捐赠总额呈现正相关性，但是回归结果不

显著。

第六，企业政治关系对企业慈善捐赠总额有正相关性，回归结果显著性突出，这说明具有政治关系、政治身份或慈善荣誉称号等特殊政企关联的企业往往更愿意从事慈善捐赠。

综合评价：上述六个回归方程的决定系数（或可决系数）和调整后的可决系数均不显著，说明这六个回归方程的解释能力欠佳，还需要做进一步的回归分析。

基于以上分析和多次数据计算，本研究发现，中国税收政策的某些关键变量对企业慈善总额的影响存在交互效应。因此，本研究利用"向前逐步回归法"对各变量及其"二阶交互效应"进行了变量选择，以进一步确定对企业慈善行为总额具有重要性的影响因素。经过数据处理和计算，确定应交税费、总资产、税后收入、纳税率和政治关系等五个影响因素作为自变量，最终构建了如下的交互效应模型：

$$\ln giving_i = \beta_0 + \beta_1 \ln tpit_i + \beta_2 \ln ass_i + \beta_3 \ln tinc_i + \beta_4 \ln tri_i + \beta_5 \ln plc_i + \beta_6 \ln tpit_i \times \ln ass_i + \beta_7 \ln tpit_i \times \ln tinc_i + \beta_8 \ln tinc_i \times \ln ass_i + \beta_9 \ln tri_i \times \ln ass_i + \beta_{10} \ln tri_i \times \ln plc_i + \varepsilon_i$$

因此，通过借助 SPSS 数据处理软件，将选取的变量导入线性回归模型，得出了如表 6 - 7 所示的回归结果。

表 6 - 7　进一步的回归分析结果

参数	估计	标准差	T 值	P 值	显著性
常数项	5.08846	2.14967	2.367	0.01891	*
$\ln tpit$	- 31.4056	10.26549	- 3.059	0.00253	***
$\ln ass$	- 0.92567	0.54709	- 1.692	0.09224	△
$\ln tinc$	30.80220	10.24392	3.007	0.00299	***
$\ln tri$	31.28434	10.51089	2.976	0.00329	***
plc	1.17827	0.26034	4.526	1.04e - 05	***
$\ln tpit \times \ln ass$	8.54447	2.85359	2.994	0.00311	***
$\ln tpit \times \ln tinc$	0.26062	0.09964	2.616	0.00960	***
$\ln tinc \times \ln ass$	- 8.49645	2.87409	- 2.956	0.00350	***
$\ln tri \times \ln ass$	- 8.70370	2.94041	- 2.960	0.00346	***
$\ln tri \times \ln tplc$	- 0.20295	0.07083	- 2.865	0.00462	***

$R^2 = 0.4004$，$adjusted\ R^2 = 0.3738$，$p - value < 2.2e - 16$

注：*** 表示数据在 1‰ 水平上显著；** 表示数据在 1% 水平上显著；* 表示数据在 5% 水平上显著；△ 表示数据在 10% 水平上显著；显著性水平数值越小，表示显著性越强。

表6-7的进一步回归结果显示，所选出的自变量及二阶交互效应均在显著性水平0.05上显著，除了总资产变量，其他变量均呈现显著性回归结果。同时，可决系数和调整后的可决系数相对以上六个无交互效应的回归方程都有所提高，说明所研究的问题存在交互效应。

（三）分析结果

由此可见的分析结果是：

第一，应缴税费系数为负，其显示的-31.4056数值表明回归结果符合预期研究目的，这说明给定其他因素，企业所交税费越高，其捐赠金额越小，回归结果的显著性明显，表明中国的税收政策能够促进企业的慈善。即当税收政策减少企业税收费用或给予企业慈善行为以税费减免待遇时，有助于促进企业的慈善。

第二，总资产系数为负，这说明给定其他因素，企业总资产越大，其捐赠金额越小，所得的回归结果显著性不明显。

第三，税后收入系数为正，这说明给定其他因素，企业税后收入越高，其捐赠意愿、动机和行为越强烈。这说明税收政策在降低企业慈善纳税负担的同时增加了企业的税后收入，并且表明企业应交税费等其他因素会影响到企业慈善金额。

第四，纳税率系数为正，其显示的31.28434数值表明回归结果符合预期研究目的。说明在给定其他因素的前提下，企业的纳税率越高，其捐赠就越多（当然，这还需要从政策方面进一步解释）。回归结果的显著性明显，表明税收政策能够促进企业的慈善。

第五，从各交互效应来看，相应的交互因素对企业慈善总额产生了显著的合力作用。其中，企业应交税费和总资产两个自变量形成的交互效应为正相关性，其显示的0.00311数值表明回归结果显著性明显，符合预期研究目的，这说明二者共同对企业慈善行为具有推动作用。企业应交税费和税后收入两个自变量形成的交互效应为正相关性，其显示的0.00960数值表明回归结果显著，符合预期的研究目的，这同样说明二者共同对企业慈善行为具有推动作用。

第六，根据选取的沪市主板上市公司年报数据的企业慈善数据显示，企业慈善行为主体为企业非公益性捐赠行为。同时，回归分析结果表明，企业税收优惠政策对于非公益性捐赠动机和行为具有显著的激励效应。

因此，研究结论是：税收政策涉及企业应交税费、税后收入和纳税率等自变量及相关变量产生的交互效应会显著影响企业慈善行为，因而其政策效应能够促进企业捐赠行为发展。尽管《慈善法》和新修订的《企业所得税法》对于企业慈善有了新的政策支持和优惠举措，但是激励政策对于企业非公益性捐赠行为并没有给予激励驱动的相关对策，因此本结论在新政策环境下依然具有显著的信度和效度。

总之，税收政策能够有效促进企业慈善行为发展，其应交税费、税后收入和纳税率等自变量及相关变量产生的交互效应不仅促进了企业公益性捐赠，而且促进了企业非公益性捐赠。同时，考虑到样本数据中企业非公益性捐赠总量远超过企业公益性捐赠总量，其捐赠份额占有绝对优势。因此，分析结果不仅对于公益性捐赠有效，而且对于企业非公益性捐赠同样有效。这意味着税收政策作为激励措施在引导企业非公益性捐赠方面具有显著的适用性和有效性。

第二节　特许经营制度作为激励工具的可行性与适用性分析

一　特许经营制度作为激励工具的可行性分析

就企业慈善行为而言，尚无国内外学者系统地从特许经营的视角探讨企业慈善行为激励的可行性。2013 年 9 月 26 日，国务院办公厅印发《关于政府向社会力量购买服务的指导意见》指出，教育、就业、社保等基本公共服务领域要逐步加大政府向社会力量购买服务的力度，凡是适合社会力量承担的政府项目，都可以通过委托、承包、采购等方式交给社会来参与。根据该文件精神，政府通过特许经营等方式经过招投标机制授权企业等社会力量参与慈善项目产品和服务的提供是符合国家的政策导向和方针指引的，这是特许经营制度能够作为激励措施来促进企业慈善行为的有力政策依据。目前，特许经营制度在中国慈善事业中仍处于试行阶段，仅有在政府主导的少数关键或大型慈善项目中开始实施。

近年来，中国在希望工程、扶贫救灾等大型慈善项目中均不同程度地存在以特许经营制度形式出现的激励性措施，并发挥了政府引导和激励效应。就突发性灾害事件的灾后救助而言，政府可以尝试根据企业慈善贡献度和捐赠表现以特许经营权的方式授权部分慈善企业参与慈善项目，即将灾后重建规划和实施方案择优选取若干有实力、有爱心的优质慈善企业参与重建项目招投标。通过招标机制确定若干家企业获得重建资格，参与灾区建设。在国家或区域层面，当由政府主导的大型慈善项目运作时，特许经营制度能够确保慈善产品和服务的品质和效率，同时有助于激励更多的企业参与慈善捐赠。特许经营制度作为引导中国企业慈善行为的激励措施，其优势是不可忽视的：一方面可以借助招投标方式树立企业的标杆形象，激励企业积极参与慈善捐赠，这种特殊形式的项目建设是对慈善企业的某种利益回报；另一方面，政府将本应由其负责的慈善项目以特许投标的形式外包给有资质、有能力、有爱心的慈善企业。

总之，特许经营制度作为企业慈善领域的市场化举措可以有效降低政府救助成本，提高慈善项目建设效率，政府负责监管项目进度和效果是鼓励企业慈善行为的有效措施，在树立慈善企业标杆形象的同时，也能给予相关企业以合理的回报。

二　特许经营制度作为激励工具的适用性分析

从慈善捐赠现状来看：政府给予企业慈善行为以特许经营的假设前提在于：企业慈善行为以非公益性动机为起点，公益性动机和行为明显不足。换句话说，特许经营制度可以作为引导企业非公益性捐赠行为的激励工具推动企业慈善事业的发展，企业通过特许经营制度获得政府许可的各类资源和利益回报，进而参与慈善捐赠。因此，特许经营制度对于政府与企业而言，是一种互惠互利的有效激励工具。政府能够从企业获得慈善项目需要的资源；企业能借此机会利用自身的资金、技术、人力和设备优势参与慈善项目，获得有助于企业发展的政策支持或利益回馈。

因此，在参与慈善项目过程中，由于缺乏严格的准入标准和企业资质、能力和信用评估体系，部分慈善项目提供的产品和服务无法达到慈善企业预期的目的和要求。如果政府能够通过一套规范、健全的慈善项目产品和服务供给审核机制，在一定地域和范围内选择若干家具有示范性的知名慈善企业竞争招标或者是项目评估，给予符合标准的企业以相应的慈善项目、产品和服务以经营权利。一方面，可以有效激励慈善企业参与慈善捐赠，从而扩大企业慈善行为的社会影响；另一方面，特许经营制度能够对于其他企业的捐赠行为起到示范作用，逐步实现慈善项目的合理、规范、透明和有效。

总之，就企业慈善行为现状而言，特许经营制度适合作为一种激励工具。

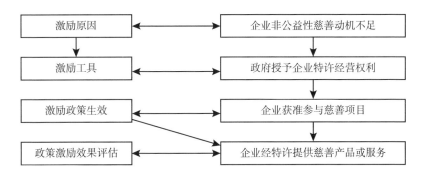

图 6 – 2　特许经营激励工具模型

比如，重大事件救灾安排，政府可以将灾后重建规划和实施方案根据企业参与慈善活动的贡献度和捐赠表现择优选取若干有实力、有爱心的优质慈善企业参与慈善重建项目的招投标环节，通过招标特许机制确定 1～2 家企业的灾区重建资格，参与负责灾区建设。一方面，特许经营制度可以借助招投标方式树立企业的社会慈善标杆形象；另一方面，政府将部分慈善项目以特许经营的形式外包给有资质、有责任、有能力和有爱心的慈善企业。市场化举措可以有效降低政府救助成本，提高慈善项目的建设效率。

三　特许经营制度引导企业非公益性捐赠行为的探索：个案研究

本研究选取了"九阳希望厨房计划"和国家"学生饮用奶计划"这两个具有良好慈善社会效果和重要影响力的国内企业计划。通过个案研究探索特许经营作为激励工具引导企业非公益性捐赠行为具有的适用性。

（一）个案研究

［个案 1］"九阳希望厨房计划"

2012 年 4 月 9 日，由民政部主办的中国慈善领域最高政府奖——第七届"中华慈善奖"在北京揭晓，对 2011 年度在中国慈善事业中做出较大贡献的个人、企业和项目进行表彰。其中，广受社会关注的学生营养问题民间探索的代表："希望厨房"等项目荣获"最具影响力慈善项目"大奖。

背景：

据中国青少年发展基金会秘书长涂猛介绍，早在 2005 年，青基会对全国 1 万多所希望小学的大规模调研发现，有食堂的仅占 50%，且绝大多数只能提供热饭的锅灶，严格意义上的合格厨房几乎不到 5%。

中国青少年发展基金会的调查显示：在"九阳希望基金"成立之前，全国有 3000 多万名的农村寄宿制中小学生，其中 75% 以上集中在西部贫困地区，而农村孩子中每 5 个人就有 1 人存在营养不良的状况。而且，贫困地区中小学普遍存在食堂硬件设施缺乏、卫生状况差、管理水平低的问题，无法满足正在发育的青少年成长的需要。其中，学校厨房条件差甚至无厨房是学校伙食差甚至无伙食的主因。

在这样的情况下，2010 年，"希望厨房"项目得到了最大一笔捐方的承诺捐款——10 年间，不少于 5000 万元，这笔资金来自九阳公司。在众多的小家电企业中，九阳给消费者的品牌联想只有两个字——健康，这也正符合中国青少年发展基金会的标准。

选择"希望厨房"这么重要的项目合作伙伴，中国青少年发展基金的审核过程是相当严格的。中国青少年发展基金会联手九阳公司等爱心企业在全国范围内发起实施全新的公益活动："希望厨房"。项目旨在通过为中西部贫困地区学校提供标准化的厨房设备，改善农村学校厨房现状，促进学校建设和改造标准化、符合国家食品卫生最基本要求的学校厨房和食堂。让老师和孩子们有一个干净卫生、安全健康的就餐环境，并为孩子们改善营养状况、提高中国下一代的国民身体素质。与此同时，九阳公司上市后，专门设立了"九阳慈善教育基金"，向山东慈善总会捐献 2000 万元教育基金，期望帮助贫困学生完成学业。

过程：

为了扩大九阳公司的慈善范围，该公司与中国青少年发展基金会合作尝试在希望工程的基础上开展"希望厨房"慈善项目，其主要捐赠包括豆浆机、蒸饭车、开水器、消毒柜、冰箱等用于存储、加工、烹饪、消毒的现代化厨房设备，并向学生、家长、教师和食堂供餐人员开展卫生营养健康教育活动。

从 2009 年开始，青基会动员社会力量帮助农村学校配备标准化厨房，先解决"有锅下米"的问题。2010 年 6 月 20 日，青基会和九阳股份有限公司共同发起了全新的公益项目"九阳希望厨房"。后者承诺 10 年内资助至少 5000 万元，为中西部贫困地区学校捐建 1000 所希望厨房。

2012 年 4 月 9 日，由民政部主办的中国慈善领域最高政府奖——第七届"中华慈善奖"在北京揭晓，"希望厨房"项目荣获"最具影响力慈善项目"

大奖。根据新浪公益的消息来源，截止到 2012 年，在遍布全国 20 个省份的 379 个"希望厨房"中，有 2/3 的学校厨房由九阳股份有限公司捐赠和援建。

作为"希望厨房"的第一批倡导者和最大的捐助方，九阳公司从 2009 年开始关注农村学生营养问题并着手接洽中国青少年发展基金会，并于 2010 年和中国青少年发展基金会设立"九阳希望基金"，计划 10 年内捐赠不少于 5000 万元，专项用于为贫困学校援建"九阳希望厨房"。九阳公司希望这个项目能做好 6 件实事，他们称之为"六个一"工程：让孩子们吃上一碗热饭、喝上一杯干净水、补充一杯营养豆浆、有一套干净的餐具、上一堂卫生健康趣味课、培养一个坐下来吃饭的习惯。"核心就是为贫困学校建立供餐体系提供最基本的保障。"

统计显示，"九阳希望厨房"设立三年来，已经在山东、青海、云南、内蒙古、新疆、湖南、广西等 10 个省（自治区）建成和在建 221 所，惠及农村学生逾 10 万人。广西有 37 所，其中马山 23 所，从林圩镇新华小学的变化来看，它基本实现了希望厨房的预期目标。截至 2013 年 4 月，已经在全国建成了 321 所"九阳希望厨房"，16.5 万名学生因此受益。

2011 年 10 月，在广西马山县展开"马山实践"，发动地方政府的主导力量，介绍农村学校供餐的多方合力模式："政府主导、企业支持、媒体推动、群众参与、社会监督。"

2012 年 10 月，在由中国青少年发展基金会和中国疾控中心联合举办的"中国农村学校厨房建设研讨会"上，报告项目实践经验，得到与会卫生、健康、营养等领域专家认可。2013 年 3 月，"九阳希望厨房信息化数据"平台进入开发阶段。2013 年 5 月，发布"九阳希望厨房"三周年实践报告。

除了项目最大的合作伙伴九阳公司外，全国还有多家爱心企业纷纷参与，包括卡夫食品、广发银行、统一集团、平安集团、俏江南等大陆及港台地区知名慈善企业。根据最新的统计数据，该项目实施 5 年来，中国青少年发展基金会携手省级青少年发展基金会及九阳、平安、卡夫等爱心企业建设了 2850 个"希望厨房"，其中近 500 所由九阳股份有限公司捐赠和援建。仅就九阳公司来看，已在全国 20 个省区建成 493 所"九阳希望厨房"，超过 24 万个孩子直接受益。

"九阳希望厨房"的典型代表——马山模式具有较强的现实意义。地方政府出资改造学校厨房基础设施、爱心企业捐助整套标准化厨房设备、中央财政补贴学生营养费、公益组织追加伙食标准、教师或家长轮值做厨、媒体和网友进行引导监督……从 2011 年开始在国家级贫困县广西马山试点的多方合力改善农村学童营养已经初见成效，有学者将其称为官民互动的"马山模式"。九阳希望厨房个案中的"马山模式"体现出政府、企业与非政府组织相互协作的成功结果和示范价值：政府主导本地区慈善项目的设计与实施，并提供必要基础性设施，以中国希望工程基金会为主体设立的"九阳慈善基金会"负责慈善项目的申请、评估、论证和选定。

结果：

中国青少年发展基金会秘书长涂猛认为，"希望厨房"改变了贫困地区学校"有米无锅"的现状，已具备全国复制的可能性。

个案分析：

"九阳希望厨房"项目是以公益性慈善基金会为责任主体、以各地方政府为主导机构、慈善企业通过考评获得慈善资源供给资格的特许经营个案。在此个案中，政府扮演项目实施的主导角色，根据该项目的宗旨，凡是加入行动方案的学校，必须先获得当地政府的支持与物质设施的投入作为项目执行的配套保障。中国青少年发展基金会作为具有官方背景的国家级公益性慈善组织，是全国性官办公益基金会，负责协调与领导整个项目的策划、运作，从而保障慈善项目推广的权威性、规范性、透明度；九阳集团公司作为国内知名的厨具品牌和产品供应商，其品牌声誉、市场口碑和产品质量已经过多年的使用检验，该公司加入项目合作，确保了厨房设备品质的可靠性，并且承担整个项目的厨具供应，包括该公司提供大部分厨具设备。

"九阳希望厨房"项目是政府、公益慈善组织和企业合作的公益性慈善项目。九阳公司计划根据每一座援建学校的规格配置相应的厨房设施。大型学校统一配备不锈钢碗筷、消毒柜，确保饮食卫生；冰箱、储物柜到位，以便合理摆放食材。为缺水的西部地区学校安装太阳能热水设备，解决孩子们的饮水清洁问题，每所厨房的标准配置是 3 万元。除提供基本配置外，九阳公司还特别准备 2 万元经费用于后期维护、设备运送等事宜。① 在此过程中，借助九阳公司在厨房电器领域的专业经验，公司派出了资深技术专家，参与"九阳希望厨房"项目的设备方案设计与整合。九阳集团公司作为项目发起人之一，不

① 李勇、王玉洁：《九阳吹响"希望厨房"集结号》，《现代企业教育》2010 年第 19 期。

仅捐赠巨资支持项目实施，同时享有"项目厨具设备供应"特许经营资格，相关企业获得该慈善项目的资金、设备等慈善资源的特许提供资格，负责组织、引导本企业或者其他企业共同参与"九阳希望厨房"慈善项目运作。如图6-3所示。

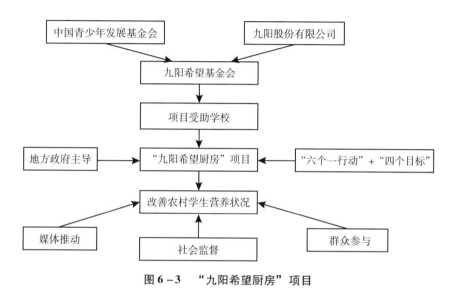

图6-3　"九阳希望厨房"项目

因此，如"九阳希望厨房"项目的个案数据显示，在遍布全国20个省份的379个"希望厨房"中，2/3的学校厨房由九阳股份有限公司捐赠和援建。九阳公司不仅提供资金，而且承担主要的厨具供应，这是企业将慈善捐赠与其自身经营优势和品牌声誉有机结合的战略性慈善规划，是企业在该慈善项目中获得特许经营资格的必然结果。因此，这是典型的特许经营慈善项目，即政府主导、企业支持、媒体推动、群众参与和社会监督的慈善项目，达到了预期目的。

总之，九阳股份有限公司作为该项目的联合发起人，在"九阳希望厨房"项目中嵌入公司品牌，这意味着九阳公司作为合作伙伴所具备的特许经营资格。

[个案2] 国家"学生饮用奶计划"

背景：

据不完全统计，世界上已有60多个国家启动了学生饮用奶计划。根据农业部、教育部、卫生部等七部委联合发布的《关于实施国家"学生饮用奶计划"的通知》的文件精神，在政府引导、政策扶持和行业协会（中国奶业协会）的组织下，通过专项计划以低于市场价格向在校中小学生提供由定点企业按照国家标准生产、地方政府给予财政补贴的饮用奶，即"学生饮用奶计划"。

此计划是政府主导下的公益性行为，各行政部门不得从此项计划中牟取经济利益，通过招投标选择部分市场信誉良好的大型乳品公司作为奶源和奶制品定点企业，实行有限的市场竞争，项目试点学校可以从这些定点企业中通过招标方式自主选择物美价廉的供货单位。

过程：

2000年4月12日，国家"学生饮用奶计划"部际协调小组第一次会议在农业部召开，会议正式宣布国家"学生饮用奶计划"部际协调小组成立。原则通过了《关于实施"学生饮用奶计划"的通知》、《国家"学生饮用奶计划"暂行管理办法》与《国家"学生饮用奶计划"实施方案》。

2000年11月15日农业部、中宣部、国家发展计划委员会、教育部、卫生部、财政部、国家质量技术监督局、国家轻工业局和国家食物与营养咨询委员会在人民大会堂联合召开实施国家"学生饮用奶计划"新闻发布会，宣布国家"学生饮用奶计划"正式启动。

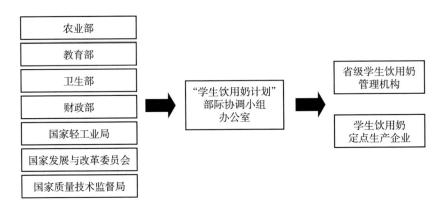

图6-4 "国家学生饮用奶计划"的组织结构

2001年1月5日，农业部、教育部、国家质量技术监督局、国家轻工业局联合发出《关于印发〈学生饮用奶定点生产企业申报认定暂行办法〉的通知》。4月5日，由相关专业的著名专家组成的"学生饮用奶计划"专家委员会成立，对第一批申报的学生饮用奶定点企业进行了评审。5月18日，北京三元食品股份有限公司等 7 家企业成为首批学生饮用奶定点生产企业。

现阶段，政府授权中国乳品行业的权威性非政府组织——中国奶业协会负责"学生饮用奶计划"的推广与管理，各地政府主管部门确定负责承担"学生饮用奶计划"工作的机构负责本辖区的推广工作，地方政府提供资金补贴保证学生饮用奶的价格低于同品种、同规格的市场价格，中小学校负责本校学生饮奶营养健康知识教育及学生饮用奶计划的实施工作。鼓励和支持乳制品生产企业履行社会责任，参与"学生饮用奶计划"的推广。为"学生饮用奶计划"提供优质奶源和合格、健康的乳制品，拓展学生饮用奶计划实施的学校和学生数量。

结果：

目前，已经有包括蒙牛、伊利、光明、卫岗等国内知名乳业公司在内的近 50 家乳业公司成为该计划的参与企业。

个案分析：

国家"学生饮用奶计划"是由农业部、教育部等国家四部委牵头，中国奶业协会负责项目管理的全国性中小学在校生饮用奶计划。

首先，相比较其他针对中小学生的社会公益活动，此项目的特色在于由政府主导、非政府组织负责具体运作。其计划的特殊之处在于通过特许招标制度允许部分乳业公司提供符合国家标准的饮用奶，由计划实施者以低于同类产品的市场价格出售给项目试点学校的在校生，差额部分则由地方政府给予补贴，文件明确规定各级参与计划的政府部门不得从中牟利。"学生饮用奶计划"通过组织招投标等程序在计划的各个试点区域授权一批声誉高、品质好、有口碑的品牌乳业公司参与到计划中，作为定点生产企业负责向试点学校分别供应饮用奶。定点企业意味着定点采购，通常是指采购机构通过招投标等方式，综合考虑产品质量、价格和售后服务等因素，择优确定一家或几家定点供应商，同定点供应商签署定点采购协议，由定点供应商根据协议在定点期限内提供有关产品。据此可知，定点生产企业属于特许经营的性质，在政府采购过程中，尤其是在通用设备的采购和服务采购上，定点采购的方式非常广泛。企业在参与该计划的同时，还加入了计划涉及的公益活动，这在某种程度上属于企业慈善行为。

其次，从政府角度来看，授权经过资质审核的乳业公司加入"学生饮用奶计划"，意味着乳业公司获得了某个区域内学生饮用奶的特许经营资格。根据国家"学生饮用奶计划"的实施方案,这是一种"有限的市场竞争",即学生饮用奶的供给方通过一定的市场竞争和招投标程序之后录入饮用奶的企业名册,获得在局部区域内的部分学校独家经营和垄断性供给的权利,属于排他性的特许经营性质,而计划参与学校应在定点企业中通过公开招标的方式自主选择质优价廉的供货单位。

迄今为止,全国有数十家乳业公司被授权为"学生饮用奶计划"的所有试点学校提供合格、健康、低价的饮用奶,该项计划获得了圆满的成功和社会各界的好评,并且在全国范围内持续进行推广,有更多的乳业公司通过竞争加入该计划,获得特许经营资格和参与公益性服务的机会。在中国慈善事业民营化和市场化的趋势下,政府出面主导的国家"学生饮用奶计划"采取定点企业供应模式反映了政府对于市场经济行为的干预色彩。企业慈善行为虽然作为慈善事业的组成部分属于政府公共事业的重要构成,但无论是在西方国家还是中国,特许经营制度仍然主要被用于公用等政府承担和主导的社会公益事业中,而很少被应用于慈善事业。

最后,国家"学生饮用奶计划"引入特许经营制度并参与该项计划的推行,满足了两个基本条件:一是作为一种政府行为,其方式带有行政权威性。这从教育部、国家发改委和农业部等七部委联合发文作为项目推广的政策依据可以得知。二是该项目带有一定的慈善性质。政府作为项目主导者,中国奶业协会作为项目推广方不得从中获得额外的经济利益。相关文件中指出,参与计划的地方政府不得从中获益,项目组要以低于同类产品市场销售的价格供应给受助对象,地方政府要补贴企业的销售成本,反映出该计划是一项带有慈善性质的、政府主导下的社会公益项目。事实证明,定点企业享有的特许经营制度在计划实施中是成功的,既保证了饮用奶的质量,又使受助对象以低于市场价格享受到健康、营养、可靠的奶制品。因此,该项目的操作方式带有社会公益性质,旨在保障项目试点学校在校生通过饮用奶获得健康保证。

总之,"九阳希望厨房"项目和"学生饮用奶"计划从影响力、可操作性和实施效果等诸多方面表明,特许经营制度在某种程度上可以成为引导中国企业非公益性捐赠行为的适用性政策激励工具,因而可以作为一种经济性激励手段跨界应用于慈善事业领域(属于社会性激励)的激励选择,具有显著的示范意义和探索价值。

(二) 个案小结

总之，特许经营制度作为企业非公益性捐赠行为的激励工具应有若干前提条件。

第一，必须是政府主导下的慈善或公益项目。只有在这类项目中借助激励政策的权威性和合法性才能有效推进，特许经营制度作为激励手段才能有机会被引入项目中。

第二，慈善项目中政府、非政府组织和企业的角色分工必须明确。政府主导、非政府组织运作和企业参与缺一不可，为了保证项目运作的规范性、有效性和透明度，非政府组织负责运作是理想的管理模式，特许经营制度是政府用以规范项目慈善效果的有力制度保障，企业参与慈善项目的动力与此有直接关系。

第三，特许经营制度应根据具体项目、特定情形因人而异，不是所有的慈善项目或服务都适合采纳，具有通用性、普遍性和可复制等特色的慈善产品和服务通常适宜引入特许经营制度作为激励措施，而部分小众、特殊或者微量的特殊慈善产品或服务从特许经营的角度来看，可能缺乏激励效率和激励力度。

四　特许经营制度激励企业非公益性捐赠行为存在的问题

尽管特许经营制度可以作为中国企业非公益性捐赠行为的适用性激励工具加以探索，但是迄今为止在企业慈善行为领域还没有经过广泛的数据验证，其推广应用还需要通过更多的个案检验。同时，特许经营制度还存在一些内在的缺陷，例如，特许权合同不能对产品质量进行确定；特许权合同签订之后，中标者不会一直履行合同的承诺。一旦中标者获得特许经营权在一段时间内供应市场，相对于潜在竞争者具有信息优势，可能存在道德风险问题等。[①] 概括来说有以下几个问题。

第一，现有的特许经营权招投标机制带有一定的隐蔽性和暗箱操作特点，很难严格限定企业提供产品或服务的质量和规格，各地政府尚没有建立统一、完善、有效的监督机制和招标程序来确保慈善项目所需各种产品和服务的品质和有效性，可能会在项目实施过程中出现不可预测的后果或影响。

第二，中标企业在获得慈善项目或服务的初期阶段，为了保持企业的地位和形象，一般会慎重对待合同的履行和产品质量的保障，以便取得项目方的信

---

① 赵卓、肖利平：《激励工具理论与实践研究新进展》，《学术交流》2010 年第 4 期。

任和认可，从而赢得长期的特许经营资格或者是稳定的供应合同。一旦目的达到之后，企业有可能会逐渐降低产品或服务的质量、规格、供货期等，即各种违反合同承诺的违法违规行为逐渐显现。

第三，在企业非公益性捐赠领域应用特许经营制度存在不确定性因素和未可预知的风险。其关键问题在于可能隐藏的道德风险。当企业获得特许经营资格之后，能否按照其与委托方达成的约定如实履行责任和义务是需要考量和监管的。

第四，特许经营制度是在一定程度和范围内的垄断行为制度化体现，与企业慈善行为的市场化路径是相背离的。这是少数企业在从事捐赠活动时获得政府授权的制度倾斜和政策支持，不符合建设公开、透明的企业慈善行为竞争环境的要求。因此，政府和企业应该关注到：特许经营制度作为激励工具能否在特许经营与市场竞争之间实现合作共赢，政府是否会干预和影响企业慈善行为的市场化、自主化趋势。

第三节　企业非公益性捐赠行为激励的
实证检验与理论演绎

一　税收政策引导企业非公益性捐赠行为的实证检验

前文研究表明，税收政策作为公益性激励工具具备有效性。2007 年和 2009 年沪市主板上市公司的捐赠数据显示：就企业公益性捐赠行为而言，2007 年沪市主板有慈善捐赠的上市公司 246 家，其中，75 家上市公司有公益性捐赠，占慈善内捐赠公司总数的 30%；2009 年，沪市主板样本中有慈善捐赠的上市公司共计 268 家，其中，36 家上市公司有企业公益性捐赠，占捐赠公司总数的 13%。2007 年沪市主板上市公司公益性捐赠金额为 123662975 元，占上市公司捐赠总额的 8.8%；2009 年沪市主板上市公司公益性捐赠金额为 124211670 元，占上市公司捐赠总额的 9.3%。显然，无论是从捐赠公司数量还是捐赠金额的角度来看，公益性慈善捐赠在企业慈善总量中均属于绝对弱势地位。2009 年上市公司捐赠的比例相较于 2007 年增加了 0.5 个百分点，但是有公益性捐赠的公司数量却比 2007 年减少了 39 家，所占比例则减少 17 个百分点。2007 年，有捐赠的上市公司 246 家。其中，非公益性捐赠的公司数量为 169 家，占捐赠公司总数的 69%；非公益性捐赠金额为 1266350985 元，占公司慈善捐赠总额的 90.3%。非公益性捐赠公司在数量和金额方面均处于明显的领先地位。2009 年，沪市主板样本数据中有慈善捐赠的上市公司共计 269 家。其中，以经济理性动机从事非公益性捐赠的公司有 224 家，占捐赠公司总数的 83%，比 2007 年增加了 55 家，处于绝对优势。同时，选取的上市公司捐赠金额总计是 1328561849 元。其中，非公益性公司捐赠金额为 1199925308 元，占公司捐赠总额的 90.3%。非公益性捐赠公司的数量和份额相比较 2007 年的捐赠数据同样具有优势地位，并且所占份额的比例相同（见表 6-8）。

表 6-8　沪市主板上市公司慈善动机与公司捐赠

变量	2007 年	2009 年	增加或减少值
有慈善捐赠的上市公司数量(家)	246	268	22
经济理性动机(非公益性)捐赠公司数量(家)	169	224	55
社会契约动机(公益性)捐赠公司数量(家)	75	36	-39
非公益性捐赠公司所占比例(%)	69	83	14 个百分点
公益性捐赠公司所占比例(%)	30	13	-17 个百分点
上市公司捐赠金额(元)	1403106684	1328561849	-74544835
非公益性捐赠金额(元)	1266350985	1199925308	-66425677
公益性捐赠金额(元)	123662975	124211670	548695
非公益性捐赠金额所占比例(%)	90.3	90.3	不变
公益性捐赠金额所占比例(%)	8.8	9.3	0.5 个百分点

表 6-8 的样本数据表明，税收政策能够有效激励企业慈善行为，但是现有的激励工具对于企业公益性捐赠行为激励效果不明显。参与公益性捐赠的沪市主板上市公司数量非但没有增加，反而出现明显减少，其公益性捐赠金额所占比重仅仅增加了 0.5 个百分点，同样没有出现明显的增长，这说明中国的税收政策对于企业公益性捐赠行为缺乏有效的激励效应。反而是在税收政策的影

响下，从事企业非公益性捐赠行为的沪市主板上市公司数量相比较《企业所得税法》发布之前有了显著的增长（增长率为14%）。尽管2009年企业非公益性捐赠总金额相比较2007年减少约6600万元，但是其捐赠总量所占比例仍遥遥领先于企业公益性捐赠总量，同时，企业非公益性捐赠金额所占比例也没有减少。这意味着针对企业公益性捐赠的税收政策在特定条件和政策环境下对于企业非公益性捐赠行为具有较强的激励效应。

从沪市主板上市公司样本数据回归结果来看，税收政策作为激励工具引导企业非公益性捐赠行为是有效的。尤其是企业应交税费、税后收入和纳税率等自变量及相关变量产生的交互效应不仅能够干预企业非公益性捐赠行为，而且同样有助于企业非公益性捐赠。其原因在于：样本数据明确显示：在《企业所得税法》修订前后，企业非公益性捐赠行为在企业慈善行为总量中以90.3%的比重占据绝对优势。税收政策的波及范围在涉及公益性捐赠企业的同时，同样会覆盖非公益性捐赠企业，这意味着企业非公益性捐赠受到税收政策深度干预和外部介入。因此，税收政策不仅适用于企业公益性捐赠，还适用于企业非公益性捐赠。

总之，从税收政策来看，适用于企业公益性捐赠的税收政策具备向企业非公益性捐赠植入的制度基础和实践依据，企业非公益性捐赠行为具备了接受激励工具的政策依据和社会环境，税收政策作为激励工具能够引导企业非公益性捐赠。

二 特许经营制度引导企业非公益性捐赠行为的理论演绎

根据本研究选取的"九阳希望厨房"和国家"学生饮用奶计划"两个特许经营个案可知，特许经营制度作为企业参与非公益性慈善活动的有效激励工具，在促进社会公益事业发展的同时，有助于企业自身私利的获得，这种社会与企业双赢局面的形成显然是战略性企业慈善行为的典型反映。一方面，慈善企业被授权特许经营资格，表明政府对于企业以往慈善表现的认可及社会慈善声誉的肯定，并通过相应的资质审查确定参与政府慈善项目的准入企业参与慈善资源的供给；另一方面，部分企业试图通过非公益性捐赠方式获得政府慈善项目的特许经营资格，以设备、技术或人力等非货币性慈善捐赠参与慈善项目的专项产品或服务提供，以此达到树立企业社会形象、培育市场口碑、扩张产品份额、打造优势品牌的目的，最终实现经济层面的利益回报。在这种情况下，特许经营制度体现出激励企业非公益性捐赠行为的政策效力。在给予特定企业慈善项目专属经营权的同时，意味着政府准许部分慈善企业参与慈善项目运行时获取合法的经济利益。

因此，在政府主导的慈善项目或活动推行时，特许经营制度能够作为激励工具引导企业非公益性捐赠行为。一方面，在当前企业慈善行为日趋呈现市场化的形势下，特许经营制度作为带有典型政府背景和行政色彩的政府激励措施在干预和影响企业慈善行为时是以推动企业参与慈善捐赠为核心的。这与以往特许经营制度在公用事业领域以促进社会公益为核心的目标取向是完全不同的，可以说是一种较为特殊的特许经营制度。另一方面，慈善领域的特许经营相比较传统意义上特许经营，在活动场域、利益取向和激励对象等方面是特殊性相对于普遍性的格局，这种局面甚至会维持很长时间。尤其是，对于大型民企而言，在局部区域探索给予少数具有良好慈善社会声誉和慈善效应的企业非公益性捐赠行为特许经营项目试点参与机会，对于激励和促进大型民企主动参与慈善事业是具有积极意义和实践价值的。有实证研究指出，慈善捐赠是民企对外部经济环境的理性回应，更是促进自身发展的重要策略。从逻辑和经验两个维度探究中国民企实施慈善捐赠的内在机制，并采用最新的全国私营企业调查数据实证研究民企慈善的避税效应和融资效应，结果表明，民企的慈善捐赠可以发挥避税效应和融资效应，且在（25%，50%）捐赠分位数内能够收获最优的避税和融资效应，摊派和公关招待等因素会在一定程度上弱化慈善捐赠的避税效应，但不会影响慈善捐赠的融资效应。[1] 结合上述研究表明，就大型民企的企业非公益性捐赠行为而言，特许经营制度作为引导企业慈善行为的激励工具，能够使企业在避税和融资等方面直接或间接受益。

第四节　企业非公益性捐赠行为的激励性规制研究

激励性规制理论研究始于 20 世纪 80 年代，90 年代在欧美等西方发达国家和地区被广泛运用。就中国而言，企业慈善行为仅仅依靠政府的规制性范式维持慈善项目的运行秩序还远远不够，如果要充分调动企业参与慈善活动的积

---

[1]　高帆、王亚楠：《中国民营企业慈善捐赠的避税效应和融资效应》，《学术研究》2015 年第 7 期。

极性和主动性，发挥企业的慈善资源优势，还需政府制定有效的激励政策引导和推动企业以非公益性慈善动机投身慈善事业。因此，政府根据企业慈善行为的政策需求，期待获得政治合法性等政治关系回报，构建企业非公益性捐赠行为激励机制。

总之，非公益性捐赠行为激励构想不仅在于政府采取有效激励措施，关键是将激励措施与激励规制的应用领域、激励目标相对应。

一 企业非公益性捐赠行为激励规制的理想类型

关于"理想类型"的理解，马克斯·韦伯给予的判断是，"所谓理想类型并不是对现实的描述，而是把某种特定社会现象的本质属性而非一般属性加以集中的理性的构造……从而把许多混乱的、无关的、瞬间消失的具体现象加以综合起来，安排到一个统一的分析构造中间去"①。按照韦伯的认识，理想类型就是把现实生活中碎片化社会问题的本质属性加以抽象和概括，然后给予相应的系统分类，从而构建一种理想化的组织类型。确定研究对象的分类依据和分类方法是建立理想类型的基础，而分类的科学性与合理性直接关系到理想类型在逻辑上是否成立。因此，"所谓分类是在开始研究时，用科学的方法从众多不确定个体中抽出一部分确定个体，作为类型的标准……分类效用是为研究事物提供一个标准，作为观察其他事物的基础，使研究能够有条不紊地进行"。②

本研究试图探讨企业慈善行为激励性规制的理想类型，就是韦伯强调的，将理想类型视为一种"借以比较和评价经验事实的尺度……当它们被当成比较和衡量现实的概念工具使用时，对研究具有很高的价值，对解释的目的具有高度的系统价值"③。按照韦伯强调的评价尺度，作者将公私合作关系与公益性企业慈善动机（下同）作为分析维度，建立激励性规制类型，即理想类型。同时，以公有制为核心的激励性规制与以市场经济为轴心的企业慈善在公私合作领域形成了相关性，这是企业慈善动机影响下企业慈善行为与激励性规制之间的互动。基于此，本研究在《慈善法》颁布后形成的新激励政策环境下分

---

① 转引自王威海《韦伯：摆脱现代社会两难困境》，辽海出版社，1999，第274页。
② 〔法〕E. 迪尔凯姆：《社会学方法的规则》，胡伟译，华夏出版社，1998，第64页。
③ 程乃胜：《论类型学研究范式在法制现代化研究中的运用》，《法学评论》2006年第1期。

析构建企业非公益性捐赠激励机制的理论框架。许多人认为企业社会责任应该是强制的，而不是激励驱动的。这种观点是建立在这样一个假设之上，即管理者不相信企业社会责任符合企业的最大利益（或者说，企业自身的利益），因此，他们不愿意以有利于社会的方式行事。①

在公私关系维度上，包括强关系和弱关系两个指向；在企业慈善动机维度上，包括强动机和弱动机两个指向。由此，企业慈善行为的激励性规制被划分为四种类型：第一种是强关系、强动机的激励性规制类型，这是一种典型的利益集团范式激励性规制模式。其规制对象多为大中型国企，表现为政企之间固有的紧密合作关系，企业从公益性动机出发主动参与慈善事业，其结果是激励性规制的激励强度和规范程度相对较弱。第二种是强关系、弱动机的激励性规制类型。其规制对象多为中小型国企，这是一种介于利益集团范式与社会公益范式之间的激励性规制模式，表现为政企之间具有较为紧密的合作关系，但是企业出于自身经济实力等因素考虑，参与公益性慈善的动机不足，为此需要激励企业的慈善动机，因而激励性规制的激励强度较强，规范程度相对较弱。第三种是弱关系、强动机的激励性规制类型。其规制对象多为大型民企，这也是一种介于利益集团范式与社会公益范式之间的激励性规制模式，表现为企业还没有与政府之间形成紧密的合作关系，但是试图以此为纽带强化与政府之间的关系，因而激励性规制的激励程度较弱，规范程度较强。第四种是弱关系、弱动机的激励性规制类型。其规制对象多为外企，这是一种社会公益范式激励性规制，表现为企业与政府之间无意建立起紧密的合作关系，企业慈善动机主要是从外企本土化的生存和成长角度考虑，因而激励性规制的激励程度和规范程度较弱。

（一）利益集团范式激励：大中型国企

大中型国企是利益集团规制范式的典型代表，其中利益集团发挥着重要的影响力。一方面，国企是计划经济时代公有制体制的产物，作为行政部门下属的经济组织，与政府之间有着千丝万缕的联系，其人事、管理、运营等职能仍受上级行政主管部门的领导与监管，因而其与政府之间必然是长期维持一种强关系的状态；另一方面，国企作为公有制经济主体，肩负着经济贡献和社会责

① David Chandler," Corporate Social Responsibility： A Strategic Perspective ", Business Expert Press, LLC, 2015.

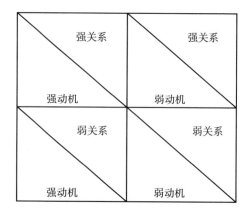

图 6 - 5　企业非公益性捐赠激励规制关系与动机框架

任的双重职责。以社会公益为指向的慈善事业是政府力推的公共事业，大中型
国企理应负有慈善捐赠的强动机，协助政府解决慈善捐赠等一系列社会需求。
由此，国企与政府之间围绕社会公益的核心形成了某种意义上的利益集团，这
里利益集团并非贬义词，不同于西方私有制下的利益集团性质。因此，国内企
业慈善行为的利益集团范式激励是以社会公益为核心、具有国情特色的特殊
规制类型，其激励性规制应有效应对国企的现实需求。大中型国企作为企业
慈善主体，长期以来与政府保持着密切的关系，具有较为明显的公益性慈善
动机（由前文企业慈善的数据可知），能够自觉履行企业慈善义务，因而接
受的激励性规制强度相对较弱，强调行业自律更有利于控制激励性规制
成本。

（二）介于利益集团与社会公益之间的激励：大型民企

大型民企是企业非公益性捐赠的主力，而中小型民企出于自身经济实力和
资源等原因较少参与慈善项目。大型民企是介于利益集团与社会公益之间的混
合型激励性规制类型代表，其中利益集团和社会公益因素都具有一定的影响
力，但是在政企关系和慈善动机方面的激励强度有所差异。一方面，大型民企
作为新兴的市场主体，力图与政府建立紧密关系，但是与国企不同，政府与大
型民企之间的合作主要借助其人力、财力和物力及其社会资源的协作能力协助
政府解决面临的主要社会问题，包括专项扶贫、救灾济困等。因而，政府与大
型民企之间是相互利用、利益共享的弱关系状态，这是由二者间的所有制因素
决定的。大型民企迫切希望借助企业非公益性捐赠行为加强与政府的合作，以

获得政策支持或利益回报，因而在慈善捐赠方面一直呈现强动机姿态。另一方面，《慈善法》颁布以来，政府激励企业慈善的方式日趋多元化，且激励力度空前加大。大型民企与政府之间的关系较之以往有了突飞猛进的发展，因而二者间有可能形成一定的利益集团，出于地方政府与大型民企之间各自利益所达成的妥协。同时，大型民企在捐赠时会有公益性动机（尽管公益性捐赠在大型民企的慈善计划中处于弱势地位），具有社会公益的指向。因此，介于利益集团与社会公益之间的激励性规制是兼顾利益集团和社会公益的混合型激励性规制。就大型民企而言，从公益性动机出发，有序参与慈善事业是激励性规制的重点，其弱关系、强动机的特性决定了激励性规制的激励程度较弱，规范程度较强。由于利益集团与社会公益之间的混合型激励性规制面对的问题较为复杂，因而激励性规制成本较高。

（三）社会公益范式激励：外企

外企属于社会公益范式激励，社会公益因素具有主要影响力。外企作为外来经济组织，与投资所在地的企业所有制形式不同。一方面，政府期待外企带来地方税收，外企力求获得地方政府的政策支持，其运营和规划具有一定的不确定性、短期性和暂时性特征，因而很难与地方政府保持紧密合作关系，大多是弱关系的状态；另一方面，外企的慈善行为大多谋求住在国的政策、舆论支持，其慈善动机与国企的公益性动机、大型民企的非公益性动机有所不同，表现为明显的经济理性动机，这是西方企业慈善行为的典型特征之一。因而，外企的慈善行为呈现弱动机的姿态，与住在国之间没有政治纠葛和情感血缘纽带是导致外企慈善行为弱动机的根本原因。因此，外企慈善捐赠是配合地方政府实现社会公益的行为，激励和规范外企慈善行为是激励性规制的重点，其弱关系、弱动机的特性决定了激励性规制强度相对较弱。其原因在于，外企作为外来企业，政府没有必要给予较强的规制影响。

总之，本研究拟建立的理想类型包括利益集团范式激励、介于利益集团与社会公益之间的激励和社会公益范式激励，其所涵盖的规制对象包括：大中型国企和外企属于激励强度较弱的范畴，中小型国企属于激励强度较强的范畴，大型民企属于激励强度较弱的范畴。因此，激励理想类型所涉及的公私合作关系和企业慈善动机维度是构建中国企业非公益性捐赠行为激励机制的参照系。其根本意义在于，"所建立的理想类型越是严格和精确，从而在某种意义上它越是抽象和非现实，那么，它就越能较好地在阐述术语、分类和假设方面发挥其功能"①。简言之，利益集团和社会公益范式激励性规制属于西方规制理论，而介于利益集团与社会公益之间的激励性规制是根据中国企业慈善动机和公私合作关系现状，修正西方规制理论得出的结论。

二 激励规制程度与企业非公益性捐赠的耦合性分析

（一）大型民企捐赠行为的激励工具划分：规范性与激励性并重

大型民企的公益性慈善动机不足，慈善方式和方案的计划性和策略性缺失，一方面固然与大型民企参与慈善事业的时间较短、经验不足有关；另一方面更重要的是，大型民企的私有制产权性质决定了其经济利益动机是其慈善行为的首要动机，其次才是公益性慈善动机。上述原因决定了大型民企在相当长的时期内无法取代国企成为中国企业慈善行为的最重要角色。正如三星（中国）经济研究院针对汶川地震之后的企业慈善行为研究表明，"民企有着清晰的治理结构，但在震后的慈善行为中，相对于大型国企来说有着更大的短视化、营销化倾向。民企作为以追逐经济利益，保证投资者利益最大化的主体，在慈善行为中也更多地纳入对企业经营发展的考虑"②。三星经济研究院对民营企业家调查发现，超过75%的企业家认为应当根据企业的盈利状况来决定捐款数额，部分企业过于注重短期捐赠本身的营销价值，导致公众产生负面评价。因此，大型民企慈善行为的规制类型选择是：规范性与激励性并重，即既要着力引导大型民企的公益型慈善动机，同时还要规范企业战略性慈善行为，以保证其在追求社会影响的同时，得以实现慈善效果。总之，大型民企的体制特殊性和动机不确定性使得政府应该从激励性和规范性维度考虑激励工具的划分。

（二）外企捐赠行为的激励工具划分：激励性为主，规范性为辅

有学者在调查中国企业如何实践和感知企业社会责任以及文化和所有权如何影响企业社会责任之后发现，在华跨国公司等外企大多实行社会责任制，有四家跨国公司将企业社会责任视为社会可持续发展的目标。③ 相比较国企和大

---

① 〔德〕马克斯·韦伯：《社会科学方法论》，杨福斌译，华夏出版社，1998，第55页。
② 刘巳洋、张沈伟、李刚、邱静：《地震之后的企业慈善行为》，《三星中国经济评论》2008年第10期。
③ Dashi Zhang, *Corporate Social Responsibility in China：Cultural and Ownership Influences on Perceptions and Practices*（Springer Nature Singapore Pte Ltd. 2017）.

型民企而言，外企的优势在于其多年积累的慈善经验和慈善方案设计，充分考虑到慈善捐赠的计划性和策略性，在专注企业核心业务和专业领域的基础上，选择少数慈善项目做长期、持续的战略性资助，既能获得广泛的社会影响，同时也能确保慈善项目效果显著和受助对象的能力培养，这是国企和大型民企缺乏和需要激励性规制政策规范的重点。正如访谈结果显示：

　　截至目前，我们在合生元母婴救助基金下面，总公司累计筹集了4100多万元的资金，其中95%以上应该是公司的付捐销售，就是这么多年我们还是坚持以每销售一件产品捐款一角钱的形式来筹集资金，当然我们也会利用一些平台比如"99公益节"，会接受一些合作伙伴的定向捐赠，但其实绝大部分还是做母婴的救助。那么我们今年（2020年）其实也在考虑一个问题，一方面大病救助的工作我们还是会持续地去做。虽然说今年是脱贫攻坚的决胜之年，但其实我们也去做了一些调研，包括看到一些数据，目前从全国来看都已经实现了脱贫，就我们可拿到的数据来说，未来更多的家庭，应该是70%以上的家庭还是有可能会出现因病返贫的情况的。所以我们的想法还是会继续去做这方面的工作，对于这种患病尤其是患大病的母亲或者儿童的家庭给予一些经济上的补贴。另一方面，也是我们现在在做的事情，希望更好地往前端延展，所以我们在全国范围内联合了20家医疗机构，希望通过跟它们的一些合作能够更好地在前端努力，包括大病的筛查、预防以及早诊断、早治疗，我们在做一些这样的努力。我们是从大病救助的后端开始的，尽量往前端做，希望能够在前端投入更多，能够更多地减少大病后端的费用。因为实际上可能很多中国人有些一些健康意识，或者说一些行为习惯，如果是改变了的话，其实可以更大程度地降低后期患大病的概率，而这个下降对于每一个家庭的影响都是非常巨大的，而且对于整个社会的医疗成本、社保成本的影响也是巨大的，包括现在的农村医保，其实都是挺好的。如果我们能够做得更多的话，帮助的不仅仅是两三个家庭，更可以帮助整个国家去减少在这方面的一些支出。也是基于这样的想法，我们目前在医疗方面除了大病救助的坚持之外，我们其实还在做健康倡导和公益倡导。所以我们在做实体救助的同时，也投入了一部分精力去做健康倡导和公益倡导活动，包括针对母婴的家庭，通过我们的组织，从2014年开始，举办一个叫作"亲子公益健康跑"的活动。今年也是活动举办的第 7 个年头了，我们还是一直在坚持，每年会在全国的不同的城市，可能 6~7 个城市举办，到今年 11 月，在全国 30 个城市总共有 53 个站点，超过 6 万个家庭、20 万人次参与了我们今天快跑的活动。(Z2)

当然，外企慈善行为的不足也很明显，由于其母体公司所在国家的制度环境和价值取向与中国有着较大差异，因而其公益性慈善动机在外企看来更主要是利益集团的慈善动机，这是外企的慈善行为与中国社会、公众所期待的差异之处。有调研表明，跨国公司在赈灾中付出了巨大努力，却因中外慈善体系的差异得不到中国公众认可。跨国公司严谨的治理结构导致其做出捐赠决策和实施动作相对缓慢，而中国公众更加关注企业慈善行为的时间、效率和捐赠的数额，由此形成了慈善价值观冲突。一些知名跨国企业设有专项慈善资金，但这些资金的使用有严格程序，在未确认灾害的严重程度时，灾后第一时间只能动用数额不大的应急资金。在中国慈善管理体系下，跨国公司基金会的作用受到限制，无法进行捐赠的后续管理，而是需要花费大量时间与中国本土慈善机构合作，这增加了捐赠成本。许多跨国公司没有充分了解中国公众的看法和认识，在捐赠之后没有及时公布捐助情况，因此在公众心目中留下了负面印象。中国社会科学院经济学部企业社会责任研究中心的调查发现：38.2% 的受访者对所有企业都很满意，其中仅有 3.7% 对外企最为满意，而有 31.3% 的受访者对国企最为满意，23.2% 对民企最为满意。

因此，政府对于外企慈善行为的激励工具选择应该是激励为主、规范为辅。在尊重和认同外企慈善动机和行为的前提下，用激励措施引导其提升公益性慈善动机的程度。即欢迎外企在中国获得经济效益，并鼓励其履行相应的社会责任，从非公益性慈善动机出发参与慈善事业，为创造更好的社会环境而努力。总之，政府在制定激励政策时应该把促进外企非公益性慈善行为的激励性规制作为主要干预措施，同时采取规范性激励措施确保外企参与慈善项目时合理、合法、规范、有序。

三 企业非公益性捐赠行为激励规制的负面效应：规制俘获

目前，西方国家政府以激励性政策推进慈善事业的方式主要有：一是制定法律法规，为慈善事业运行提供法律保障。二是实行积极、优惠的财税政策和政府补贴，加大企业慈善服务和产品购买力度，激励企业等社会主体参与慈善项目。三是引导和规范慈善主体行为，强化慈善事业必需的制度保障。[①] 上述激励方式反映出西方国家在注重从法律角度强化慈善行为的同时，还强调从规制政策入手加强政府对于企业慈善行为的引导与激励，体现出法律、政策等激励性规制制度的建设相对完善，具有一定的科学性和合理性。当前，国内政府激励企业参与慈善的政策措施主要有：一是推动慈善事业基本法律的立法进程；二是建立慈善事业的引导与规制机制；三是借助税收、补贴等政策强化慈善捐赠激励机制。目前，政府在推动慈善立法方面已经有了长足进步，包括《慈善法》的出台、相关配套政策的逐渐落实，尤其是《企业所得税法》修订等一系列政策法规的完善，极大地扩大了中国企业非公益性捐赠行为的市场规模、品牌价值和社会影响力。同时税收优惠政策不断完善、优化和改进。但是，相比较西方国家而言，中国在企业慈善激励性规制的实践探索方面存在较大的差距。主要体现在中国既没有形成系统、健全的规制性政策法规，也没有出台有足够激励性的规制措施。周波等基于企业慈善动机以及慈善企业所得税优惠激励机理分析，提出扩大享受税前扣除的捐赠范围、适当扩展结转年度限制、试行差异扣除比例、扩大享受税前扣除资格的慈善组织范围等促进企业捐赠的所得税优惠政策。[②]

因此，政府在引导、激励企业解决社会问题、促进慈善事业发展、推动社会公益的同时，不可避免地会发生各种激励负面效应，这是在评估企业慈善行为的激励效应时必须考虑的因素。具体来说，企业慈善行为激励规制的负面效应主要包括以下方面。

（一）激励失当会限制企业参与慈善的自主性和主动性

慈善事业的社会化本质在于企业能够根据自身的具体情况选择合适的慈善行为，即要充分发挥企业慈善的自主性、自觉性和主动性，而不是过于强调在激励性规制干预下按照政府的固有思路和想法去开展慈善活动。政府激励企业慈善行为的本意可能是将企业慈善行为的目标和方式与慈善事业的总体规划相对应，这种考虑有其合理性。但是，激励失当可能会影响企业慈善行为场域的

---

① 邓国胜：《政府以及相关群体在慈善事业中的角色与责任》，《国家行政学院学报》2010 年第 5 期。

② 周波：《促进慈善捐赠的企业所得税政策探析》，《税务研究》2020 年第 5 期。

运转秩序，从而限制企业参与慈善的主动性和积极性。目前看来，企业慈善的动机和行为不足主要是依靠激励措施给予引导和推动，同时企业慈善行为的有效运作和慈善效益的必要评估也离不开政府激励来推动。因此，随着企业慈善行为逐步规范、企业慈善行为步入正轨，企业慈善动机和目标日趋符合政府、社会的期待与需求，政府正逐渐完善对于企业慈善行为的激励措施，加大激励力度。

（二）捐赠企业与公务人员之间有可能出现寻租行为

企业参与慈善是其与政府建立合作关系的途径和手段，政府引导和推动企业参与慈善的目的在于动员企业所拥有的社会、经济资源分担慈善事业的责任，协助政府解决社会问题。当企业与政府之间形成公私合作伙伴关系时，企业私人利益不可避免会夹杂其中。为了进入激励性规制领域，如获得特许投标、区域间竞争等参与慈善项目的政策支持，企业会针对公务人员进行寻租行为，目的是达成两者间的利益交换，力求获得超额不当利益。其原因在于，少数激励政策的制定者或执行者在缺乏必要的监督机制的情况下，其掌握的权力有可能成为寻租的筹码和私利的交换。因此，不仅应该规范和防止企业出于私利可能采取的寻租、伪善等不当慈善动机和行为，还应在阻止和避免公务人员渎职、贪污等方面加强制度建设和行为监管，防止政企关系产生异化或变质。必须指出的是，企业针对公务人员的寻租行为还会造成深层次的负面效应，即企业与公务人员建立私下交往之后会借此结成更为紧密的利益集团，以达到各自追逐利益的目的，使企业慈善在某种情况下成为利益集团联系的纽带。因此，利益集团会在制度层面干预或影响激励政策的制定或修正，进而将规制方案制定者或执行者的政策偏向利益集团期待的目标，或者利用规制方案本身的制度漏洞牟取更多的利益。总之，政府既要与企业之间保持正常、合理、高效的合作关系以促进企业参与慈善活动，同时还要逐步完善激励政策，防止少数公务人员与企业勾结成利益集团给企业捐赠秩序和市场发展带来不良后果和负面影响。

（三）少数慈善企业与利益集团之间达成规制俘获默契

一般而言，慈善企业与利益集团之间达成的规制俘获默契主要产生于私人利益相对集中的市场领域。就公共领域而言，激励性规制可能导致的利益集团"规制俘获"现象出现的程度和频次比市场领域要少得多。

就本议题而言，企业在与政府达成公私合作关系并建立企业慈善行为激励体系的过程中，围绕企业慈善方案的设计存在被利益集团所左右并倾向于企业的私人利益的局部调整；或是政府构建的激励机制本身就隐含着一定的政策缺失和制度漏洞，进而导致利益集团期待获取的"规制俘获"。其直接后果是，企业为了追逐自身的私利最大化，以慈善行为为外在掩饰，尽可能在激励方案框架内寻找制度漏洞，从而减少企业参与慈善的成本和投入，以争取更多的自身利益。在这种情形下，政府围绕企业慈善设计和执行的激励有可能被企业和激励部门某些公务人员所利用，即企业在建立政企关系的同时，利用慈善行为与政策激励的制定者或执行者达成利益交换，实现双方利益互惠与分享。通常来说，企业与公务人员基于私利交换结成的利益集团有可能导致企业慈善行为激励方案的制度合法性出现两种"规制俘获"方式。第一种是合法方式。借助游说、蛊惑等合法方式推动激励部门设计、修订原先方案的某些内容，使某些公务人员和企业获得额外的私人利益。比如，修改慈善事业项目参与的准入门槛和公共慈善服务供给标准，使某些企业能够以低于法定规制的方式或条件获得参与某类慈善项目的主体资格，或借助慈善捐赠取得人大代表、政协委员、工商联委员等合法的政治身份，进而获得更多参与慈善事业的政治权利，即企业慈善行为的政治合法性。第二种是非法方式。游离于合法、公开的企业慈善行为激励体系之外的行为异化形式。这种被异化的、暗箱操作的慈善行为造成的负面激励效应使得激励目标偏离效果弱化，激励部门形象被人为损坏，激励方案的内容设计被人为肢解、分裂，变成了企业与政府某些部门之间形成的利益集团的"规制俘获"。本来是以良好激励目标为核心的激励方案可能在企业慈善行为冠冕堂皇的伪善旗帜遮掩下，沦为激励部门个别人员与若干企业结成的利益集团的牺牲品和牟利工具。正如有学者指出，"J. 斯蒂格勒在其分析模式中首先认定了两个假定前提，第一个前提是国家具有管制的强制力，因此利益集团只要能够成功游说政府，使其以强制的力量或规范来协助本身的发展，便可以增进团体（指利益集团）的福祉"①。

　　总之，通过对于非公益性捐赠行为激励规制的理想类型进行理论分析，对中国企业慈善行为激励可以做出如下判断：一是大中型国企获得最大程度的公益性捐赠行为激励支持；二是大中型民企获得极为有限的非公益性捐赠行为激励支持；三是外企没有在政府非公益性捐赠行为激励支持范围之内。值得注意

①　张其禄：《管制行政：理论与经验分析》，（台北）商鼎文化出版社，2007，第54页。

的是，在企业非公益性捐赠占据中国企业慈善规模绝对份额的现实下，新出台的《慈善法》和新修订的《企业所得税法》以及其他相关的配套政策法规依然没有提供相应的激励支持，包括有针对性的激励政策和扶持方案。因此，政府今后有必要围绕企业非公益性（尤其是重点扶持大型民企）捐赠行为制定专门的激励措施。

第七章　企业慈善行为研究新动向、企业非公益性捐赠行为转向和影响效应

第一节　《慈善法》颁布后的企业慈善行为研究新动向

一　慈善行为市场化研究

有研究指出，慈善行为市场化命题探讨的是慈善与市场化的兼容性及其实践的合理性，旨在洞察现代慈善事业的角色定位与发展方向，为当下的慈善实践做出理性的选择。[①] 徐永光是"慈善市场化"的坚定倡导者。根据他的观点，商业市场模型是理解和把握慈善事业运行和发展的重要视角，从市场主体、要素市场、市场规则和市场影响等方面对慈善事业的结构和功能进行分析。[②] 目前，学界关于慈善市场化的界定尚没有统一的规范性定义。其中，徐永光和康晓光主张慈善市场化应该去行政化和去道德化。事实上，《慈善法》出台后，非但没有触及慈善机构去行政化，反而加大了登记管理机关的行政权……给管理部门赋权太大，必然存在权力滥用问题，不利于慈善事业的发展。[③] 康晓光认为，慈善市场化包括去行政化、引入竞争机制、慈善组织吸纳企业管理办法、慈善项目设计吸纳商业方法等四层含义。[④] 一种观点认为，慈善市场化是一种运用市场的理念、手段与方式对公益进行重构与塑造，以实现

---

① 朱光明：《慈善市场化的意涵、局限及行为选择》，《社会保障评论》2020 年第 3 期。
② 徐永光：《公益向右　商业向左》，中信出版社，2017，第 27 页。
③ 余少祥：《中国慈善立法的实践检视与完善路径》，《法学杂志》2020 年第 10 期。
④ 康晓光：《义利之辨：基于人性的关于公益与商业的理论思考》，《公共管理与政策评论》2018 年第 3 期。

公益行业的现代化、专业化、高效化为目的，进而推动整个公益行业的发展与实践，以去行政化、效能至上、消费话语、技术崇拜、数据霸权、服务理念为基本特点。① 另一种观点认为，慈善市场化是在慈善领域引入市场机制来改革和完善慈善事业发展的过程，运用市场运作的平等、契约、竞争、创新、高效运用资源等理念与价值，达到更好满足民众需求与实现社会公益最大化的目的。② 当然，慈善市场化不能解决社会公众面临的社会救助问题，尤其是在中国这个以政府为主导的慈善事业体系当中，市场的角色、地位、作用及其发挥的效力仍然明显次于政府主导和监管。朱永明认为，慈善市场化的局限性在于：一是市场失灵的存在不容忽视；二是市场化逻辑仅为分析慈善事业的认知工具；三是市场化模型适用的适度问题。③

二 企业慈善行为具有明显的同群效应和跟风现象研究

近年来，国内学界注意到企业慈善行为具有明显的同群效应、跟风现象和相互影响等慈善趋向。比如，同群行为是影响企业慈善行为的重要因素。基于社会嵌入理论，王营等从董事网络嵌入角度研究了企业慈善行为的同群效应。研究发现，当企业嵌入董事网络时，联结企业之间的慈善捐赠行为存在显著的同群效应；受同群效应影响的慈善捐赠为管理层攫取私利提供了便利。具体表现为：国企管理层享受更高的非货币性收益，而民企管理层获取了更高的货币性收益；受同群效应影响的慈善捐赠并未带来政府补助的增加，但企业绩效却得到显著提升。④ 还有研究发现，产权结构影响企业社会责任的"传染"关系，同行其他企业的平均企业社会责任有助于提升国有企业的社会责任，却无法影响非国有企业的社会责任。对非国有企业的"传染机制"进一步进行分析表明，社会责任的行业敏感度会增大所在行业平均企业社会责任对非国有企业社会责任的正向影响。以上结论表明了国有企业跟风履行企业社会责任主要

---

① 曲晨：《"美丽新世界"：公益的黄昏？——公益市场化现象与思潮批判》，中国发展简报网，http://www.chinadevelopmentbrief.org.cn/news-18466.html，最后访问日期：2017年7月6日。
② 邵丹丹：《刍议公益市场化的困境与突破》，《中央民族大学学报》（哲学社会科学版）2015年第S1期。
③ 朱光明：《慈善市场化的意涵、局限及行为选择》，《社会保障评论》2020年第3期。
④ 王营、曹廷求：《董事网络下企业同群捐赠行为研究》，《财经研究》2017年第8期。

是"顺应潮流",而非国有企业更多的是"投机取巧"。① 上述研究表明,国内企业慈善行为的动机相对于国企而言,带有更多的不确定性和投机心理。企业慈善行为会连带出相应的市场反应。彭镇等以 2005～2016 年沪深 A 股上市公司为研究对象,采用面板固定效应模型,实证研究了上市公司慈善捐赠中的同群效应现象,并进一步检验其形成机制和影响路径。研究发现,企业慈善存在同群效应,同地区、同行业企业的慈善捐赠会显著正向影响企业的慈善捐赠决策;社会学习和社会压力是形成企业慈善同群效应的两种主要渠道;业绩好的企业、国企分别受同群中业绩差的企业、非国企的影响,但反之不成立;相同规模的同群者对企业慈善的影响更大。②

三　企业慈善行为、消费者意愿与营销慈善的关系研究

于潇宇以沪深上市公司 2009～2014 年的数据为基础,建立模型验证慈善捐赠对企业价值的影响以及企业的营销能力、所处行业的竞争强度在此过程中的作用,表明慈善捐赠能够对企业价值产生正向的增值作用,营销能力对慈善捐赠和企业价值的关系有显著的正向调节效应,企业营销能力越强,慈善捐赠对企业价值的增值作用越大,但是只有在慈善捐赠超过一定额度后,企业营销能力才对企业价值起到正向增值作用。而企业所处行业的竞争强度对慈善捐赠的效果具有显著的负向调节作用,企业所处的行业竞争越激烈,慈善捐赠对企业价值的增值作用越弱。③ 田敏、李纯青、陈艺妮则认为,善因营销是获得消费者购买意愿的有效慈善方式。相比较慈善捐赠,善因营销方式可引发消费者更加积极的购买意愿。捐赠金钱相比较捐赠企业产品而言,消费者无论在对企业的态度、对企业慈善活动的归因还是在购买意愿方面都表现出积极的响应。企业如果期望通过捐赠方式赢得消费者的支持,选择直接捐款更容易实现目标。捐赠企业产品的方式虽然能够为企业节约一些资金,但获得消费者积极响应的效果显著逊于捐款方式,同时采取捐款方式可以激励消费者的购买意愿,

---

① 刘柏、卢家锐:《"顺应潮流"还是"投机取巧":企业社会责任的传染机制研究》,《南开管理评论》2018 年第 4 期。

② 彭镇、彭祖群、卢惠薇:《中国上市公司慈善捐赠行为中的同群效应研究》,《管理学报》2020 年第 2 期。

③ 于潇宇:《慈善捐赠对企业价值影响的实证研究——基于营销能力和行业竞争的调节作用》,《中国流通经济》2017 年第 1 期。

弥补企业捐款的利润损失。[①] 还有研究指出，广告营销能力正向调节"慈善捐赠—企业绩效"的关系，企业的广告营销能力越强，慈善捐赠对企业价值的促进作用越强；市场经济环境对"慈善捐赠—企业绩效"的关系存在显著负向调节作用，企业处于较差的市场经济环境时，其广告营销能力越强，慈善捐赠对企业绩效的促进作用越大。[②]

四 关于新出台和修订的慈善政策法规研究

目前，国内学界关于《慈善法》和新修订的《企业所得税法》等激励性政策法规给予了高度关注，成果较为丰硕。以《慈善法》为例，存在两种观点：一种观点认为，《慈善法》对于规范、引导和促进中国慈善事业发展具有重要的战略价值和指导意义，必将推动现有的慈善捐赠取得快速、健康的发展。郑功成强调，《慈善法》自 2016 年颁布实施以来，相关制度建设取得了重要进展，法律意义上的慈善组织与慈善活动开始走向规范，公民慈善意识明显增强，慈善领域的创新不断涌现，慈善资源动员能力也得到了提升。[③] 杨思斌指出，《慈善法》的颁布为慈善法治建设奠定了制度基础。《慈善法》发布后，相关配套法规政策的制定为该法的实施提供了规范依据，与该法相关的其他法律及政策的出台优化了《慈善法》实施的制度环境。《慈善法》的实施彰显了慈善法治的实践成效，慈善文化的传播与弘扬营造了慈善法治建设的社会氛围，这些都标志着慈善法治建设进入了一个新的阶段。[④] 还有研究充分肯定了慈善立法的重要性、紧迫性和必要性。王涛认为，慈善立法作为合理分配资源、调节社会贫富差距的重要立法制度，是"促进社会进步，共享发展成果"的重要机制。[⑤] 与此同时，另一种观点也指出，《慈善法》作为中国慈善事业领域的根本大法，没有像公众期待的那样起到"划时代"的意义和作用。[⑥] 比

---

① 田敏、李纯青、陈艺妮：《企业慈善行为方式对消费者响应的影响》，《企业经济》2016 年第 7 期。

② 陈东、邢霂：《企业慈善捐赠行为能带来价值回报吗——基于广告营销能力和市场经济环境调节效应的分析》，《现代经济探讨》2019 年第 1 期。

③ 郑功成：《中国慈善事业发展：成效、问题与制度完善》，《中共中央党校（国家行政学院）学报》2020 年第 6 期。

④ 杨思斌：《慈善法治建设：基础、成效与完善建议》，《社会科学战线》2019 年第 10 期。

⑤ 王涛：《〈慈善法〉的立法理念、制度创新和完善路径》，《法学论坛》2018 年第 1 期。

⑥ 王振耀：《期待〈慈善法〉催生大慈善》，《人民日报》2016 年 3 月 10 日。

如，有研究指出，在《慈善法》制定过程中，财税部门的消极态度使得《慈善法》条文中的税收优惠制度规定非常原则和抽象，唯一的突破就是第 80 条"三年结转"制度，这一制度在 2017 年《企业所得税法》修改时正式确定了下来。[①] 总的来看，中国慈善领域的政策法律法规相较以往有了较大的进步，但是由于本身存在政策缺陷，与配套政策之间出现内容冲突，加上相关的法律法规不完善，以至于还没有形成一套完整、系统和健全的慈善法律体系。有研究指出，真正有利于慈善机构成长的法治环境远未形成，一些规定不是推动而是制约了慈善事业的发展，亟待进一步完善。[②] 余少祥认为，中国慈善立法存在的主要不足包括：一是法律规定原则性强，可操作性差；二是人为门槛和歧视，制约了民间组织的发展；三是慈善机构不独立，行政化色彩明显；四是部分法规不统一，相互冲突；五是减、免税收对象等规定不合理；六是组织管理效率低，信息不对称；七是慈善行业监管力度不够。[③]《慈善法》虽然弥补了中国慈善事业领域国家大法立法缺失的不足，但是其针对性、适用性和有效性存在诸多缺陷，尤其是在解决慈善发展中的诸多现实问题时，依然有亟待改进和完善的地方。

五　企业捐赠税收减免激励新政策研究

2016 年 4 月，财政部、国家税务总局发布《关于公益股权捐赠企业所得税政策问题的通知》（财税〔2016〕45 号），规定企业向公益性社会团体实施的股权捐赠，应按规定视同转让股权，股权转让收入额以企业所捐赠股权取得时的历史成本确定，并依此按照《企业所得税法》有关规定在所得税前予以扣除。有研究指出，这一政策改变了企业捐赠股权视同转让股权并按股权的公允价确定转让额的规定，捐赠企业无须就转让股权的增值部分缴纳所得税。结合《慈善法》来看，企业捐赠额超过当年所得税扣除限额部分可结转以后 3 年内扣除的规定，将对激励企业捐赠股权参与慈善起到积极推动作用。但在接收股权捐赠的公益性社会团体转让受赠股权和个人股权捐赠的税收优惠方面，

---

① 马剑银：《〈慈善法〉实施之观察（2016～2017）》，《中国慈善发展报告（2017）》，社会科学文献出版社，2017，第 28～46 页。

② 陈东利：《慈善伦理建构的制度困境与破解路径》，《哈尔滨师范大学社会科学学报》2019年第 5 期。

③ 余少祥：《中国慈善立法的实践检视与完善路径》，《法学杂志》2020 年第 10 期。

仍然存在政策改进空间。① 肖红军等指出，新时代下政府需要继续深化顶层制度设计，以推进企业慈善公益行为的制度供给。因此，企业慈善行为与外部动力的推进密不可分，而来自社会政策的驱动尤为关键。但是，现有研究主要涉及税收政策，对于《慈善法》、结转税制度和特许经营制度等新兴政策的激励研究为数尚少。但是，上市民企慈善行为主要体现为非公益性捐赠行为，现有政策激励指向均为企业公益性捐赠行为，这意味着《慈善法》颁布后上市民企慈善行为缺乏政府重视和政策激励。上述问题成为制约企业慈善研究和实践创新的障碍和瓶颈，上述政策为大型民企参与企业非公益性捐赠提供了可靠的制度保障依据。2018 年 6 月 20 日发布的慈善蓝皮书《中国慈善发展报告（2018）》指出，2017 年，《慈善法》的施行有条不紊地推进，从文本之法走向实践之法，慈善治理初显成效；与慈善事业相关法律法规的制定、修改、施行也在稳步推行，共同推进的中国法律体系的融贯性；为《慈善法》的施行而建立的各类配套制度、制定的配套文件数量不断增多，慈善法治的立体面向逐渐清晰。

此外，关于慈善企业的股权捐赠、技术捐赠和债券捐赠等新兴的非货币性捐赠激励问题，《企业所得税法》并没有给予捐赠税收减免待遇。比如，2016 年 4 月，财政部和国家税务总局联合发布《关于公益股权捐赠企业所得税政策问题的通知》（财税〔2016〕45 号）规定，企业向慈善组织实施股权捐赠时，可以"以其股历史成本为依据确定捐赠额，并依此按照企业所得税法有关规定在所得税前予以扣除"，虽然以历史成本计算会让捐赠额看上去"大大缩水"，但实际上解决了企业捐赠股权因为"视同销售"而需要缴纳一大笔所得税的问题。不过该通知并没有解决个人股权捐赠的税收优惠问题，也没有解决用股权设立慈善信托的税收优惠问题。从 2016 年 9 月 1 日《慈善法》正式施行开始，一直到 2018 年底的两年多时间里，有关慈善税收优惠制度一直没有突破，也没有创新。②

---

① 北师大中国公益研究院：《中国慈善法律政策大盘点》，中国发展简报网，http：//
www. chinadevelopmentbrief. org. cn/news – 19228. html，最后访问日期：2017 年 4 月 18 日。
② 马剑银：《2019 年中国慈善法治发展观察报告》，《中国慈善发展报告（2020）》，社会科学
文献出版社，2020，第 97 页。

六　企业慈善观念转变的研究

中国社会科学院教授、中国社会责任百人论坛秘书长钟宏武认为，如今大多数企业家不再狭义地将社会责任理解为捐赠，而是谈生态环保、员工就业、产品质量、科技创新等诸多要素。对于履行社会责任，许多企业家也从量力而行变为倾尽全力，很多央企派驻脱贫攻坚一线的人员成百上千，资金更是不计其数。2011 年，中国石化在江苏开展了一个"环卫驿站"项目，为环卫工人提供歇脚、喝水、取暖、纳凉、避雨等基础服务，受到环卫工人的广泛欢迎，之后推广到江苏全省。原本只是部分职工自发开展的志愿服务项目，但推行下来，不仅企业履行了社会责任，也直接帮助了企业发展。由于该项目获得了当地政府部门的肯定，企业的加油站项目也得到了更多支持。这些变化反映了国家治理模式的成熟，需要政府、社会、企业的相互配合。下一步更重要的是培育环境，让企业家敢履责、能履责、愿履责。2020 年，钟宏武牵头的团队还发布了《企业家社会责任研究报告（2020）》。这份报告根据企业规模，分别选取国企 50 强、民企 50 强、外企 50 强为研究样本，从"公益责任""抗疫责任""就业责任"三大维度，设立评价指标，编制"企业家社会责任指数"。这份报告之所以将公益责任、抗疫责任、就业责任作为主要评价维度，是针对当前的经济形势做出的判断。"我们刚刚经历了疫情的'大考'，众多企业都做出了重大贡献。强调企业在稳定就业、精准扶贫当中的作用，这在当前非常重要。"有些企业将扶贫作为履行社会责任的重要工作，但在实施过程中还是以投资为主，"只是输血没有造血"。因此，履行社会责任、稳定就业、精准脱贫都是目前非常重要的方面，企业家在这些方面还可以有更多作为。①

第二节　《慈善法》颁布后非公益性企业慈善捐赠行为进展——访谈个案研究

有研究指出，制度因素是中国企业慈善的根本影响因素。在中国，影响企

---

① 王林：《新形势下，企业家如何履行社会责任》，中青在线，http：//news. cyol. com/yuanchuang/2020－09/01/content_ 18758845. htm，最后访问日期：2020 年 10 月 1 日。

业慈善的制度因素中，主要包括国家和地方两个层面的激励性规制。① 由此，《慈善法》《企业所得税法》以及相关配套政策带来的一系列企业慈善激励理念和激励措施变化必然会对企业非公益性捐赠造成一定的制度影响。但是，值得注意的是，无论是《慈善法》还是新修订的《企业所得税法》，均没有明确将企业非公益性捐赠行为纳入政策激励对象。同样，2019 年国家税务总局发布的《关于企业扶贫捐赠所得税税前扣除政策的公告》指出，企业享受扶贫捐赠的所得税税前扣除优惠政策仍然限定于通过公益性社会组织开展的公益性慈善捐赠。这表明，现阶段企业非公益性捐赠依然没有政府激励性政策法规的立法。正如有研究指出，2016 年出台的《慈善法》对慈善活动及其所得税税收优惠制度等进行规范，以促进其合理发展。然而，现阶段的所得税相关优惠制度仅适用于公益性捐赠，慈善捐赠存在能够享受所得税扣除的捐赠范围有限、企业所得税具体扣除政策不明确、对个人捐赠税前扣除不允许结转等问题。②

一 访谈个案之一：某大型知名外企

［访谈 1］

背景：

此个案是 2020 年 11 月 27 日上午 10 点 30 分，作者 Z1 对外国法人独资的 H 集团中国分公司慈善事务总监 Z2 所做的电话访谈，为时 1 个小时，主题是关于《慈善法》颁布后的企业慈善动机和行为。H 集团是世界 500 强和知名慈善企业，其中国总部是一家致力于为母亲提供育儿解决方案的企业，业务涵盖母婴营养健康食品系列、婴幼儿洗护日用品系列、母婴消费服务网站等多个领域，其目的在于为孕妈妈及 0～7 岁儿童的妈妈提供实用健康资讯及各类健康产品。多年来，致力于企业慈善事业，在国内建立了声誉。2005 年 12 月，公司获得中国儿童少年基金会授予的"中国儿童慈善家""公益明星企业"的殊荣，2007 年 2 月，参加 CCTV2"春暖 2007"《爱心总动员公益慈善项目推介会》，向中国红十字基金会捐款 300 万元人民币，2007 年，H 中国母婴救助

---

① 何华兵：《中国企业慈善：政府主导与多元参与——以 G 公司为例》，《新视野》2018 年第 3 期。

② 贺宏：《慈善捐赠所得税扣除的制度思考》，《税务研究》2018 年第 3 期。

基金启动仪式暨百家企业献爱心活动在海南三亚举行。

H 集团中国总部联合中国红十字基金会成立的"H 中国母婴救助基金"，为中国贫困重症母亲及儿童提供大病救助，该救助基金捐款接近 4100 万元，实物捐赠超过 3500 万元，为 1893 名母亲及儿童提供救助，遍及中国大陆地区。并于 2014 年全面启动"爱心医院"项目，携手 20 余家爱心医院，每家医院投入 50 万元，实现了更多、更快的救助。项目开展后，全国共计两批次 21 家三级甲等省市级妇幼保健院加入该项目，爱心医院合计救助 992 人，救助金额超过了 700 万元，人均救助金额为 7061.60 元，正常执行和完成协议的医院达到 90.4%。2019 年开展"H 母婴救助爱心定点医院"升级计划。目前已携手 20 家爱心医院，计划总投入 1200 万元。作为红十字总会及中国红十字基金会的年度重点项目，H 中国母婴救助基金参与了少数民族聚居地区的筛查救助，这一地区的先天性心脏病儿童患病率高达 9‰，患病率之高引起了社会广泛关注。截至 2020 年 7 月，合生元"天使之旅——先天性心脏病救治行动"已连续 8 年开展筛查救治行动，合生元母婴救助基金足迹遍布西藏、内蒙古、黑龙江、陕西和云南红河州、云南怒江州等全国多个贫困偏远山区，投入公益项目基金 550 万元，先后排查 20 万人次，通过手术实际救治 300 名先天性心脏病儿童，让更多先天性心脏病儿童重获健康。

访谈内容：

Z1：H 总您好！本次访谈是关于《慈善法》颁布后中国企业慈善动机和行为的专题访谈，感谢您接受我的访谈邀请。我的设计访谈提纲如下：第一个问题是，请您谈谈《慈善法》颁布后中国企业慈善行为现状和主要特点。第二个问题是，相对于《慈善法》颁布之前，中国企业慈善行为发生了哪些显著变化？存在哪些重点领域。您认为贵公司企业慈善表现的一些亮点和特色。第三个问题是，您认为《慈善法》颁布之后，中国企业的公益性和非公益性捐赠行为在中国慈善事业中分别扮演了怎样的角色？第四个问题是，请您简要评价一下《慈善法》颁布后，企业在非公益性捐赠行为方面的进步以及还存在哪些问题和可以改进的地方？最后一个问题，就是您认为下一步推动企业捐赠的慈善政策应该在哪些方面进一步加以改进，以激励企业更多地开展公益性或者是非公益性捐赠？

Z2：第一个问题，应该从 2016 年开始到现在，从我们自己的企业，或者说我了解的《慈善法》颁布之后的企业捐赠，就自己观察到的情况做个分享。然后我看到后面三个问题都涉及公益性和非公益性捐赠问题，对于公益和非公益性的概念，我自己概念上也有些不清晰，我确认一下，然后我们再讨论，可以吗？

Z1：行，可以的，请您从第一个问题开始。

Z2：由于这种范围的拓展，其实看到我们企业有各种形式参与慈善。当然，一方面国家在这方面做了进一步的激励，除了对于企业减免所得税，还出台了新的政策法规来促进（指新修订的《企业所得税法》）企业的公益性捐赠支出，在年度利润总额12%以内的部分，可以按照三年的应纳税额准予在计算应纳税所得额时扣除等税收优惠减免政策。这些措施其实是鼓励企业进一步更好地投入公益。从国家对企业做慈善的鼓励态度，包括相关的政策激励，其实也是更有利于很多企业加大参与市场的力度。而且我们也能看到一个很重要的现象，刚才也谈到了，我们企业除了大家预期的那样，捐款、捐物，当然可能每一个企业它也在自己所擅长的一些领域，比如说作为电商企业或者物流企业，那么它就可能利用它在这一块的擅长之处做慈善、做公益。现在我们看到很多产业扶贫，或者通过帮助农民建立和发展乡村旅游，建立特色旅游，通过发展当地资源特色产品，这些企业利用自身的资源，去更好地结合当地特色，做到持续开展慈善公益活动。所以，我觉得，从我们今年（2020年）来看的话，《慈善法》颁布之后，我们企业参与的范围更广了，参与的企业从原来一些大型企业比如国企、央企、上市企业，扩大到很多民企，甚至是一些中小企业参与的数量也更多了；参与的形式也在变化，原来可能只是单纯的捐款，到现在通过发挥企业所长，利用企业的一些资源或者说优势，然后帮助一个区域或者多个区域改善现有状况。虽然跟国外相比，我们可能还处在初级阶段，但是，从这几年来看，公益事业的发展还是有着非常明显提升的。比如，我们知道有"双十一"，但是做慈善公益的人，肯定知道有"腾讯99公益"活动，每年"99公益日"①的时候也都创下了参与度或者投资力度的新高。同时，整个公益事业的规模其实也在不断扩大，而且扩大的除了人人做公益之外，企业的参与其实也是一个非常重要的力量。所以我是觉得应该主要从一些企业的视角来看，这种变化主要是这三点。

---

① "99公益日"是由中央网信办网络社会工作局和民政部社会组织管理局指导，腾讯公益联合数百家公益组织、知名企业、明星名人、爱心媒体共同发起、国内最大的一年一度的全民公益活动，旨在通过移动互联网化、社交化等公益创新手段，汇聚向善力量，推动公益行业的长远发展。

作为我们自己企业来看，一方面我们更多的还是初衷不改。从 2007 年开始然后一直在坚持做慈善，随着企业的发展，我们开始关注相关领域的变化，不断去延展。会从全球来看，或者说从中国来看，或者说从特定区域来看，可能关注到全球面临的问题，包括我们提出的这三个方向，其实也是在联合国提出的 21 个目标里面，我们选择了三个项目来作为企业需要改善的点，所以说我们会坚持去做这些工作。

我觉得未来有好的政策加持，包括好的环境，而且我觉得新的《慈善法》其实也是重新定义了包括企业也好，个人也好，重新定义了在慈善里起到主要作用的主体。我们原来说是国家。国家比如通过大的医疗保险像新农合这样的方式去保障，那我们作为集团组织，其实更多的是在国家的保障之外去做一些弥补，或者说去关注到一些没有被关注的方向，我觉得其实现在在这方面，整个自然界、工业界认知还是比较清晰的，如果国家在某一方面投入很多了，企业其实会选择一些目前相关的还没有得到国家支持的领域。最后，因为后面的三个问题都涉及一些非公益性的捐赠，我实际上稍微有点混淆，但我可以先谈一下我的理解然后你纠正指点我可以吗？

Z1：其实在西方的非公益性慈善是一个战略性企业慈善理论。这个理论的理念就是政府、社会、企业、个人受监督的对象能够实现多方共赢。就像您刚才讲到的，企业它首先要考虑到经济的因素，还有盈利，企业只有盈利最后不断地强大，才有更大的实力、更多的资金、更多的资源优势（投身慈善）。同样反过来，政府也要通过政策手段，比如说《慈善法》的进一步完善和它的配套设施的出台来鼓励企业，不光是支持企业公益性的慈善，同时也要支持非公益性的慈善。因为米尔顿·弗里德曼说过，企业的责任首先是它的经济责任，要盈利，不盈利的话企业就没法生存。

Z2：对，我觉得您的研究很有价值。我们企业其实在这方面需求很大，就像您统计的一样，其实我们企业也更多地关注一些非公益性的项目，我们未来可能会更多地向这方面发展。

访谈分析：

访谈结果表明，企业是慈善事业的主体已经毋庸置疑，并且其对于国家出台的《慈善法》是高度认可的，认为该法律有助于企业参与慈善，企业首先考虑的是经济因素和盈利，其次才是从事公益或非公益性捐赠，只有企业具备了足够的实力和资金、资源优势，才有可能扩大慈善捐赠力度。同时，《慈善法》等相关激励性政策法规促使参与慈善捐赠的企业类型和数量相较以往更为广泛，尤其是不仅涵盖了以往的慈善事业主体——国企、央企和上市公司等具有相当实力和规模的大中型企业，还扩大到很多民企，特别是中小型民企。这意味着《慈善法》对于企业作为慈善主体的激励目标、对象、范围和措施是有效的，具有一定的指向性和针对性。最新修订的《企业所得税法》对于公益性捐赠方面给予的税收优惠减免待遇事实上是深受企业欢迎的，毕竟公益性捐赠同样是大部分企业慈善的组成部分。并且，随着慈善激励政策的实施，企业参与慈善活动的方式由传统的单一化转向多元化，从以往集中于货币、货物捐赠转向发挥企业自身的技术、产品、服务等行业优势和特有资源的全方位慈善。对于慈善主体而言，访谈对象认为《慈善法》重新定义了在慈善领域起作用的主体，即目前在国内慈善领域，究竟是哪些主体在发挥作用；是政府，是企业还是个人；企业作为慈善主体，应该扮演怎样的角色；企业与政府、个人在慈善事业中分别处于何种地位。

因此，企业慈善是否应该尽量兼顾政府在慈善事业中照顾不到的领域和群体，从而扬长避短，实现企业捐赠效果的最大化。同时，访谈对象认为，非公益性企业慈善的研究很有价值，且对于这方面的理论需求也很大，企业其实在关注非公益性捐赠项目，未来有可能更倾向于向非公益性捐赠领域的发展。

二　访谈个案之二：某新兴行业民企

[访谈 2]

背景：

此个案是 2021 年 5 月 11 日上午 11 点 39 分，作者 Z1 对国内知名的高端民营管理咨询有限公司——Q 公司总经理 L2 进行了在线访谈，为时一个半小时。L2 拥有国内名校公共管理学学士和硕士学位，对于公共管理理论和企业慈善实践有着较为深刻的认识和独到的见解。Q 公司成立于 2006 年，公司总部设在广州，在深圳设有分公司。具体业务涵盖经济论坛和峰会、产品营销策划与执行、VIP 客户活动策划与执行等，立足大湾区，以优质的服务赢得了市场的认可与支持。其经典包括策划著名经济学家樊纲先生 2019 年 6 月 16 日在中国建设银行惠州分行举行"新时代　新财富　新未来"2019 年经济形势解读讲座；2019 年 3 月 17 日，中国光大银行深圳分行联合兴业证券举办集贤汇·变革与重构：2019 年著名经济学家巴曙松教授中国宏观经济前瞻主题论坛；2020 年 7 月 18 日，著名经济学家魏杰先生为中国建设银行广州分行做"智享财富·预建机遇"私行客户财经论坛。多年来一直致力于倡导精准慈善，会把公司收益进行适当捐赠。其慈善捐赠规模有限，但是精准度较高，慈善目标明确、聚焦，效果较为显著。同时，其特色在于注重联合多个慈善主体共同开展慈善活动，既能够保证解决社会救助中存在的实际问题，还能够发挥示范和带动的社会效应。2020 年 1 月 11 ~ 12 日，历时两天的建行广州分行"暖心建礼　爱在行动"清远慈善行活动温暖举办，该慈善活动由 Q 公司策划和实施。本着做公益落到实处的理念，让公益透明公开，真正帮助到有需要的人。项目负责人接到项目后就对红溪村和连樟村活动相关资料进行收集整理，切实了解当地的主要需求，有针对性地进行帮扶，最终决定组织捐赠红溪村一家微型图书馆。为建行广州分行捐赠了"建行广州分行微型图书馆"，助力当地文化事业。同时组织广州的建行客户，结成一对一的帮扶，解决贫困家庭孩子的学费问题。此外，Q 公司在慈善公益方面推出的典型项目是"一元租房，一起过年"。即根据广州市流动人口特别多的特点，虽然过年很多人会回家，但是依然有部分人选择留在广州过年，但是由于居住条件不够，无法实现与家人团聚，于是 Q 公司策划了一元租房活动，某银行赞助经费，广州某大型实业公司提供住房，Q 公司员工和广州留守过年人家一同过年，甚至为部分外来农民工家庭提供两室一厅的房子，房租为 1 元，为期一个月，让他们过好春节。这是非常典型多主体合作企业慈善创新项目，是公益性和企业非公益性捐赠相融合的典型体现。

访谈内容：

Z1：L 总，您好！贵公司作为国内知名的民营咨询管理公司，多年关注并参与企业捐赠，积极投身慈善事业。今天请您主要就《慈善法》颁布后国内民企慈善行为的主要变化谈谈看法，谢谢！访谈提纲设计如下：①您如何看待当前中国民营慈善企业的发展现状？具有哪些主要特点和优势？存在的问题和需要改进的方面有哪些？②根据上市公司的年报数据，中国现阶段民企以非公益性捐赠为主，您如何看待这一现象？③您认为《慈善法》颁布后，中国民企的非公益性捐赠相比较该政策出台前有了哪些变化？是否出现了明显的进步？④您认为《慈善法》《企业所得税法》对于中国民企的非公益性捐赠还存在哪些激励缺失，亟待在哪些方面给予政策支持？⑤您认为国企、民企和外企关于非公益性捐赠的态度、动机、认识和行为存在哪些共识和不同的理解？

L2：我先回答你的第一个问题。

首先，关于如何看待当前我们民营慈善企业行为的发展现状，我个人认识不少民营企业家，结合我们自身企业的现状，我认为民企慈善行为应该有一定的普遍性，这种普遍性与人性本善的内在逻辑是一致的。当然这里有一个概念，慈善行为有没有一个严格的科学或者程度上的定义。但是民企的慈善行为并不完全为社会所传播和可见，这源于企业家本身的一些价值追求以及被慈善捐赠的对象没有广而告之和宣传。

其次，关于当前中国民营慈善企业行为具有哪些特点和优势。我认为，民营慈善企业行为的动机，大部分还是与民营企业家个人行为存在比较强的相关性。一是一些民营企业家因为自身受的教育、价值观，具有强烈的利他思想、奉献精神，从而导致企业层整体行为；二是企业本身从事的行业相关性，比如有一些企业从事健康、教育等行业，他们会充分利用自身的优势和特长进行慈善，我认识很多中山市的灯具企业，他们就给一些偏远山村捐助灯具，而且每一次捐赠数额并不少，上千万元捐赠的都有；三是响应政府的一些号召和政策，比如恒大集团针对贵州毕节地区进行帮扶，也是响应政府号召，他们的捐赠形式也采取帮助当地进行基础设施建设。

最后，当前中国民营慈善企业行为存在的问题和改进主要有：第一，企业家个人行为和企业行为混淆不清，企业家个人行为往往带动企业行为，因为个人行为的随机性和不可持续性，很多企业捐赠行为也缺乏长远的规划；第二，慈善内容一般与本企业经营的产品和服务相关，并不一定完全能按照慈善对象进行帮扶，我做灯具就捐灯具，做地产就架桥修路，做教育的就捐赠学校和书本，不一定慈善和捐赠的物件都能够恰如其分地解决当地问题或者解决受捐赠对象自身的问题。第三，缺乏持续性，企业经营环境的变化，企业家个体行为的随意性，企业对受捐对象缺乏系统的认知，缺乏基本的慈善观念和引导，导致民企慈善行为的种种缺陷。第四，社会对与民营企业家慈善的宣传是不够的，一个是民营企业家自身不一定希望被宣传和铭记，另外也担心被社会进行一定反向的定义，比如作秀，或者心里有愧。另外是民企本身的传播力量的问题，导致很多企业捐赠行为并不为社会所知，对于整体社会风气和慈善示范没有带来该有的效果。

L2：关于第二个问题，根据上市公司的年报数据，中国现阶段民企以非公益性捐赠为主，应该如何看待这一现象？

　　我觉得，其实这个现象在我上一个回答中已经有所体现，有民企的企业家行为，也有民企根据本身的专业进行捐赠的，其捐赠的目的和动机比较复杂，自身传播效度不足。另外，整个社会也比较缺乏有公信力的渠道确保捐赠行为的合理和透明，很多人受传统思想的影响，并不希望获得社会名声。所以他们在捐赠时选取的项目和对象往往会特别有针对性，公益性反而不一定作为首要考虑的因素。

　　同时，民企本身的实力，也不一定要走公益性的路线，公益性因为受益人数众多，有些项目规模也是比较大的，民企在没有外部力量组织的情况下，宁愿选择更加自由的形式进行慈善捐赠。

　　L2：第三个问题，关于《慈善法》颁布后，中国民企的非公益性捐赠相较该政策出台前有了哪些变化？是否出现明显的进步？

　　事实上，《慈善法》在2016年公布实施，对慈善行为的规范进行了立法，这对于整个社会的慈善事业起到了保障和推动作用。变化就是原来很多的企业家行为，现在大都通过一些企业行为来实施，因为企业本身作为一个法人主体，捐赠或者慈善行为受到法律保障并可享受一些税收优惠等，大大鼓励了企业的慈善行为，明显进步。我没有统计学上的资料，不太好回答，我身边的一些企业和企业家，这些年的捐赠肯定是更加积极主动的，但是没有确切数据可以说明进步有多明显。当然，慈善立法规范了一些慈善行为，比如慈善信托可以为企业家进行长期捐赠提供一些好的渠道和方式，值得很多企业家长期关注。

　　L2：第四个问题，关于《慈善法》《企业所得税》对于中国民企的非公益性捐赠还存在哪些政策激励缺失？亟待在哪些领域给予政策支持？

　　我认为可以从五个方面来理解：①慈善行为的认定程序，会不会过于松散和权威，只有善，毕竟是政府主导，普通慈善行为并未纳入被政府主导程序，非政府组织本身的合法性和社会性不足导致慈善行为本身的确认和激励缺失。②或者说慈善行为传导到激励过程中间有信息缺失或者缺乏推动者。③受益评估也存在权威认定和程序缺失，以企业为主体的慈善行为本身的社会效益究竟有多大、该由谁来评估、评估之后将对企业进行哪种社会激励好像不太清楚。这些都是政府与企业的中间缺少一个环节，比如慈善组织、非营利组织等。④遗产税没有实施，导致企业家或其他一些高净值人士，更多想的是怎么把财富稳当地传承给下一代，并不一定将慈善作为一种重要的选项。⑤社会舆论氛围并不一定对慈善都持正面态度，很多企业家捐钱就可能意味着露富，甚至会招致一些负面的因素，大家认为多一事不如少一事。

L2：最后一个问题，关于国企、民企和外企对待非公益性捐赠的态度、动机、认识和行为存在哪些共识和不同的理解？

首先，国企主要是紧跟政府政策，政府导向是国企进行非公益性捐赠的主要动机。毕竟国企的财产属于国家，不属于企业家，所以捐赠以政府引导或者企业根据经营内容和经营地进行捐赠的可能性比较大。其次，民企主要依赖民营企业家自身的认识和个人特点。更加看重捐赠的受益人，以及给受益人带来的实际利益和效果，也很讲究直接捐赠，防止捐赠过程中发生捐赠实物不能送达受捐者的情况。最后，外企比较着重于企业的价值观输出以及通过捐赠等慈善行为树立企业社会形象和对内进行教育。比如我曾在东芝工作，他们对于环保的认识和捐赠已经贯彻到每个产品和每位员工身上；比如汇丰银行每年都会根据自身的价值观组织员工进行慈善活动。他们的目的主要是对外树立形象、对内教育员工，同时也是输出和强化自身的价值观。

访谈分析：

访谈结果表明，第一，民企慈善行为在中国具有一定的普遍性，这种普遍性源自扎根民营企业家内心深处的扶弱济贫观念，尽管不同的民企基于各自的立场和看法对于慈善行为的概念和内涵有不同的理解和认识，但是其参与慈善的行为均源于共同的价值观。第二，民企慈善行为的动机选择大多还是与民营企业家的个人行为有较强的相关性。主要与企业家个人的教育背景、价值观有直接关系，还与慈善企业所处行业有关。比如从事健康、教育等行业的企业出于工作、市场原因，可能会更多关注弱势群体或贫困家庭，因而激发慈善捐赠的动机。此外，还有一些慈善企业则是利用自身的慈善资源和捐赠优势，把企业慈善行为与企业发展战略和品牌产品推广相结合，以期实现慈善项目救助扶持和企业品牌形象树立的双赢格局。同时，还有一些企业会因地制宜，响应政府制定的帮扶号召，结合当地群众的迫切需求参与改善当地贫困状况的慈善项目。第三，当前中国民营慈善企业行为存在的问题主要在于没有明确区分企业家个人慈善行为和企业慈善行为之间的边界和内涵，在一定程度上会混淆二者的动机和行为，其弊端在于民营企业家的个人慈善行为往往带有随机性、喜好性、冲动性、重复性和不可持续性，从而导致很多企业的慈善捐赠行为缺乏长远规划和宏观战略，由此造成其设计慈善项目在操作时随意性、主观性和不确定性居多，难以开展系统、规范、科学、可持续的慈善活动。第四，民营企业家的个人捐赠行为和其主导下的企业慈善行为具有很强的目的性、针对性，这与本研究发现的中国企业非公益性捐赠行为在慈善捐赠主体中居于主导地位观点是一致的。同时，企业公益性捐赠行为的实施条件较为烦琐（比如必须通过政府指定的公益性慈善组织进行），捐赠限制较多，慈善捐赠意向范围较小，慈善对象筛选复杂，慈善项目范围有限，慈善行为操作方式不够灵活，由此导致民企会考虑根据自身实力和资源优势，选取企业感兴趣的慈善项目或捐赠区域，从企业整体慈善发展战略的角度开展非公益性捐赠，因而其慈善首选往往是非公益性捐赠，其次才是公益性捐赠。第五，《慈善法》的出台对于规范企业慈善行为是有积极意义的，在慈善市场化的今天，对于整个社会的慈善事业起一种保障和推动作用。

因此，在新的政策环境下，由于整体慈善捐赠模式越来越成熟、越来越规范，部分民营企业家个人慈善行为逐步转变为民企慈善行为，这是企业慈善行为的重大变化。上述变化的根本目的在于在企业慈善层面获得有效的政策支持和制度保障，同时还会享受相应的企业公益性捐赠税收减免政策等相关优惠和扶持。比如，访谈对象指出，这些年（指《慈善法》颁布后）其身边的企业慈善捐赠肯定是更加积极主动的，但是没有做过具体统计和明确梳理。

第三节　《慈善法》颁布后企业非公益性捐赠行为转向

2020年5月5日上交所发布的《沪市主板公司2019年年报整体分析报告》数据显示，践行企业社会责任已成蓝筹传统。沪市主板公司持续推进精准扶贫、精准脱贫工作，助力国家巩固脱贫攻坚成果，决战脱贫攻坚目标。2019年，约有690家公司披露了精准扶贫信息，涉及产业、就业、教育脱贫等多种形式。其中，涌现出不少典型案例。中国太保扶贫项目覆盖全国建档立卡贫困户约513.3万人，为贫困地区提供了总保额2.32万亿元的风险保障；江苏银行提供扶贫贷款额超240亿元，帮助建档立卡贫困人口超9000人；华能水电全年投入扶贫援助资金5.16亿元，沧源、耿马、双江3个贫困县提前一年脱贫，澜沧县贫困发生率由46.68%下降至1.61%，西藏当佐村、富源县白岩村脱贫出列；福耀玻璃及其董事长累计捐赠约120亿元，涉及救灾、扶

贫、助困、教育、文化等各方面，向新疆、福建、湖北、宁夏等多地捐助资金
支持扶贫项目。

一 企业非公益性捐赠行为的主体转向：从大型国企到大型民企

2013 年度《中国慈善捐助报告》显示，该年度中国慈善捐赠总额高达 989
亿元，其中企业捐赠占七成，民企（含外资）占企业慈善行为总量的 90% 以
上。为贯彻落实党的十八大和十八届三中全会关于"支持发展慈善事业"的
要求，促进广大民企通过参与公益慈善事业，积极履行社会责任。2014 年 1
月 9 日，民政部、全国工商联印发了《关于鼓励支持民企积极投身公益慈善事
业的意见》。2016 年 9 月 1 日，《中华人民共和国慈善法》（以下简称《慈善
法》）正式施行，其中明确了慈善活动主要参与主体，享受税收优惠的权利；
明确了对开展扶贫济困的慈善活动要实行更特殊的优惠；允许企业慈善行为结
转以后三年扣除。《慈善法》的出台和新修订的《企业所得税法》使得企业在
承担慈善责任、开展捐赠的过程中有了更为可靠、完善的法律依据和制度保
障。党的十九大报告强调要强化社会责任意识，鼓励企业承担社会责任。企业
慈善成为《慈善法》颁布后国家和学术界关注的热点问题。2020 年 10 月 15
日，《慈善与可持续发展——中国行动 2020》报告及线上实时数据平台由联合
国开发计划署于线上发布，该报告的数据显示，私营部门对于可持续发展目标
的实现极为重要。慈善蓝皮书《中国慈善发展报告（2020）》指出，全球范围
内目标实现所需的资金和资源中，2/3 来自私营部门，其中包括慈善捐赠。民
营慈善企业作为私营部门的重要组成部分，其在慈善捐赠中发挥的贡献尤为突
出，大型民企在慈善资源、实施能力、社会动员力、公益效应和慈善战略规划
等方面相比较中小型民企具有绝对优势和压倒性实力。前文研究表明，企业非
公益性捐赠行为是我国企业慈善行为的核心和主体，这意味着《慈善法》颁
布后我国大型民企在企业非公益性捐赠中超越大型国企和外企。另据中国慈善
联合会 2019 年发布的《中国慈善捐助报告》，民企 2018 年全年捐赠约 450 亿
元，占企业捐赠总量的 50.55%，国企捐赠占总量的 34.90%，恒大、碧桂园
和腾讯 3 家上市民企分别位居国内慈善企业第一、第三和第五名。上述数据表
明，《慈善法》颁布后民企已经成为慈善捐赠主体，相比较国企和中小民企而
言，上市民企作为大型企业，其慈善贡献更为突出，理应给予激励。但是，上
市公司年报捐赠数据显示，民企慈善表现主要为非公益性捐赠，而现有政策没

有将其纳入激励范围。中国民企实证研究表明，企业慈善可以为其带来回报（Jun Su & Jia He，2010）。这意味着，民企慈善需要激励。中国的企业慈善是由制度因素所决定的，表现为政策性企业慈善（何华兵，2018）。此外，Ran Zhang 等人基于中国企业对于四川汶川地震相应的实证研究，指出国企的贡献程度（指救灾捐赠）要低于民企的贡献程度。结果同时揭示出，在中国，公司规模、盈利能力、地理位置、可用货币资源和杠杆作用影响企业针对灾害的慈善应对行为。① 相关研究结果支持上述研究结论。研究结果还表明，这种积极的慈善捐赠后绩效关系在非国企中更为明显，因为慈善捐赠对这些企业的战略驱动力更强。因此，这项研究提供的证据表明，即使在新兴市场环境下，企业慈善事业也能促进实现企业的经济目标。邱晓东（Xiaodong Qiu）发现，积极的慈善捐赠后绩效关系在非国企中更为明显，因为慈善捐赠对这些企业的战略驱动力更强。② 由此可见，大型民企在履行非公益性捐赠行为时，其具备的慈善资源和协调能力具有显著的优势。民营企业家从事公益慈善的指导思想由狭隘的义利慈善观向战略性慈善观转变，使企业从社会环境的"受制者"和"被监督者"分别转变成为行业竞争环境和整个社会环境的"倡导者"与"推动者"。狭隘义利观的局限性植根于其单向性和对立性，战略性慈善行为要恢复企业的经济冲动与慈善文化之间的张力，使捐款的高效性成为企业慈善行为的重要激励，在战略性慈善思想的指导下实现企业经济理性与伦理价值的统一。民企的狭隘义利慈善观主要从投入产出比、企业声誉、市场竞争、免税待遇的角度进行考量，是民企的单次行为，不具有长期性。而战略性慈善观是通过民企的捐赠等方式，旨在将社会获益和企业发展相结合的一种慈善行为，具有战略性、主动性、长期性、互利性，推动民营企业（家）基金会向主动化、长期化发展。大量研究和实践证明，战略性慈善观能显著提升企业的财务绩效，提高消费者的认可度和忠诚度，提高企业的声誉资本，获得政府和立法机构的认同，这些无形资本有利于提升企业的核心竞争力。与此同时，企业已经

---

① Ran Zhang, Zabihollah Rezaee, Jigao Zhu, "Corporate Philanthropic Disaster Response and Ownership Type: Evidence from Chinese Firms' Response to the Sichuan Earthquake", *Journal of Business Ethics*, Vol. 91, No. 1, (2001): 51–63.

② Xiaodong Qiu, "Corporate Philanthropic Disaster Response and Post Performance: Evidence from China", *International Journal of Management and Marketing Research*, Vol. 6, No. 2, (2014): 39–51.

从最初的被动承担社会责任转变为通过主动承担社会责任、创造共享价值来实现企业的可持续、良性发展。民企建立公益慈善管理专业部门，实行项目化运作，公益慈善活动更有计划性和目标性，大额捐赠成立的基金会和慈善信托逐渐出现，民营企业家从事慈善事业的决心和信心不断增强，民营企业（家）基金会从资源的单纯投入者、提供者逐步转变为社会创新的推动者和引领者。基于当前移动互联网技术的发展，企业的发展越来越需要成为经济网络中的平台和结构洞。推动现有政策障碍的解决和更完善、更有效的实施措施出台，如允许股权捐赠设立企业基金会，推动以"基金会＋慈善信托"方式促进大型家族基金会的发展，以《慈善法》为依托开展慈善信托试点等。上述资料和数据充分说明，随着《慈善法》的出台和相关政策法规的落实，中国慈善事业正在迎来"战略性慈善时代"。

以 2016 年 9 月《慈善法》颁布为时间节点，《中国民营企业社会责任报告》《中国慈善发展报告（2020）》《中国慈善捐赠蓝皮书》《福布斯中国慈善排行榜》等国内权威慈善信息报告为样本来源，其特点概括如下：一是资金优势明显，规模不断扩大。2018 年 12 月 26 日，全国工商联在北京召开十二届二次执委会议，首次发布了《中国民企社会责任报告 2018》蓝皮书。数据显示，在履行经济责任方面，私营企业数量占比从 2012 年年底的 78.9% 上升到 2017 年 9 月底的 89.7%，上升了 10.8 个百分点；在履行法律责任方面，民营经济已经成为国家税收的重要来源。在历届"中华慈善奖"获奖名单中，民企和企业家一直占最大的比例。截至 2018 年 6 月底，全国共有 5.54 万家民企参与"万企帮万村"活动，精准帮扶 756 万贫困人口，产业投入 597 亿多元，公益捐赠 115 亿多元，安置就业近 55 万人。上述数据表明，民企一直是公益慈善捐赠的主力，捐赠占比超过 50%。根据 2018 福布斯中国慈善榜的统计数据，前 10 名中有 9 个民企，包括恒大集团、美的集团、瑞华控股和万达集团（排名前五）等国内知名大型民企。2018 年《中国慈善捐赠蓝皮书》发布，碧桂园集团、中南控股集团有限公司等大型民企荣获年度慈善企业称号。2018 年中国福布斯慈善排行榜显示，在 2017 年登上福布斯慈善榜的 100 位企业家中，2018 年有 22 位依旧在榜。许多民企已经形成了以慈善为特色的企业责任文化。通过科学规划与管理，来实现企业主营业务与慈善事业的良性、均衡发展。2021 年 7 月，福布斯中国第十五次发布中国慈善榜，上榜的 100 位企业家（企业）现金捐赠总额为 245.1 亿元，与 2020 年的 179.1 亿元相比，大幅上涨

37%。是继 2011、2017、2018、2019、2020 年之后，总捐赠金额第六次突破 100 亿元，也是首次突破 200 亿元大关。2021 年的入围门槛为 2200 万元，远远高于 2020 年的 1000 万元，捐赠过亿元的企业高达半数以上，为 51 家。捐赠总额为 221.7 亿元，他们的捐赠金额占到总额九成以上。有 21 位企业家连续四年出现在慈善榜上，他们累计捐赠金额达 420 亿元。饮水思源、反哺社会，这是民营企业家肩负的社会责任感，许多民营企业已经形成了以慈善为特色的企业责任文化。通过科学规划与管理，来实现企业主营业务与慈善事业的良性、均衡发展。从捐赠方向分析，受新冠疫情的影响，无论从企业数量，还是捐赠金额上，医疗领域超越了教育和扶贫，成为第一大捐赠领域，占比也从去年的 6.4% 增加到 32.8%。教育和扶贫以 22.5% 占比并列第二，前三大捐赠方向合计占比近八成。从上榜企业所处行业的捐赠金额来看，互联网、房地产和多元化位列前三。榜单显示，来自互联网行业的捐赠金额高达 78.7 亿元，占比 32.1%，成为当之无愧的捐赠主力军。位列二、三名的房地产和多元化行业，现金捐赠合计为 112.4 亿元，占比 45.9%。由此可见，前三大行业的捐赠金额占据了总金额的 78%。

二　企业非公益性捐赠行为的操作转向：从组织动员到市场化运作

在新政策环境下，企业除必须面对来自传统商品市场的挑战之外，还不得不同时处理好与政府及社会大众的关系。显然，作为典型的转轨国家，政府在企业经营与社会整体运转方面起着相当大的主导和决定性作用。在中国，政府对于企业的影响力主要体现在两个方面：一方面，政府具有对企业经营环境起决定性作用的特殊权力和企业不具备企业非常需要的特质。政府是拥有很多稀缺资源（如银行贷款、土地）的控制者和资源分配的决策者，是企业运营环境的缔造者，是影响企业运营的宏观经济政策及行业政策的制定者和执行者。作为与企业完全不同的一种特殊机构，政府在很大程度上代表了不以营利为目的，对社会、对民众负责的公信力，而这种权威形象正是企业组织所不具备的。[1] 另一方面，在中国用于规范企业运营的法律体系仍然存在一定的模糊性，且相对而言，其相关政策法规变动的频率较高、程度较大。因此，就中国

---

[1] 王亚刚、张晓军、葛京、席酉民：《中国民营企业的国际化——制度及经验优势与行业动态性的影响效应》，《西安交通大学学报》（社会科学版）2010 年第 3 期。

企业，尤其相对处于弱势地位的民企而言，与政府相关部门保持良好关系的企业可以较其他竞争对手更早掌握相关政策信息，从而具备先发的行动优势。正如有研究指出的，目前中国民企的慈善捐赠并不只是出于履行企业社会责任的目的。[1] 上述研究表明，在中国，政府对于包括民企在内的各类企业扮演着绝对性管理角色，具有强大的影响力，因而关于企业社会责任同样处于主导性地位，具有监管责任。制度理论认为，企业所处的制度环境深刻影响着企业战略和行为。[2] 由此可见，民企尤其是大型民企出于自身所处环境的外部干预因素考虑，与国企相比而言，会更加看中其行业生存的制度环境。因此，《慈善法》、新修订的《企业所得税法》等企业慈善政策法规与非公益性慈善捐赠行为有着密切联系，这种制度环境直接影响到企业的慈善态度和捐赠动机。正如访谈结果显示：

> 企业其实有很多不一定是通过原来所说的这种公募基金会进行合作的项目，我们看到更多的其实是这种官方的公益组织还是占大头的，因为它本身具有这样天然的身份。一方面，它有政府的背书，或者说它是具备一些优势的，包括它的公信力、影响力。目前，一些重大灾害发生的时候，官方公益组织绝对是站在前面。但我觉得未来企业的公益需求量也是非常大的，每个企业包括我们企业可能都会关注不同的项目，如果我是做教育的话，我可能会去找青少年发展基金会。也有可能每个企业都有它不同的方向，甚至说可以直接去找到免费午餐的项目。所以，我是觉得未来趋势尤其是现在我们也看到出现了一些大的公益平台型的组织，类似于腾讯公益。腾讯公益去做自己的公益，同时我觉得它相当于一个平台，对接企业或者个人，实现了供应方和需求方的有效对接。那么在这个时候，其实我是觉得未来可能我们企业也想去建立一个自己的平台。从项目选择也好，从资金运作也好，企业可以更多地参与其中。我想未来如果能够给企业更多的机会，有更多的选择，通过这种非公益的方式更好地给公益性组织一些同样的支持。包括目前我也看到很多企业其实都是除了保留原来的部分

---

① 陈钊、王旸、黄伟：《中国的企业在尽怎样的社会责任——来自民营部门调查的证据》，《学术月刊》2016年第3期。

② 转引自伍健、高勇强、辛明磊《政府如何影响民企慈善行为？——对多重政府角色的实证考察》，《预测》2016年第4期。

活动外，现在基本上是"两条腿都在走路"，有的企业一方面通过原来的公益组织进行合作，另一方面甚至直接跟需求方对话去更好地完成这个项目。

　　所以，我是觉得这个情况其实就跟我们的市场有点类似，未来慈善肯定要去做类似于市场化的运作。我们企业是作为出资方，愿意投资去做公益，去帮助哪些人群，就是我们企业可以当作市场主体，那么作为主体就可以很好地进行选择。比如说同样的公募基金会，或者说一些私募的基金会，甚至是一些公益团体，其实谁能够帮助主体更好地体现我的出资价值，或者说把我这份爱心能够实施得更好，能够帮助我去达成我的初心，我会做一个更自由的选择，那么作为出资方自然是更愿意去做这种事情的。虽然目前我们企业也可以去做，但可能在操作中还是会存在一定问题，如果能够同样享受到相应的福利，比如像享受同等的权利，未来慈善的蛋糕，就是我们公益的这种平台其实就会越来越大，也不存在孰轻孰重的问题。我之前看过一个数据，数据表明中国的资源跟美国相比，从这种资金的规模也好，还是来源也好，尤其是以人均为单位相比的时候，我们其实非常低。包括我们说大的企业、企业家也好，或者说企业的比例也好，占比其实都是相对比较低的，我觉得从非公益性角度来说肯定是未来更有发展的。(Z2)

民企由于与社会经济并不对等的政治地位，因而常常游离于政治环境之外。随着民企逐渐成为市场经济发展的重要组成部分，民企社会责任问题日益受到社会各界的普遍关注。[1]　就国内研究而言，现有文献多将民企和国企视为一个整体来考察，或是针对特定行业或业态的企业加以分析。传统观点将企业捐赠视为利他行为，而新观点则将其理解为企业战略构成。因此，与政府进行良性互动、建立政治关系对于中国企业的生存和发展有着特殊的意义。

　　由于文化因素的影响，新兴国家企业的内部环境与具体运作方式也与发达国家有着明显的不同。与此同时，有研究指出，民企所处的外部经营环境存在不确定性，外部组织（包括政府、行业协会、社会公众）的出现可以对内部规则失灵、不足之处加以弥补、修复。此外，研究发现，从利益相关者理论的角度来看，随着现代企业组织环境不确定性的不断提升，政府及大众作为两类

---

[1]　王开田、何玉：《中国民营企业履行社会责任的意愿、方法与效果研究：一项探索性调查》，《江西财经大学学报》2010 年第 6 期。

重要的利益相关者其重要性正在日益凸显。还有研究发现，中国企业如果能建立并战略性运用与政府部门之间的关系，可以获取经营所需的财物、土地和人才等稀缺资源，争取政策支持，树立企业正面形象，获取信息优势，从而在相当大程度上降低企业风险、强化并提升企业竞争优势。对企业社会责任的研究表明，通过在企业社会责任的基础上履行企业核心决策的义务，企业可以树立有利于自身组织和利益相关者的社会责任价值观。随着企业社会责任成为组织核心资源的一部分这样一种变革，组织的最高决策层和外部关系始终反映出其持续致力于将企业社会责任作为实现企业可持续发展的一种生活方式。①

　　我认为新的《慈善法》能够带给我们的改变，一方面是作为我们企业，本来就没有希望得到一些资金上的优惠，但既然有这样的政策，其实可以让我们更放心或者说更有意愿去投入；另一方面，我们也愿意拿出更多的钱投入一些我们所希望去设计的一些新的项目，从我们自己的企业来看，原来办项目也是受一些要求的框定，比如说需要跟一些特定机构进行合作，或者进行一些特定领域的合作，但现在我们在逐渐拓宽领域。从未来来看，我们现在拓宽的方向也是在教育这一块，重要的教育关系到我们很核心的一些东西，教育也有一些不同的分支，我们企业比较关注在运动健康的这方面的分支，就是我们说的体育教育，未来我们希望去改善相关企业设施的，包括对于健康发展的营养需求，未来也会结合企业自身的特点去做这样的一些资助。另外，我再讲一下，同样我们还是会在一些重大危机事件发生时实施救助，包括疫情也好，自然灾害也好，比如今年（2020 年）我们也做了很多事情，结合企业的特色或者说企业的优势去做公益。在今年疫情期间，当时是 1 月 23 号武汉封城，我们企业专门对基金设立了管委会，1 月 24 号就做出了一个紧急的决定，对于一些城市包括湖北的武汉、黄冈，除了捐款以外，还购买了一些紧急的医疗物资，另外我们把与免疫相关的一些产品第一时间提供给湖北的一些人群。在疫情期间，我们还同一些协会、基金会联系，因为我们面对的是包括母婴在内的这样一个大的群体，之前我们本身就有上千万的会员，我们考虑到那时

---

① Loi Teck Hui. *Practising Corporate Social Responsibility in Malaysia: A Case Study in an Emerging Economy* (Cham: Springer International Publishing AG, 2018).

候大家都在家可能有些小病，不敢或者说也没有办法去医院，所以从 1 月 28 号一直到 3 月 31 号，邀请了很多医院的专家，差不多开展了整整两个月的线上公益健康讲座，也是基于我们是这样的企业，有这样的会员平台，也有一些跟医院的合作和专家的资源，包括我们也一直在线上尝试做一些数字化营销，通过类似直播这样的一些形式，给一些家庭提供帮助。我觉得疫情期间，除了直接捐款捐物的慈善之外，我们也利用企业的一些优势，或者说企业的平台、技术、资源更好地去呈现慈善。当然，这部分可能难以用金钱去做一个衡量，但我觉得后者对我们为在疫情时渡过难关还是起到了很重要的作用。当然，我们也愿意投入资金、时间经历去做，但这并不是为了要获得什么好处。我觉得这是现在要延伸到未来的企业慈善的变化，包括方向的变化，会有更多的形式、更多的参与方式，可能更多的资助形式都会出现。我们企业在疫情期间在全球范围内都会实施救助，除了在中国之外，后期我们也会参与意大利的一些救助，包括其他需要帮助的国家。我们企业内部，就总公司而言，发起了 8 次的这样的行动，有超过千万元规模的救助。（Z2）

有学者以 2010～2015 年深沪 A 股上市公司为样本，中国企业慈善行为更具私利性。大型民企和国企捐赠均具有私利性，但大型民企捐赠的私利动机强于国企，可能是大型民企面临的外部经营风险较大其政治动机较为强烈所致。① 本研究试图分析新的政策法规在税收优惠减免、结转税方面的激励性措施能否对于中国企业非公益性捐赠行为产生显著的激励效应。当然，企业除必须面对来自传统商品市场的挑战之外，还不得不同时处理好与政府及社会的关系。显然，中国作为典型的转轨国家，政府在企业经营与社会整体运转方面起着相当大的主导和决定性作用。尤其相对处于弱势地位的民企而言，与政府部门保持良好关系可以较其他竞争对手更早掌握政策信息，从而具备先发的行动优势。上述研究表明，政府对于各类企业具有强大的影响力。因此，应将政企关系与企业社会责任有机整合到企业整体竞争战略中，实现企业政府关系策略、企业社会责任与传统商品市场竞争战略间的静态匹配、动态调试与整体最优组合。

---

① 张晨、傅丽蕳、郑宝玉：《上市公司慈善捐赠动机：利他还是利己——基于中国上市公司盈余管理的经验证据》，《审计与经济研究》2018 年第 2 期。

三 企业非公益性捐赠行为的模式转向：从货币捐赠到商业捐赠

慈善蓝皮书《中国慈善发展报告（2020）》指出，2019 年，在市场层面，以企业为主体、以企业社会责任和影响力投资为主题的商业慈善在各种质疑声中方兴未艾，科技向善、商业慈善成为年度公益慈善领域的热门议题。它们在为创新社会治理提供强大的社会及技术支撑的同时，却也伴随着纷繁复杂的争议。商业激活慈善，社会企业与影响力投资日趋兴盛。社会企业与影响力投资是"商业向善"的重要内容，也是慈善组织运用商业激活慈善的重要渠道。2019 年，企业社会责任和影响力投资继续成为国内企业参与公益慈善事业的重要形式。自 2015 年发起以来，2019 年腾讯"99 公益日"的公众捐赠总额已从 1.3 亿元上升至 17.83 亿元，增长了近 13 倍，极大地推动了中国慈善事业的发展。腾讯"99 公益日"既是公益慈善领域的互联网募捐平台，同时也是腾讯履行社会责任、开展影响力投资的重要内容。《企业社会责任蓝皮书：中国企业社会责任研究报告（2019）》发布的"2019 年中国企业社会责任发展指数榜单"显示，华润集团、中国三星、中国华电、现代汽车集团（中国）、中国石化、中国华能、中国建材集团、中国黄金、国投集团、东风汽车等企业位列中国企业 300 强社会责任发展指数综合前 30 名。社会企业被认为是运用商业手段实现社会目的的一类具有混合价值属性的组织。2019 年，社会企业继续成为社会各界运用商业模式激活慈善的重要渠道。2019 年 10 月 17 日，由社企论坛与财新国际联合主办的"中国社会企业与影响力投资论坛 2019 年会"在成都闭幕，会议以"科技赋能、资本助力、商业向善"为主题，揭晓本年度社会企业奖、影响力投资奖以及商业向善奖。最终，"年度社会企业奖"由杭州老爸评测科技有限公司摘得，北京正在关怀科技有限公司获得"最具投资价值社企奖"、成都奥北环保科技有限公司获得"最具发展潜力社企奖"、浙江庆渔堂农业科技有限公司获得"科技创新社企奖"、北京悠贝成长科技有限公司和善益生（北京）健康管理有限公司共同获得"社会企业黑马奖"。会上，有来自 6 家投资机构、8 家投资标的代表签约，总签约金额达到 1.72 亿元，成为迄今国内最大规模的慈善投资合约。①

---

① 朱健刚、严国威：《治理吸纳慈善：2019 年中国慈善事业综述》，《中国慈善发展报告（2020）》，社会科学文献出版社，2020，第 16~20 页。

因此，《慈善法》颁布后，商业慈善在新的政策环境下异军突起，日益发挥政府慈善、民间慈善难以替代的重要作用，我国企业非公益性捐赠行为呈现从货币捐赠到商业捐赠的模式转向。慈善企业在开展非公益性捐赠时，不再仅仅考虑简单的货币捐赠模式，而是将企业的战略规划和慈善目标相统一，融入长期的市场布局和商业元素，进而成为所谓的商业慈善，即在商业慈善行为背后隐藏着一定程度的公益性之外的经济利益。

第四节　《慈善法》颁布后企业非公益性捐赠行为的制度和慈善榜影响效应

现实政策越来越呈现出复杂性。传统政策采用的是自上而下的思路，恰恰忽略了政策对象（行动个体）之间的互动，以及这些互动对政策过程和结果的影响。[①] 毋庸置疑，2016 年中国新出台的《慈善法》属于国家层面纵向规制和引导（包括激励等手段）企业慈善行为的关键性激励措施。但是，新出台的《慈善法》在激励慈善行为方面仍然存在局限性。比如，贺宏认为，2016 年出台的《慈善法》对慈善活动及其所得税税收优惠制度等进行规范，以激励促进其合理发展。然而现阶段所得税法相关的优惠制度仅适用于公益性捐赠，慈善捐赠存在能够享受所得税扣除的捐赠范围有限、企业所得税具体扣除政策不明确、对个人捐赠税前扣除不允许结转等问题。[②] 本研究拟从两个维度分析《慈善法》对于中国企业非公益性捐赠行为的制度影响。

一　企业非公益性捐赠行为的影响效应：政策维度

（一）基于《慈善法》的维度

有研究指出，政府通过税收等法规政策控制可转移资产，能够"挤出"慈善捐赠。正因如此，欧美发达国家都制定了较为完善的慈善捐赠税收优惠政策。[③] 近年来，遍及全球的企业常常发现自己置身一场关于商业责任的广泛

---

① 李玫：《西方政策网络研究的发展与变迁——从分类到政策仿真》，《上海行政学院学报》2014 年第 5 期。
② 贺宏：《慈善捐赠所得税扣除的制度思考》，《税务研究》2018 年第 3 期。
③ 张强、韩莹莹：《中国慈善捐赠的现状与发展路径——基于中国慈善捐助报告（2007—2013）的分析》，《中国行政管理》2015 年第 5 期。

公共辩论（Public Debate）之中，被迫主动参与这场辩论在于两个主要原因：首先，是减少（企业的）风险影响议事日程的变化（比如积极影响可能导致增加管制的政治行为），包括关于企业管制和企业社会责任的国家和超越国家动机；其次，适当满足预期的、现实社会的期待。[1]

上述分析表明，国外的慈善捐赠经验给予企业慈善行为激励研究的政策启示在于：《慈善法》及其配套的《企业所得税法》修订稿等相关政策法规对于中国企业慈善行为的激励实践同样有适用性和可操作性。何华兵通过针对2012～2016年 G 公司本部慈善事业投入额进行分析，从中国特定的制度环境和案例分析指出，与其说企业的慈善行为是为了寻求企业绩效，还不如说是为了寻求与政府的良好合作或者说"政治绩效"。中国的企业慈善是由制度因素所决定的，表现为一种政策性企业慈善。[2] 这说明，中国企业慈善在很大程度上仍然是受政策影响的捐赠行为，进而可知《慈善法》等一系列新出台或修订的慈善事业政策法规在很大程度上会对企业非公益性捐赠行为产生直接或间接的激励推动。目前，国内现有的慈善政策对于国企之外的各类社会组织、非公企业和个人的捐赠优惠措施体现出中国慈善事业有望从以政府为主导的企业慈善行为模式向以社会组织等市场化为主导的企业慈善行为方式转变，这是一项根本性的变革。这意味着在《慈善法》背景下，"企业慈善合作主体呈现多元化特征"。还有研究指出，税收激励慈善事业发展立法所存在的问题，唯有以作为慈善事业基本法的《慈善法》予以解决，即出台更加明确、系统且具可操作性的税收优惠具体措施，才能从根本上得到解决，充分体现激励慈善事业发展的本质就是减税法的根本原则。[3] 比如，《慈善法》第八十条规定，自然人、法人和其他组织捐赠财产用于慈善活动的，依法享受税收优惠。企业慈善行为支出超过法律规定的准予在计算企业所得税应纳税所得额时当年扣除的部分，允许结转以后三年内在计算应纳税所得额时扣除。上述条款与以往企业慈善行为激励性政策法规的最大变化在于：一是凡是参与慈善活动的企业慈善

---

[1] MARKUS A. HÖLLERER, "Between Creed, Rhetoric Façade and Disregard: Dissemination and Theorization of Corporate Social Responsibility in Austria", Peter Lang AG（2012）: 17 - 28.

[2] 何华兵:《中国企业慈善：政府主导与多元参与——以 G 公司为例》,《新视野》2018 年第4 期。

[3] 王作全:《解读〈慈善法〉：过程、内容、亮点与问题》,《中国农业大学学报》（社会科学版）2016 年第 6 期。

行为都能依法享受税收优惠。这意味着企业公益性捐赠行为激励政策扩大到企业非公益性捐赠行为领域，使得中国企业慈善行为的激励对象更加广泛受益面和效果更大。同时，企业非公益性捐赠事业的发展有可能在此法规的激励下获得更大幅度的跨越。问题在于：《慈善法》关于企业慈善行为没有明确其是否包括公益性和企业非公益性捐赠行为，仅仅表述为企业慈善行为，并且法律条文上没有公益性捐赠这个概念。但是，财政部文件、《企业所得税法》及其实施条例里等政策法规中均有"公益性捐赠"概念。同时，中国上市公司年报数据中关于企业慈善行为明确区分为"公益性捐赠"和"非公益性捐赠"。

2016年颁布的《慈善法》系统规范了全社会的慈善行为，为企业提供了更加畅通的行善途径，鼓励企业积极参与公益慈善事业，义利兼顾。当然，该法律的激励对象依然是企业公益性捐赠，还没有涉及企业非公益性捐赠。谢露等以2005~2010年上市公司为样本，实证研究了企业所得税改革的这一变更对企业慈善行为规模的影响，结果表明，所得税改革明显促进了企业慈善行为。进一步的研究结果显示，企业所得税改革之后，相较于国企，非国企更倾向于加大慈善捐赠力度。[①] 正如访谈结果显示：

> 作为一个慈善方面的法律文件，其实相当于对慈善做了重新的定义，定义包括了我们原来常规理解的。比如说，针对一些大病或者说急救助困的对象，我们以前可能更多是在这些范围内去投入，现在扩展到包括教育、科学、卫生、文化、环境等方面，进一步拓展了慈善的定义，这一点是非常重要的。尤其是今年（2020年）也是脱贫攻坚的决胜之年，我们企业如果只是在原来常规的范围进行活动，像一些急救助困，在新的《慈善法》出台之前，其实我们更多地局限于某一范围。比如说汶川地震的救助，您觉得是吗？我们企业捐款捐物，更多的可能是以资金捐助的形式，这种方式我们叫作"授之以鱼"，就是原来可能企业救助及慈善就代表直接给钱，企业资助通过一些专业的公益组织也好，或者特定的这样一些机构，通过这种方式去参与慈善事业。新的《慈善法》定义慈善之后，我认为，一方面我们可以进一步拓展相关范围，企业可以不局限于原来的

---

① 谢露、邓英雯：《企业所得税改革与企业慈善捐赠——基于中国上市公司的经验证据》，《财政研究》2016年第4期。

范围，可以在更广的范围，尤其是在自己一些擅长的领域范围内，发挥更大的作用。如环境保护，现在很多企业（包括上市企业大中型企业）对环境保护比较关注，包括碳排放、减排、清洁新能源，如何减少环境污染。虽然说企业不是像以前一样要建立多少目标，但其实在环境保护方面的一些投入都是对于慈善的贡献。相关的范围拓展了，包括企业的参与度、参与企业的数量，都大大增加了。今年不管是从我们看到的一些大的平台，比如说腾讯公益或者是其他电商平台，他们做的公益背后其实都是有很多企业在支持、参与。企业不光是资金的支持，还有自己身体力行地行动。所以，第一个对于慈善范围的拓展，包括延展、深入度、我觉得是加强了。（Z2）

上述研究结果表明，《企业所得税法》对于国企和民企、外企慈善捐赠动机和行为具有显著的激励效应，尤其是对于后者的捐赠表现有着更为明显的促进作用。尽管现阶段国内相关政策法规对企业慈善行为的激励效应相比以往扶持力度有所加大，范围有扩大，关键问题在于，尽管《慈善法》规定了慈善捐赠税前扣除的优惠政策，但在实际捐赠活动中，如果这项捐赠不是通过被认定为公益性的社会团体捐出的，则不能获得任何税收扣除，即使捐赠的范围和活动属于公益性捐赠。同时，《慈善法》还明确了企业和个人捐赠者可以直接捐赠，然而直接捐赠不属于通过特定团体或部门进行的公益捐赠，因此也不能享有任何税收优惠待遇。《慈善法》与《企业所得税法》和《个人所得税法》规定的差异导致企业和个人捐赠的渠道受限。[1]

（二）基于《企业所得税法》的维度

彭飞、范子英运用双重差分法（Difference－in－difference，DID）发现企业捐赠抵税政策降低了捐赠成本，对企业的捐赠力度产生了显著的正向效应，但是对企业捐赠的"扩展边际"影响较小。[2] 此外，企业捐赠的抵税效应在捐赠规模较小的企业中更加显著。这些结果解释了2008年以来民企捐赠急剧增加的事实，也说明税收优惠政策是促进慈善事业发展的重要手段。目前，税收政策是各国政府普遍采用的引导企业慈善行为的重要工具。有研究指出，《慈

---

[1] 贺宏：《慈善捐赠所得税扣除的制度思考》，《税务研究》2018年第3期。
[2] 彭飞、范子英：《税收优惠、捐赠成本与企业捐赠》，《世界经济》2016年第7期。

善法》的落实离不开相关配套政策法规的支撑和辅助。《慈善法》通过之前，我国已经出台了不少慈善法律法规。主要包括：规范公民或有关组织的慈善捐赠活动的《中华人民共和国公益事业捐赠法》；税法中关于慈善税收激励方面的规定；还有一些省份制定并通过了有关慈善的地方性法规。为了更好地实施《慈善法》，必须及时开展对这些相关配套法律的清理、修订工作，同时就相关内容制定实施细则，保证以《慈善法》为核心的慈善法律体系的完整性、统一性。① 上述分析提及的"税法中关于慈善税收激励方面的规定"是指新修订的《企业所得税法》涉及的相关政策内容。该法对于企业慈善行为不仅体现出更为优惠的政策激励性措施，同时还首次将结转税制度纳入政策激励条款，是中国企业慈善行为激励性政策法规的一大突破。尤其是 2017 年修订的《企业所得税法》提出了"三年结转"的优惠规定，大幅减轻了企业的税收负担，在很大程度上调动企业参与慈善事业、自觉履行社会责任的积极性、主动性和自觉性，这是对于《慈善法》实施的关键性配套政策支持。本研究拟从《企业所得税法》修订后的政策改进和存在的政策供给缺失两个方面加以分析。

1. 《企业所得税法》修订后的政策改进

2017 年修订的《企业所得税法》作为《慈善法》的配套措施之一，首次将公益性捐赠结转税制度作为激励企业参与慈善活动的重要制度依据之一。根据国外的经验，结转税制度是推动企业慈善的重要政策保障，必将对企业非公益性捐赠行为产生有效的激励效应。2018 年 12 月 29 日，最新修订的《企业所得税法》开始施行。财政部税政司副司长张天犁在接受采访时表示，为了保证《慈善法》和《企业所得税法》两部法律以及执行政策保持无缝衔接，新修订的《企业所得税法》实施后，财政部将会进行的两项工作之一就是提请国务院修改《企业所得税法实施条例》，在实施条例中对此次修订的一些条款做出具体的政策规定。修订后的《企业所得税法》第九条规定，企业发生的公益性捐赠支出，在年度利润总额 12% 以内的部分，准予在计算应纳税所得额时扣除；超过年度利润总额 12% 的部分，准予结转以后三年内在计算应纳税所得额时扣除。这是《慈善法》和新修订的《企业所得税法》在税收优惠政策上的重大突破和亮点，是国家鼓励和引导企业慈善捐赠的有力举措。同

---

① 王涛：《〈慈善法〉的立法理念、制度创新和完善路径》，《法学论坛》2018 年第 1 期。

时，还是企业所得税政策优惠范围和力度的扩大和延伸，在很大程度上解决了企业大额捐赠支出的税前扣除问题。此次修改后，企业公益性捐赠享受所得税优惠的力度，无论是在允许扣除的 12% 的比例上，还是在结转三年的期限上，在国际上都属于领先水平，有利于进一步调动企业参与公益事业的积极性，有助于促进公益事业的健康发展。2019 年 4 月 14 日，财政部、国家税务总局和国务院扶贫办联合发布《关于企业扶贫捐赠所得税税前扣除政策的公告》（财政部、税务总局、国务院扶贫办公告 2019 年第 49 号），该公告在企业公益性捐赠支出年度扣除限额 12% 的基础上，规定同时发生扶贫捐赠支出和其他公益性捐赠支出的，符合该公告相关条件的扶贫捐赠支出不计入 12% 的限额之内。换言之，如果企业进行符合该公告和相关条件的扶贫捐赠，相当于增加了所得税税前扣除的年度限额。[1]

2. 《企业所得税法》修订后的政策供给缺失

尽管《慈善法》首次提出超额捐赠允许结转以后年度进行扣除，然而《企业所得税法》和《个人所得税法》的相关规定都仅仅是针对公益性捐赠活动，导致一般的慈善捐赠活动不能享受所得税税收优惠政策。[2] 显然，此次修改《企业所得税法》对于鼓励企业大额捐赠、持久捐赠将起到部分促进和鼓励作用，企业公益性捐赠行为可以享受到一定的税前扣除优惠，由于政策的局限性，会有部分慈善企业无法享受政策优惠待遇，包括企业非公益性捐赠。一方面，应针对企业慈善行为的道德和文化属性，加强舆论宣传引导以及道德文化建设，激发企业出于利他主义和社会责任感参与慈善捐赠；另一方面，更重要的在于制定激励企业扩大慈善捐赠倾向和规模的制度，通过企业慈善行为自利动机的税收优惠政策发挥激励作用，推动慈善事业发展。[3] 为了确保《慈善法》和后续修订的《企业所得税法》有效衔接，保障《慈善法》关于企业慈善的税收优惠政策得以落实，应该由国家税务管理机构按照税收优惠政策统一专门的税收法律法规，为进一步落实税收法，与《慈善法》中有关公益性捐赠支出结转扣除的规定做好衔接。但是，研究发现，政府对税收优惠政策的选择并没有明显差别，根据以往的研究，捐赠税前扣除、降低企业所得税率和完

---

① 马剑银：《2019 年中国慈善法治发展观察报告》，《中国慈善发展报告（2020）》，社会科学文献出版社，2020，第 98～99 页。

② 贺宏：《慈善捐赠所得税扣除的制度思考》，《税务研究》2018 年第 3 期。

③ 周波：《促进慈善捐赠的企业所得税政策探析》，《税务研究》2020 年第 5 期。

善企业配套捐赠等方式对企业会产生不同的激励效果。因此，不同的税收优惠政策会对企业的捐赠产生不同的效果。[①] 进而言之，激励企业扩大慈善捐赠倾向和规模的制度设计，应有效针对企业慈善行为的利他和自利两种动机。针对民企这一特定慈善捐赠主体，有研究表明，企业慈善行为不仅发挥争取信贷供给进而缓解融资约束的作用，而且也带来融资便利、政府补助和投资机会等经济实惠。[②③] 但由此认为使用所得税制度进行企业慈善激励缺乏操作空间则是不正确的。这是因为，伴随市场和政府关系优化以及政府职能转变改革深入推进，金融市场体系将日益完善，政府官员权力和行为将得到规范，进而使理性、可持续的企业慈善行为激励制度仍将落脚到企业所得税制度上。[④]

因此，作为《慈善法》最重要的配套政策法规之一，《企业所得税法》对慈善捐赠的税收减免和结转税待遇的优惠对象依然是公益性捐赠支出，这与《慈善法》的慈善捐赠政策优惠和支持对象是矛盾的。但是，就企业慈善行为而言，企业非公益性捐赠行为的政策激励依然没有被列入《企业所得税法》等相关政策条款之内，已有的政策法规激励对象依然限定于企业公益性捐赠行为。这意味着在企业非公益性捐赠成为中国慈善事业捐赠主体的形势下，新修订的《企业所得税法》由于其自身政策的局限性，依然难以有效、合理激励企业参与慈善公益。尤其是对于企业非公益性捐赠行为而言，能够获得的政策激励与扶持极为有限。

二　权威性慈善榜影响效应：第三方维度

再以国内权威的慈善榜——中国慈善榜为参照。该榜由公益时报报社自2004 年开始每年编制发布。榜单以寻找榜样的力量、弘扬现代公益精神为宗旨，以年度实际捐赠100 万元以上的企业或个人进行数据采集样本。数据主要来源于六个方面：民政系统接受捐赠的数据、捐赠者提供的数据、公益机构接受捐赠的数据、上市公司年报公布的数据、媒体公开报道的捐赠数据以及

① 杜兰英、王硕、余宜珂：《我国税收优惠政策对民营企业公益性捐赠的激励效用初探——基于资源依赖理论和社会交换理论的博弈分析》，《税务研究》2017 年第 6 期。

② 高帆、王亚楠：《中国民营企业慈善捐赠的避税效应和融资效应》，《学术研究》2015 年第 7 期。

③ 戴亦一、潘越、冯舒：《中国企业的慈善捐赠是一种"政治献金"吗？——来自市委书记更替的证据》，《经济研究》2014 年第 2 期。

④ 周波、张凯丽：《促进慈善捐赠的企业所得税政策探析》，《税务研究》2020 年第 5 期。

《公益时报》的公益档案数据。通过不同渠道的数据对比以及专业调查核实，最终形成榜单。2019 年 4 月 28 日，第十六届（2019）中国慈善榜在北京发布。公益时报社社长刘京在致辞中表示："我们力求以客观严谨的态度反映大额捐赠领域的真实面貌。15 年以来，我们共记录了 2571 位慈善家、6479 家慈善企业的大额捐赠，收录总金额超 1800 亿元。"回顾和分析 2008 年至今的大额捐赠数据，刘京表示，"我们发现，中国大额捐赠由情感走向理性主导，由松散走向系统常态，由简单走向科学持续"。其中慈善企业慈善金额 180.9469 亿元，创历年新高。上榜慈善企业 744 家，比 2018 年的 120.7864 亿元增长 50%。民企慈善行为依旧抢眼，有 578 家来自内地的民企榜上有名，共计捐赠 144.3506 亿元，占榜单总额的近八成（79.78%），平均每家企业年度捐款 2497 万元。以投资为代表的商务服务企业在本届榜单表现突出，有 118 家该行业企业上榜，高出房地产企业（100 家）。以北京、深圳、香港为主要活动领域的民企慈善行为动力十足，捐赠额占榜单近八成。日照钢铁控股集团有限公司、腾讯公司、新奥集团股份有限公司、传化集团有限公司、中南控股集团有限公司、碧桂园集团、完美（中国）有限公司、轻松筹、紫金矿业集团股份有限公司、大众汽车集团（中国）等被授予年度慈善企业称号。九阳股份有限公司——九阳希望厨房、完美（中国）有限公司——完美公益影像节、国际慈善管理 EMP、湖南爱眼公益基金会——你是我的眼角膜盲症救助计划、吉利控股集团——吉时雨精准扶贫项目、志玲姐姐之家爱心筑巢专案项目、人民的宝贝总决选之社交电商精准扶贫行动、宏达集团的"川信精准扶贫"项目、中植集团的"少数民族学前学会普通话"行动、百事公司的"百事营养行动"等荣获年度慈善项目称号。2021 年 6 月 28 日，由民政部指导、公益时报报社主办的第十八届（2021）中国慈善榜在青岛正式发布。本届中国慈善榜共计有 105 位（对）慈善家上榜，合计捐赠金额 40.1010 亿元。有 1108 家企业上榜，合计捐赠达 226.9964 亿元。从企业榜来看，2021 年度超过 1000 家上榜企业中有 43 家企业的年度捐赠总额为 1 亿元以上，有 361 家企业年度捐赠总额为 1000 万至 1 亿元。其中碧桂园荣登 2020 中国慈善榜"慈善企业榜"榜首，并荣获 2020 中国慈善榜"十大慈善企业"称号。牧原集团捐赠金额超过 10 亿元，碧桂园捐赠金额超过 20 亿元，全部企业捐赠金额共计 78.2096 亿元。整体来看，2021 年中国"慈善企业榜"大部分上榜企业主要来自房地产、医药、金融、能源等领域。碧桂园集团、中南控股集团有限公司、新奥集团股份有限公司为 2021 年度中国十大慈善企业。本次慈善榜数据显示，在《慈善法》颁布后，国内民企、外企在慈善领域表现抢眼、处于强势领先地位。其中，碧桂园、中南控股、新奥集团、传化集团、旭辉控股（集团）有限公司、日照钢铁控股集团有限公司等均为民企，而大众汽车集团（中国）、汇丰银行（中国）有限公司等则为知名外企。上述民企和外企大多长期从事非公益性捐赠，有的企业还获得国内慈善捐赠最高奖励——"中华慈善奖"，这表明新的激励政策环境为非公有制企业实施企业非公益性捐赠行为提供了良好的外部制度环境和政策驱动效应。

此外，爱德基金会常务副理事长丘仲辉在"2017 公益创新峰会"期间接受参访时指出，"在中国，企业一直是社会捐赠的主力军，全国社会捐赠的 70% 来自企业。《慈善法》的实施，为企业在从事公益活动时，提供了更多的选择和便利"。峰会公益企业代表之一苏宁云商集团副董事长孙为民认为，不盈利的企业肯定算不上好企业，但盈利的企业也未必都是好企业。"有些人认为企业是以营利为目的的机构，公益是政府和 NGO 的事情，不要让公益成为企业的负担。我们认为这种想法是错误的，公益是企业社会责任的重要组成部分，企业的社会责任应是企业发展的终极使命。"①

总之，《慈善法》从来就是减税法的外衣，税收优惠是慈善立法最为核心的要素，像美国干脆就没有独立的慈善法，而是让其依附于本国税法的架构下，这些都清楚地表明了"不减税、无慈善"的基本立法原则。不仅如此，税收激励慈善发展的立法国家层面缺乏清晰可辨的统一部署，大多散见于各税种的个别规定以及更为散乱的一系列通知、意见、规定当中。这些散乱且层级较低的规章存在"层级受限、涵盖狭隘""条文脱节、适用艰难""手续烦琐、申请麻烦""力度偏弱、作用有限""执行乏力、实施不广"等问题。②

---

①　申冉：《中国〈慈善法〉实施一年：七成社会捐赠来自企业》，中国新闻网，http://www.chinanews.com/sh/2017/09－05/8323349.shtml，最后访问日期：2018 年 8 月 10 日。

②　李响：《论我国慈善激励机制的立法缺失及其完善》，《上海财经大学学报》（哲学社会科学版）2016 年第 3 期。

第八章 新政策环境下企业非公益性
捐赠行为激励机制完善

近年来，中国陆续出台了《慈善法》、新修订的《企业所得税法》及其实施条例等权威性激励性政策法规，民企慈善捐赠享受相应的税收优惠和结转税制度被明确以法律形式加以确认。在资源依赖理论和社会交换理论背景下，税收优惠政策虽然对民企的捐赠动机影响较弱，但对其捐赠意愿的正向影响较强。因此，政府部门应当通过进一步优化针对企业慈善行为的税收政策，例如加大捐赠税前扣除、降低企业所得税率、增强企业配套捐赠的力度等方式进一步加大民企公益性捐赠税收的综合优惠力度，让更多的企业热心社会公益事业。[①] 以往针对大型民企慈善捐赠的激励政策集中于企业公益性捐赠方面，而对于占据绝对份额的非公益性慈善捐赠则明显缺乏足够的激励机制。有研究指出，《慈善法》出台后捐赠者在做捐赠决定时，所面临的成本就是通过减税率和税收政策计算的，是一个市场化的决策模型。它避免了行政干预等强制性政策工具的使用，将捐赠决定权留给捐赠者，真正体现了慈善的自愿性特征。[②] 就企业慈善行为而言，行政动员或政治动员曾经是政府强制推动企业参与慈善捐赠的重要激励工具。在新政策环境下，其对于国企依然具有一定的激励效应。但是，随着企业慈善愈发体现为市场化决策，《慈善法》和《企业所得税法》等激励性政策促使企业慈善行为的激励工具日趋多元化。其中，税收优惠减免制度和结转税制度扮演了关键的激励角色。企业非公益性捐赠行为激励正在与我国慈善事业的政策法规和具体措施逐渐接轨。

---

① 杜兰英、王硕、余宜珂：《我国税收优惠政策对民营企业公益性捐赠的激励效用初探——基于资源依赖理论和社会交换理论的博弈分析》，《税务研究》2017 年第 6 期。
② 张奇林：《〈慈善法〉与中国慈善事业的可持续发展》，《江淮论坛》2016 年第 4 期。

研究表明，税收政策不仅是激励企业公益性捐赠行为的有效工具，而且在引导企业非公益性捐赠行为方面同样有效。但是，现有激励工具存在制度漏洞和政策缺陷，远不能适应企业非公益性捐赠快速发展的整体形势。这表明企业非公益性捐赠行为激励机制亟待优化。概括来说，主要体现在以下方面。一是应修正和完善公益性税收政策，扩大税收政策优惠影响范围，适时移植到企业非公益性捐赠领域，增强其作为激励工具的适用性。因此，政府应该逐步提升结转税制度的激励效力。二是在部分大型慈善项目中逐渐推行特许经营制度，并作为制度化激励工具引导企业非公益性捐赠行为。三是探索结转税制度引导企业非公益性捐赠行为的可行性和适用性，与拟制定的企业非公益性捐赠激励性政策相互支持，形成合理、有效的激励工具组合。因此，如果仅依靠《企业所得税法》及其实施条例等少数激励工具，而没有配套激励机制，很难发挥企业非公益性捐赠的激励效应。

第一节　企业非公益性捐赠行为激励的目标设定与路径选择

一　激励目标设定：引导企业非公益性捐赠行为实现公益效果

企业非公益性捐赠可以理解为一种企业基于自身产品深化、形象塑造、品牌维护、消费者凝聚和市场拓展等维度的变相营销手段或策略。顾雷雷、欧阳文静以 2008～2014 年中国上市公司为样本，基于资源基础理论和资源依赖理论，从市场角度探讨企业营销能力对"慈善捐赠—企业绩效"关系的影响，在不同市场化程度下企业营销能力发挥的不同作用。[①] 本研究通过实证检验发现，企业营销能力越强，企业所在地区的市场化程度越高，慈善捐赠对企业绩效的促进作用就越大。

二　多维度下企业非公益性捐赠行为的激励路径选择

（一）实现企业非公益性捐赠机制规范化

规范的企业非公益性捐赠机制应在严格监管私募慈善基金会依法运作的同

---

① 顾雷雷、欧阳文静：《慈善捐赠、营销能力和企业绩效》，《南开管理评论》2017 年第 2 期。

时，酌情扩大其权限，赋予其与官办公益慈善组织同等的组织权利和政策待遇，从而有效激励和规范企业的慈善行为，使政府民政部门、官办慈善组织和私募慈善基金会之间形成合理的竞争局面，提高企业慈善行为渠道的竞争活力。

（二）保障企业非公益性捐赠项目竞争有序化

政府应该制订出科学、系统的企业慈善捐赠项目计划和可行的企业慈善竞争保障机制，引导和规范企业按照激励性规制方案设定的目标和程序合理、有序进行企业慈善捐赠，保障企业参与慈善项目的规范性，避免各种非理性慈善目标、对象集中式的慈善行为。尤其是应避免出现以追求企业品牌声誉为目的，针对某些捐赠地区、对象和活动形成一哄而上、规划缺失、行动失范、效果失衡、捐助不均等无序化的慈善行为。

（三）促进企业非公益性捐赠资源分配机制的合理化

恰当的企业非公益性捐赠资源分配机制体现为政府设置高效、健全和有效的资源协调、调度和配置机构，配备精干的资源分派人员，保障企业慈善资源分配的针对性、合理性和计划性。确保企业捐赠实物获得效益最大化的慈善效果，使企业非公益性慈善资源的分配能够指向慈善捐赠的预期目标，使企业获得非公益性捐赠之外的市场效益、品牌价值和社会声誉等利益回报的期望得以体现。

（四）确保企业非公益性捐赠行为政府监管机制的有效性

政府应该建立制度健全、措施有效的规制方案，从外部保障的角度规范企业慈善行为，依据政府慈善事业发展规划，按照激励性规制设定的企业慈善目标，依法有序地开展慈善项目，以达到既定的慈善效果。既要引导企业慈善实现效益最大化，同时还要规范和约束慈善组织、参与人员可能出现的资源浪费、挥霍、挪用和截留等违法违纪行为，从制度层面最大限度确保对企业慈善行为的有效监管。

（五）建立企业非公益性捐赠信息发布公开机制

健全的企业非公益性捐赠信息公开制度作为新型政府规范性激励措施包括围绕企业慈善信息公开建立一套制度健全、高效规范的信息发布机构和制度体系，一条透明务实的定期信息发布渠道，一批精干负责的信息发布人员等。从制度层面增强企业慈善信息公开的规范性、权威性和透明度，从而避免或减少由慈善信息缺乏公开造成的政府、企业寻租行为或利益集团的规制俘获，规避慈善的社会公益效果受损。访谈结果显示：

因为之前通过研究，我当时梳理沪市主板上市公司年报，发现在中国的企业年报中是注明捐赠是公益还是非公益性的。研究发现，很多企业虽然做的是非公益慈善，但它产生的效果是公益性的，就是说公益性和非公益性的慈善捐赠都可以产生公益性慈善效果。同时企业的非公益性慈善捐赠是出于一种企业战略规划目标，企业的运营状况，这些您刚才也提到了，包括企业的品牌形象维护以及企业的产品优势，综合因素结合起来能够达到双赢，既创造有助于社会公益的慈善效果，同时也有助于企业的长期成长。双方共赢能够保（障）政府、企业和社会之间进一步形成互动、互惠、互利的关系，其慈善效果能够更加长远和可持续，不知道这样理解合不合适。因为现在我在做的研究主要是关于企业的非公益性捐赠，但主要验证的是公益性的慈善结果，目前研究的相关资料还比较少。（Z1）

对，就像您刚刚说的那样。比如说在线教育企业，它也是在做公益。其实从一个角度来说，它是在做市场，从另一个角度来说，它同样在做公益，二者不矛盾、不冲突。比如说一些房地产公司，它在帮助很多的偏远山区也好，或者说一些小镇也好，去做一些特色旅游小镇，我觉得这中间也有一些商业的行为，但同时也有公益的行为在，这种形式其实蛮好的。有时候我们开玩笑说，企业最大的公益，首先就是必须生存。企业好了，企业做起来了，发展了，未来才有更多的资源去回馈社会，或者说员工、合作伙伴、客户都是社会的一员，企业发展起来之后，社会是受益的。当然，如果还能更多地投入资金，那么就能让更多人受益。包括我一直在跟基金会领导的沟通，我说我们的很多公益项目其实从企业角度来看，是希望去寻找一些结合的点，使得公益活动的结果能有一定的可持续性。比如说企业需要某种原料，那么中国的某个区域，存在适合的气候、土壤，或者是适合开采的原料，但可能以前没有这样的需求端，导致这种原料没有办法去开采，未来企业可以与当地联系，企业可获得需要的原料，同时这个项目也可以帮助地区脱贫或者改善当地经济状况，其实这是一个双赢甚至多赢的局面。（Z2）

第二节　企业非公益性捐赠行为的新兴激励工具探索

E. S. 萨瓦斯（E. S. Savas）指出，"民营化意味着以政府高度介入为特征的某种制度安排向较少政府介入的另一种制度安排的转变。从政策角度看，最重要的民营安排方式包括特许经营、合同承包和补助等"①。随着非公益性捐赠在慈善事业中的作用、贡献度和影响力日益增强，围绕企业慈善的民营化或市场化进行新兴激励工具探索势在必行。结转税制度、特许招投标机制等新兴激励工具在新政策环境下企业非公益性捐赠行为激励机制中发挥的作用有待于进一步探索。

一　企业非公益性捐赠行为的新兴激励工具梳理

（一）结转税制度：完善企业所得税制度

目前来看，世界发达国家大多允许企业公益性捐赠向后结转，只是在结转年限上存在大同小异的规定。② 这种企业慈善行为的税收减免制度具有明显的激励性质，结转性的激励政策能够减少企业应交税金，对于企业根据经营战略合理安排年度捐赠计划具有显著的激励效应。因此，国外税收政策的优惠效果体现在捐赠数额税前扣除政策对于企业慈善行为产生的价格效应和收入效应。捐赠税收扣除额标准越高，其价格效应和收入效应越大，从而可促使捐赠者增加捐赠。③ 与西方国家以个人为慈善行为主体不同，中国慈善事业的捐赠主体是企业，而企业非公益性捐赠在整个国家慈善贡献中的比重又居于绝对主导地位。因此，《企业所得税法》的后续修订必须充分考虑到这一因素，用切实有效的激励政策推进企业的慈善公益行动。否则，长此以往，必然严重影响企业非公益性慈善行为的积极性、主动性和参与性。

（二）特许招投标机制：探索区域试点

特许招投标机制（或称特许经营制度）是西方社会公益范式激励性规制

---

① 〔美〕E. S. 萨瓦斯：《民营化与公私部门的伙伴关系》，周志忍等译，中国人民大学出版社，2002，第107页。
② 刘磊：《企业捐赠的税收处理问题研究》，《税务研究》2006年第1期。
③ 谢娜：《我国慈善捐赠税收优惠政策现状、问题及调整》，《中国经贸导刊》2012年第26期。

理论提出的主要规制机制之一。1968 年，H. 德姆塞茨（H. Demsets）发表了《为什么管制基础设施》这篇重要论文之后，特许招投标机制作为激励性规制受到学界的关注。概括来说，"政府和地方公共团体提供公共服务时，在认定由一个特定企业承包比较经济的情况下，对这个企业给予垄断权，但同时又以对企业给予提高内部效率的刺激为目的，在一定时间后通过竞争投标进行决定，将特许权授予那些能够以更低的价格提供更优质服务的企业"①。根据上述分析，本研究认为，就中国的企业慈善行为而言，特许招投标机制适合被引入作为激励性规制机制之一。比如，重大事件的救灾安排，政府可以将灾后重建规划和实施方案根据企业慈善贡献度和捐赠表现择优选取若干有实力、有爱心的优质慈善企业参与慈善重建项目的招投标，通过招标特许机制确定 1 ~ 2 家企业的灾区重建资格，参与灾区建设。特许招投标机制作为慈善事业行之有效的规制机制，一方面，可以借助招投标方式树立企业的标杆形象，激励企业积极参与慈善捐赠，这种特殊形式的项目建设是对慈善企业的某种利益回报；另一方面，政府将部分慈善项目中的公共服务以特许招投标机制的方式外包给有资质、有能力、有爱心的慈善企业，企业参与实施，政府负责监管项目进度和效果，这种企业化或市场化的举措可以有效降低政府救助成本，提高慈善项目建设效率。特许招投标机制是一种鼓励企业参与慈善事业的激励性规制机制，在树立慈善企业标杆形象的同时，给予了相关企业以合理的回报。目前，由公益热心人士邓飞发起的"免费午餐"公益计划，已经成为国内历史最为悠久、最具影响力和慈善效应、体现"特许招投标机制"色彩的非公益性慈善项目。该项目通过招投标机制严格遴选有爱心、有实力、有口碑、有资质的知名慈善企业以非公益性捐赠的形式参与此项活动。2011 年 2 月，国务院发展研究中心中国发展研究基金会一项关于中国贫困地区学生营养状况的调查报告揭示，中西部贫困地区儿童营养摄入严重不足，受调查的学生中 12% 发育迟缓，72% 上课期间有饥饿感；学校男女寄宿生体重分别比全国农村学生平均水平低 10 公斤和 7 公斤，身高分别低 11 厘米和 9 厘米。报告指出，中国儿童贫困将导致其未来人力资本的巨大损失，形成贫困代际传递。政府应把儿童营养干预作为基本职责，并由执政党和国家做出政治承诺。2011 年 4 月 2 日，邓飞联合 500 名记者、国内数十家主流媒体和中国社会福利基金会发起免费午餐基

① 转引自曹永栋、陆跃祥《西方激励性规制理论研究综述》，《中国流通经济》2010 年第 1 期。

金公募计划，倡议每天捐赠 3 元（由于物价上涨，自 2015 年秋季学期起餐标提升为 4 元/餐），帮助孩子们免于课间饥饿，享有热腾腾的免费午餐。截至 2019 年 3 月底，免费午餐基金共计募捐金额 52449 万元，累计在全国 26 个省区市开餐 1168 所学校，累计用餐人数达 304570 人。中欧工商学院教授许小年在"免费午餐"8 周年系列活动演讲时指出，保障免费午餐项目可持续性的另一个要素也是不可或缺的，那就是市场化的运作。民间的首创精神、市场化的运作和政府的规范，免费午餐项目能够顺利运作到今天，这三个要素缺一不可。当民间出现了创新的组织方式和创新的项目时，政府有责任进行规范，在规范的基础上推广到更大的范围，"免费午餐"就是这样一个非常成功的"民间 + 政府"案例。

因此，企业参与非公益性捐赠是慈善活动市场化运作的合理结果和必然趋势，而特许招投标机制是新兴的激励工具之一。在《慈善法》颁布后，通过中国民企 500 强、中国食品安全 10 强——圣农食品、光明牛奶等国内知名食品企业的加入，特许招投标机制在一定范围内的企业非公益性捐赠和部分慈善项目推行具有可行性。在一些特许招投标慈善项目中，中国社会福利基金会发起的针对中西部贫困地区在学儿童的"免费午餐"计划、爱德基金会发起的"大山里的健康小课桌"行动、中国儿童少年基金会发起的"给困境儿童送生活包"项目等发挥了较好的慈善效应。尤其是定向弱势群体和区域的专项慈善捐赠项目，对于该项目所需的大批量、有严格品质标准的慈善用品、慈善设施和慈善资源，政府可以尝试通过特许采购招标的方式，采取价格上限机制，防止慈善项目采购环节可能出现的寻租交易、高价或劣质产品和服务等。

（三）区域间竞争机制：遴选优质慈善企业试点

1985 年，A. 雪理佛（A. Shleifer）提出了"区域间竞争"理论模型，其基本内容是，规制者将受规制的全国性垄断厂商划分为几个地区性厂商，规制者利用其他地区厂商的成本等信息来确定特定地区厂商的价格水平，通过不同地区间垄断厂商的间接竞争来刺激厂商降低成本、提高效率。[1] 概括来说，政府划分一定的竞争区域，然后在不同区域树立若干具有示范价值的标杆企业，来刺激企业相互竞争，降低成本和价格。应该说，区域间竞争机制具有一定的激励效果，在中国国土辽阔、市场分布不均、区域间竞争机制多元化的情况下，该机制可以作为激励措施在一定区域内开展局部试点。比如，在全国范围

---

[1] 转引自曹永栋、陆跃祥《西方激励性规制理论研究综述》，《中国流通经济》2010 年第 1 期。

内由相关政府部门划定几个大的区域，通过特许招投标等竞争机制在每个地区择优选取 3~4 家慈善企业独家承担该地区慈善产品和服务的提供，并在区域间政府制定的垄断慈善企业之间形成价格和服务竞争格局，促使企业间相互竞争，从而降低地区间慈善产品和服务的供给水平差异，全面提高企业慈善供给水准和服务质量。当然，鉴于国情复杂，各区域经济水平差异较大，区域间竞争机制现阶段还不宜大范围推广和铺开，可以尝试在一定范围内进行慈善项目规制试点。如果项目经过评估和检验具有可行性、可复制性和推广价值，再酌情扩大试点范围。但是，该机制不失为与企业慈善行为有一定契合度的激励工具。政府可以根据每年评选的最佳慈善企业参与慈善事业重大、重点项目招投标，科学、有效地安排慈善企业在不同区域有效开展非公益性捐赠。根据不同行业的企业慈善资源优势和能力指向以及效用幅度，通过企业非公益性捐赠形成的区域间竞争机制，构建规范、合理、协调的区域性企业慈善协作体系。

（四）延期偿付：探索特殊企业慈善行为项目

延期偿付是一种在西方国家中尚为数不多的规制机制。简单来说，就是消费者可以根据自己的需求和经济状况，先选择某些产品或服务试用，在经过一定的使用时间后，根据效果给予相应费用的一种规制机制。在目前先付款再消费的习惯中，人们对于这种消费模式往往持怀疑、观望的态度，毕竟米尔顿·弗里德曼所强调的箴言，"世界上没有免费的午餐"，这句话深深影响着公众的消费观。但是，本研究认为，从企业慈善行为的角度来看，这未尝不是一种新的激励机制尝试。比如，在慈善企业为灾区救助提供慈善产品和服务时，政府和慈善基金会若无法确认企业的慈善动机、行为利弊以及慈善捐赠服务品质，可以由政府、慈善基金会代表慈善项目管理方与慈善企业签订合同，以社会契约形式为企业慈善行为的要约保障，由相关政府部门提供相应的慈善商品、服务信用或品质担保。在企业履行非公益性慈善行为过程中，应先向灾害救助对象或者受助对象提供紧急慈善产品和服务临时性援助，在救助行为完成之后，政府或慈善基金会聘请专业性慈善咨询评估机构等非政府组织或调研团队对企业提供的慈善捐赠项目效果实施评估和考核，达到了合同规定的执行标准，再向企业支付相应的费用，从而保障企业慈善捐赠的效率和成效。

在企业慈善资源价值取向和分配协调机制透明度相对缺失的制度环境下，延期偿付不失为一种可以借鉴和探索的激励机制，前提是政府或慈善基金会与企业之间达成相应的共识，并以契约形式保障参与方各自的权益。因此，延期偿付虽然是西方学界率先提出的一种激励工具，但是在中国企业慈善捐赠的特殊历史背景和制度环境下，反而有可能是比较有效、合适的激励手段，是政府可以酌情考虑采纳作为项目试点并在一定范围内推广的激励工具。

综上，新政策环境下的企业非公益性捐赠激励工具，比《慈善法》颁布前在激励手段和力度层面已经有了显著提升。这表明，《慈善法》和新修订的《企业所得税法》大大发挥了税收优惠减免的法律效力，而前文探索的结转税制度作为主要激励工具之一在相关政策法规中得以正式颁布。同时，区域间竞争机制和延期偿付虽然尚没有在激励性政策法规中加以体现，但是在慈善捐赠项目实践中具有一定的可操作性。

二 企业非公益性捐赠行为激励工具的优化组合

随着企业非公益性捐赠在中国慈善事业中的地位和贡献日趋突出，单一激励工具已无法满足激励需求，且均存在不同程度的缺陷。比如，现有的激励性法律法规不够健全，没有针对非公益性捐赠和非货币性捐赠的激励内容；《慈善法》《企业所得税法》等极少数税收政策覆盖面和优惠力度有限，政策法规效力有效性有待评估，很难真正起到引导和激励非公益性企业慈善动机和行为的作用；特许经营制度作为小范围内施行的激励工具还没有得到普及和推广。

就企业慈善行为而言，很多国内企业还没有真正意识到非公益性捐赠的意义和价值，即非公益性捐赠不仅有助于企业自身获得利益回报，同时还能促进社会公益进步。尤其在协助政府解决社会问题方面具有显著的公益效果，这是政府、社会和企业等各方慈善主体共同期待的互惠结果。社会契约慈善动机影响下的企业公益性捐赠并非企业自发、自觉、主动的动机反应，更多体现为一种被动的、消极的慈善愿望和理念。这表明，秉持非公益性动机的慈善企业在慈善意识和社会责任感等方面还没有达到政府和社会所期待的层次和境界。政府引导这类企业的重心在于激励其从非公益慈善动机的角度参与捐赠，以促进企业慈善从更多途径解决社会问题。就中国企业的慈善现状而言，作为中国主流的非公益性企业慈善应该有适当的激励工具组合加以有效引导和推进，企业公益性捐赠仅有单一或片面的激励工具在局部或个别方面起到了激励效果，无法从整体上对企业非公益性捐赠发挥全面的激励作用。

（1）法律法规和税收政策作为各国共用的企业公益性捐赠激励工具具有

显著效果。其中，法律法规作为权威性激励措施经过多年国内外实践已被证实是行之有效的，具备向企业非公益性捐赠进行政策移植的可行性，而税收政策作为企业非公益性捐赠激励工具的有效性也已经在实证研究后得以证实。因此，法律法规和税收政策作为引导企业非公益性捐赠的激励工具，其地位是其他激励工具所不可替代的。

（2）特许经营制度经过西方解决社会问题的激励工具经理论验证和实践检验是可行的。目前，这种激励工具在西方发达国家尚没有被引入社会慈善领域。但是，本研究认为，慈善事业作为公共领域的重要组成部分，同样可以借助特许经营制度在一定范围内进行适当探索和尝试。本研究选取了中国企业慈善行为的典型个案加以分析，论证特许经营制度作为激励工具在引导和促进企业参与慈善过程中应有的激励效应。特许经营制度在促进企业慈善方面具有适用性和可行性，作为配套激励工具在引导企业非公益性捐赠时能够发挥辅助作用。

（3）结转税制度经过西方发达国家数十年实践检验，已经取得大量成功经验。作为西方国家极为有效的激励工具，在引导企业参与慈善捐赠方面具有显著的适用性。中国从 2017 年开始出台旨在激励企业公益性捐赠的结转税制度。虽然还处于政策试点的探索阶段，但这足以表明政府已经注意到结转税制度作为促进企业慈善捐赠的激励工具有其实用性，值得关注和推行。因此，结转税制度足以作为一种引导企业非公益性捐赠行为的辅助性政策和配套激励措施。

总之，就中国企业非公益性捐赠行为激励而言，企业秉持的非公益性慈善动机及其行为决定了政府会选择何种引导企业非公益性捐赠行为的激励工具。因此，在进行非公益性企业慈善行为激励研究时，应该选择合适、有效的激励工具组合并加以优化，这是多元化激励政策法规的有机整合和相互协作，相关政策、措施共同产生激励效果，形成一套有效的激励工具组合。

三　企业非公益性捐赠行为激励工具的效力评估

根据前文研究，一旦《慈善法》、《企业所得税法》和结转税制度加入围绕非公益性捐赠行为的激励条款和修改措施，并且特许经营制度得以试点实施，其作为激励工具的效力评估可由表 8 - 1 得知。

表 8 - 1　企业非公益性捐赠行为激励工具效力评估

激励工具	效力层面	效力表达	效力传递渠道	政策强度	实际效果
《慈善法》	宏观层面	制度效力	间接传递	强	弱
《企业所得税法》	宏观层面	制度效力	直接传递	强	强
结转税制度	操作层面	技术效力	直接传递	强	强
特许经营制度	操作层面	技术效力	直接传递	强	强

表 8 - 1 显示，从激励工具效力和效果来看，结转税制度最具激励成效。《慈善法》的政策效力是间接传递给企业的，其实际效力会因地域、企业和项目等因素及层次差异逐级递减，实际激励效果会逐步弱化；而税收政策、结转税制度和特许经营制度则直接传递到企业，属于比较有穿透力和接地气的激励措施，能够给企业带来实实在在的回报。因而其激励效应更为企业看重，能够发挥法律法规、税收政策无法替代的激励效果。

因此，激励效力评估总体上可以概括为如下。一是主导性激励工具。包括《慈善法》《企业所得税法》等。从长远来看，作为引导和激励企业慈善行为的激励工具必然在宏观层面发挥全局性的作用，激励效应是持续的、深远的和广泛的，作为激励工具定位是主导型。二是辅助性激励工具。包括结转税制度和特许经营制度等。三是作为具体操作层面的激励工具应该具有一定适用性。但是，具有局部或行业影响力的激励工具不可能也不具备达到《慈善法》和《企业所得税法》的高度。

第三节　企业非公益性捐赠行为的激励理念变革

企业非公益性捐赠行为激励理念变革的关键在于引入激励性规制。"从 20世纪 80 年代中期开始，随着 Baron 和 Myerson 将微观经济学理论中的新理论、新方法引入规制理论，规制经济学在委托 - 代理理论、机制设计理论（Mechanism Design Theory）和引入信息经济学（Information Economics）等方面取得了明显进展。"[①] 尤其是在法国学者让 - 雅克·拉丰等（Laffont et al.）将激励理论应用于激励性规制理论分析后，西方激励性规制理论研究进入了一

[①] 余东华：《激励性规制的理论与实践述评——西方规制经济学的最新进展》，《外国经济与管理》2003 年第 7 期。

个新阶段。关于激励性规制理论的概念，日本著名规制经济学家植草益认为，"所谓激励性规制（Incentive Regulation），就是在保持原有规制结构的条件下，激励受规制企业提高内部效率，也就是给予受规制企业以竞争压力和提高生产或经营效率的正面诱因"①。根据植草益关于"激励性"规制的界定，可以发现这种新的规制理论强调不改变现有的规制结构（基于私有制下的市场经济机制），而主张通过政府的外部强制性权力从正面激励企业参与市场竞争和有效运营。很显然，激励性规制理论没有表明其利益群体指向，而是致力于通过激励性措施提高市场运行的效率和规范性，这是一种基于市场面向的规制取向。在这里，M. 阿姆斯特朗等人所提出的观点是从社会公益范式的视角主张政府激励企业利用其信息优势为社会公益做贡献。20 世纪 90 年代上半叶，让－雅克·拉丰等人对于利益集团范式的理论和案例分析研究做了进一步深入探索，使得该理论范式建立起了成熟的分析框架。② 因此，在梳理诸多相关激励性规制理论的基础上，本研究认为企业非公益性捐赠行为激励理念变革主要体现在以下方面。

一　推动企业非公益性捐赠的战略性、可持续性

社会慈善资源是政府所拥有的权力资源和企业所拥有的经济资源进行利益交换的结果。但是，相对于企业手中为数不多的经济资源，政府掌握的权力资源及其影响下的社会资源要稀缺得多。在企业慈善捐赠，不可避免会以慈善形式相互竞争以争取与政府建立合作关系的机会，进而获取合法政治身份和政策导向等，由此会导致企业慈善捐赠的无序性。典型案例是汶川地震之后，在央视赈灾晚会现场，苏宁和国美两家大型民企为了借此赢得政府和社会关注，竞相提高捐赠金额，类似于一场赌博游戏，最后这场捐赠比拼以天价捐赠额度收场，但完全失去了慈善行为应有的计划性和战略性。前文指出，根据西方学界的研究结果，货币捐赠是一种缺乏计划性和战略性的应急慈善行为，没有起到帮助救助对象"增能"的效果，从慈善项目的长期效果来看，不宜成为主要的捐赠方式。针对类似计划性和战略性缺失的企业慈善行为，为了保证企业慈

① 转引自余东华《激励性规制的理论与实践述评——西方规制经济学的最新进展》，《外国经济与管理》2003 年第 7 期。
② 陈福良：《政府规制的均衡分析》，江西财经大学博士学位论文，2002。

善效益最大化，政府要运用其合法性权力引导和推动企业慈善行为具有计划性和战略性。张康之认为，权力的功能就在于把人们的利益争斗控制在秩序允许的范围内，使这种争斗不至于导致群体的分裂。① 显然，当企业之间相互竞争导致企业慈善捐赠秩序失范时，政府权力就是通过有效制度措施规制秩序。同时，激励性规制所代表的政府权力还能够强制性推动企业根据慈善事业战略规划在设计慈善方案时引入必要的计划性和战略性，否则激励性规制的相关政策措施会将相关企业拒之于慈善事业的大门外，并且有可能中断政府与企业之间业已存在的合作关系。总之，中国慈善事业应是具有长远规划和目标的长期任务，政府必须借助有效的激励性规制手段引导、推动企业有计划地进行慈善捐赠，结合企业总体捐赠策略实现其企业非公益性捐赠的可持续性，从而保障中国企业慈善事业的连贯性和长期性。

二 强化企业非公益性捐赠的有效性、操作性

国企和大型民企在参与慈善活动时相对于外企而言计划性和策略性不足，通常其更关注慈善行为带来的政企关系和社会影响，而对于慈善捐赠对受助对象可能产生的直接效益重视不够。当然，其中的主要原因在于政府和官办公益性慈善团体作为慈善捐赠登记或管理部门对企业慈善行为缺乏应有的规范管理。同时，政府和基金会对于企业慈善捐赠的信息发布也没有健全的、权威的信息发布制度和相关机制。企业慈善捐赠的项目运行和效益评估与企业型慈善方案是否具有战略性有着密切的关系，外企的慈善经验在于制订一套完善的计划方案。从企业慈善的动机、目标、方式、路径、运作、管理、规范、监管和评估等方面以企业管理模式设计并实施慈善项目管理，从而保障企业慈善效益的最大化，而中国企业慈善项目管理大多数恰恰欠缺的就是这个完整的价值链，企业在慈善捐赠过程中可能考虑到的仅是慈善项目运行的某个或几个环节，正是由于没有全过程的要素整合，随后慈善效益不理想。政府在制定激励性规制政策时，应该启动相关的企业慈善方案培训计划，定期邀请战略性慈善方案设计、运作专家和有经验的慈善组织或外企慈善项目管理人员对国企、大型民企慈善项目管理人员进行慈善捐赠专业化课程培训，帮助企业提高慈善项目运行和效益评估能力。具备专业化慈善项目管理技能和效益评估能力的企业内部慈善管理人员可有效提升社会慈善

---

① 张康之：《走向合作治理的历史进程》，《湖南社会科学》2006 年第 4 期。

资源的利用率，并发挥最大的社会效益。此外，激励性规制还应包括内部规制，即政府应针对政府部门和官办公益性慈善组织掌握的慈善资源进行捐赠、管理、分配和慈善信息发布，并建立权威性监管机制。从政府内部健全企业慈善项目运行和效益评估机制，防止政府部门公务人员的不作为或失职导致项目运作低效、项目效益缺乏应有的评估。总之，激励性规制在规范和强化企业慈善项目运行和效益评估时，应该从政府和企业展开，不应因为某些激励部门的政策偏好形成针对政府或企业的单方面规制行为。因此，在激励性规制下逐步健全政府内部慈善项目管理、效益评估和信息发布机制，从而促使企业慈善管理人员具备策略性慈善方案的设计和执行能力。

三　促进企业非公益性捐赠的有序性、合理性

当下，企业非公益性捐赠之所以出现诸多不合理、不规范、无序化的慈善乱象，有部分企业缺乏慈善经验的因素，但是根本原因在于政府在宏观层面和区域、项目和受助对象上缺乏有效的协调和规范。其结果是企业慈善动机、行为、方式和效果等方面缺乏战略性的总体设计和统筹规划，少数慈善项目管理混乱，信息不透明，捐赠资金缺乏有效监管等。尤其是企业在参与灾后救助等重大慈善项目现场管理和服务时，往往由于激励性规制缺失，企业慈善渠道不畅、慈善资源分配机制缺失、慈善信息散布混乱、受助对象统计不准和慈善救助效益评估不足等问题频出。上述企业非公益性捐赠存在的问题集中反映了激励性规制缺失导致的管理失范，以及由此造成的中国企业的慈善缺乏有序性和合理性。因此，针对企业非公益性捐赠的激励性规制应根据中国慈善事业的总体规划和应急管理体系救助目标，从全局考虑，通过相应的政策措施规范和强化企业按照合理、有序的方式针对具体、合理的慈善项目实施捐赠。避免企业慈善捐赠无序和重复导致热门慈善项目集中"撞车"或偏远地区亟待救助的受助对象缺乏慈善捐赠、慈善资源浪费等混乱现象发生。总之，科学规划和制定激励性规制方案能够有效协调和规范企业非公益性捐赠趋向有序性和合理性，从而保证有限的慈善资源得到合理、高效的利用。尤其是在定点和定向慈善项目落实方面，在企业慈善捐赠中存在企业之间的相互竞争和利益纠纷，仅仅指望企业自发调节其运作失范和管理无序是不够的，必须依靠激励性规制的强力措施来按照政府设定的慈善捐赠目标执行实施方案，统一协调企业各类慈善捐赠，促使其合理、有序地运行，同时避免企业非公益性捐赠过程中可能出现的违法、违规行为。总之，税收政策不仅是

激励企业公益性捐赠行为的有效工具,而且在引导企业非公益性捐赠行为方面同样有效。但是,现有激励工具存在制度漏洞和政策缺陷,远不能适应企业非公益性捐赠快速发展的宏观形势和政策需求。这表明企业非公益性捐赠行为激励机制亟待优化和完善。概括来说,主要体现在以下方面。一是,应修正和完善公益性税收政策,加大税收政策优惠标准和影响范围,并适时移植到企业非公益性捐赠领域,发挥其作为激励工具的适用性。因此,政府应该逐步提升结转税制度的激励效力。二是,在部分大型慈善项目中逐渐推行特许经营制度,并作为制度化激励工具引导企业非公益性捐赠行为。三是,探索结转税制度引导企业非公益性捐赠行为的可行性和适用性,与拟制定的企业非公益性捐赠激励性政策相互支持,形成合理、有效的激励工具组合。因此,如果仅依靠《慈善法》、《企业所得税法》及其实施条例等少数激励工具,而没有配套激励机制,很难发挥企业非公益性捐赠的激励效应。必须建立新政策环境下企业非公益性捐赠行为激励机制模型并逐步完善激励机制。本研究建立的企业非公益性捐赠行为激励机制模型如图 8-1 所示。

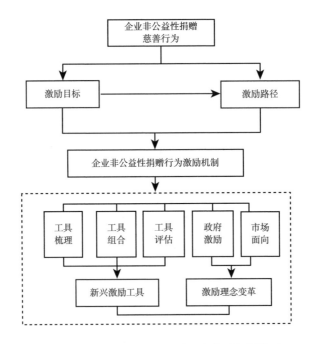

图 8-1 企业非公益性捐赠行为激励机制模型

第九章　第三次分配视角下企业非公益性捐赠行为模式研究

随着经济社会的发展和文明程度的提升，第三次分配的规模和范围会越来越大，这是经济社会发展的内在规律。我们要高度重视发挥第三次分配的作用，不断改革，完善制度机制，让第三次分配在促进社会各阶层共享发展成果、走向共同富裕、追求共同幸福中发挥越来越好的作用。①

目前，关于第三次分配的界定，学界有诸多认识，但是大多数学者从公益慈善的角度加以理解。所谓第三次分配，是在道德、文化、习惯等影响下，企业、社会团体和个人自愿通过民间捐赠、慈善事业、志愿行动等诸多方式济困扶弱、促进公益事业的行为，是对再分配的有益补充。②还有研究认为，所谓第三次分配，是指建立在公民自愿的基础上的，通过开展募集、捐赠等各种方式的慈善活动，目的是使相对富裕阶层拿出部分财富，帮助社会贫弱群体改善生活、医疗、教育等环境。③从第三次分配的界定可以发现，这是一种建立在慈善捐赠基础上的分配方式，目的是充分利用企业、社会或个人的慈善资源和优势来帮助政府解决社会救助问题。从这个意义上，企业非公益性捐赠行为恰恰是对第三次分配理论的实践创新。即挖掘共同富裕理念下我国企业非公益性捐赠行为模式有助于推动第三次分配理论在慈善事业建设中获得新的探索。党的十九届五中全会对于"第三次分配"这个重大命题做了进一步阐述，提出要"发挥第三次分配作用，发展慈善事业，改善收入和财富分配格局"，明确了新时代中国慈善事业发展的社会功能和

---

① 梁朋：《重视发挥第三次分配在国家治理中的作用》，《中国党政干部论坛》2020 年第 2 期。
② 梁朋：《重视发挥第三次分配在国家治理中的作用》，《中国党政干部论坛》2020 年第 2 期。
③ 张璐：《第三次分配中政府职能的转变和定位》，《人民论坛》2016 年第 1 期。

定位，为未来慈善事业发展指明了方向，表明执政党和政府对慈善工作的重视程度越来越高，对慈善事业寄予厚望，这是实现"共同富裕"的基本路径之一。在社会管理向社会治理转型过程中，各级政府不断改良营商环境，随着各项反垄断措施的不断出台，激发市场主体的活力，致力于为企业经济发展释放空间、减轻负担，创造有利于企业参与第三次分配的良好制度环境。因此，行政干预和社会舆论的导向正在为第三次分配奠定发展基础。显然，我国在坚持初次分配注重效率、再分配注重公平原则的基础上，应积极引导和统筹社会资源的第三次分配，解决一些市场和政府不能解决的问题。①同时，世界银行发布的《中国优化营商环境的成功经验——改革驱动力与未来改革机遇》则进一步表明，得益于营商环境改革的推进，中国已经成为大型经济体中自 2005 年以来营商环境改善幅度最大的经济体。国务院参事、友成企业家扶贫基金会常务副理事长、中国经济 50 人论坛成员汤敏指出，2020 年我国的慈善捐赠额为 2300 亿元左右，只相当于当前 100 万亿元的年度 GDP 的 0.23%。相对第一、第二次分配所占 GDP 99.77% 的规模来说，第三次分配是很小的规模。因此，靠第三次分配来主导解决共同富裕是不可能的。即使是在慈善捐赠比较发达的美国，捐赠也仅为 GDP 的 2.2%，相对于第一次和第二次分配来说也仍然是小部分。所以第三次分配在任何一个国家对收入分配都只能起到补充作用和缓解作用，而不是主导作用。从规模来看，目前我们的公益捐赠主要是由企业家提供，但是在欧美等国家，70% 以上的捐赠来自个人捐赠，特别是老百姓的小额捐赠，企业捐赠只占小部分。反观我国，62% 的捐赠来自企业，真正的个人捐款只占 16%。所以未来中国的慈善捐助，不但鼓励企业家加大贡献，同时也要提倡普通个人参与公益慈善事业。②

因此，慈善企业作为我国第三次分配的重要主体之一，对于聚焦受助对象需求、调动慈善人员参与、提升慈善项目效果和优化区域性、行业性慈善资源配置具有不可替代的作用。在企业慈善中占有绝对优势的非公益性企业慈善捐赠在第三次分配理论的实践中扮演着关键角色。

---

① 宋林飞：《第三次分配是构建和谐社会的重要途径》，《学海》2007 年第 3 期。

② 参见汤敏《推动共同富裕，第三次分配有很大潜力》，腾讯网，https://new.qq.com/omn/20220107/20220107A033HY00.html，最后访问日期：2022 年 2 月 15 日。

第一节　共同富裕理念与第三次分配理论

习近平总书记在 2021 年"七一"重要讲话中强调，要着力解决发展不平衡不充分问题和人民群众急难愁盼问题，推动人的全面发展、全体人民共同富裕取得更为明显的实质性进展。所谓共同富裕，是全体人民通过辛勤劳动和相互帮助最终达到丰衣足食的生活水平，也就是消除两极分化和贫穷基础上的普遍富裕。这让"共同富裕"一词再度进入人们的视野。在 2021 年第 20 期《求是》杂志刊发的《扎实推动共同富裕》一文中，习近平总书记强调，共同富裕是社会主义的本质要求，是中国式现代化的重要特征。我们说的共同富裕是全体人民共同富裕，是人民群众物质生活和精神生活都富裕，不是少数人的富裕，也不是整齐划一的平均主义。共同富裕第一次正式提出，是在 1985 年 3 月邓小平《一靠理想二靠纪律才能团结起来》的讲话中，他指出："社会主义的目的就是要全国人民共同富裕，不是两极分化。"2020 年 10 月，习近平总书记在关于《中共中央关于制定国民经济和社会发展第十四个五年规划和二〇三五年远景目标的建议》的说明中指出，共同富裕是社会主义的本质要求，是人民群众的共同期盼。我们推动经济社会发展，归根结底是要实现全体人民共同富裕。2021 年 1 月，习近平总书记在主持中央政治局第 27 次集体学习时强调，进入新发展阶段，完整、准确、全面贯彻新发展理念，必须更加注意共同富裕问题。2021 年 2 月 25 日，习近平在全国脱贫攻坚总结表彰大会上指出，"治国之道，富民为始"。我们始终坚定人民立场，强调消除贫困、改善民生、实现共同富裕是社会主义的本质要求，是我们党坚持全心全意为人民服务根本宗旨的重要体现，是党和政府的重大责任。

改革开放以来，随着中国经济社会的持续发展，全社会慈善的意识明显增强，各类慈善公益活动竞相举办，以公益慈善、社会志愿者行动等为代表的第三次分配蓬勃发展。按照经济学理论，所谓制度层次的"分配"是指在一定时期内创造的国民收入按一定的原则和方式在政府、企业和个人之间进行的分割，从而形成流量的收入分配格局和存量的财产分配格局。分配又通常分为初次分配、再分配和第三次分配。[①]"第三次分配"最早是中国经济学家厉以宁

---

① 梁朋：《重视发挥第三次分配在国家治理中的作用》，《中国党政干部论坛》2020 年第 2 期。

教授在其 1994 年出版的《股份制与市场经济》一书中提出来的：第一次是由
市场按照效率原则进行的分配；第二次是由政府按照兼顾公平和效率的原则、
侧重公平的原则，通过税收、社会保障支出等这一收一支所进行的再分配；第
三次是在道德力量的推动下，通过个人自愿捐赠而进行的分配。[①] 其底层逻辑
就是富人赚的钱是从社会攫取的，回馈社会有利于可持续发展，同时有利于愿
意在这个社会当中深深扎根的慈善企业发展。因此，第三次分配提出的背景与
意义在于[②]：财富的不断积累极大地推动了社会的发展，但也带来了一系列的
社会问题。因此，需要重视创造财富，使科学分配财富成为社会共识。第三次
分配对于缩小中国收入分配差距、合理分配社会财富、维护公平正义和实现共享
发展具有极其重要的现实意义。第三次分配是人民追求美好生活的需要，是克服
市场分配失灵与政府分配失灵的需要，是中国基本经济分配制度发展的需要，是
推进社会财富回馈社会的需要，是公益慈善事业发展的需要，是完善国家治理的
需要。正如宋林飞指出，"第三次分配是克服第一次分配的弊端，以及弥补第二
次分配不足的重要社会分配方式，是托起社会的第三只手"。[③]

　　弱势群体一方面由于社会性资源占有量小，经济上贫困，遭遇冲击时应变
力、承受力脆弱；另一方面社会地位低，缺少社会保障体系的保护，无法直接
表达利益诉求，维护权利的能力不足；再加上竞争力弱，依靠自身的力量一般
难以改变生活状况，在社会发展中处于边缘化地位，发展机遇极少。[④] 朱睿等
研究发现，第三次分配是社会文明程度不断发展的选择。[⑤] 第三次分配凭借其
在国家、社会和经济发展方面的优势，成为推动中国社会应对挑战与发展的
重要举措之一。首先，从国家发展来讲，实现共同富裕是社会主义的本质要
求，而第三次分配正是实现共同富裕的重要手段。党和政府不断结合时代特
点完善对共同富裕的表述，提高第三次分配的政治地位。其次，从社会发展

---

① 朱睿、赵冠军、李梦军：《促进中国第三次分配的背景分析与发展思考》，公益时报网，
　 http：//www.gongyishibao.com/html/redian/2021/07/17957.html，最后访问日期：2021 年 8
　 月 9 日。
② 白关昭：《第三次分配：背景、内涵及治理路径》，《中国行政管理》2020 年第 12 期。
③ 宋林飞：《第三次分配是构建和谐社会的重要途径》，《学海》2007 年第 3 期。
④ 徐嘉：《城市弱势群体伦理关系现状的调查分析》，《伦理学研究》2009 年第 4 期。
⑤ 朱睿、赵冠军、李梦军：《促进中国第三次分配的背景分析与发展思考》，公益时报网，
　 http：//www.gongyishibao.com/html/redian/2021/07/17957.html，最后访问日期：2021 年 8
　 月 9 日。

来看，第三次分配是缩小贫富差距的重要方式。特别是在新冠肺炎疫情的捐款中，企业捐赠的力度更为凸显，捐款金额在 1000 万元以上的企业有 112 家，占社会捐赠总额的 12.5% 以上。最后，从经济发展来看，第三次分配是企业履行社会责任的重要途径，是企业通过与社会互动提升内外部效益的重要举措。企业家和企业从事社会公益事业，除了实现社会救助、解决和预防社会问题，还在培育公民参与和公共精神、营造诚信和自律的社会氛围等方面发挥了积极作用，为社群自治、社会秩序奠定了文化和组织基础。在打造企业品牌形象的同时，维护与当地的公共关系，实现其从资源型向市场型的强势文化发展，从而促进更大规模和更高水平的对外合作。从企业内部看，企业举行的募捐及志愿者活动，也激发着员工的参与感和企业的忠诚度，从而提高其组织能力和项目执行能力，提高企业员工的归属感和合作伙伴的认同感。同时，据全国工商联、国务院扶贫办统计，"万企帮万村"精准扶贫行动五年来有近 11 万家民企帮扶 12.71 万个村，带动和惠及 1500 余万建档立卡贫困人口；在社会组织层面，仅 2017 年以来全国共有 6 万多家社会组织开展脱贫攻坚活动，项目超过 10 万个，投入资金超过 900 亿元，希望工程截至 2019 年累计接受捐款 161 亿元，资助困难学生 617.02 万名，援建希望小学 20359 所。

党的十九届五中全会对推进共同富裕做出了重要部署，在党的全会上首次提出了 2035 年"全体人民共同富裕取得更为明显的实质性进展"的远景目标。随着中国开启全面建设社会主义现代化国家新征程，必须把共同富裕摆到更加重要的位置，向着这个目标更加积极有为地进行努力。因此，地方政府应该自觉主动使全体人民在共建共享发展中有更多的获得感，汇聚起建设社会主义现代化国家的磅礴力量。正如 2021 年 1 月 28 日，习近平总书记在十九届中央政治局第二十七次集体学习时强调，共同富裕本身就是社会主义现代化的一个重要目标。我们要始终把满足人民对美好生活的新期待作为发展的出发点和落脚点，在实现现代化过程中不断地、逐步地解决好这个问题。要自觉主动解决地区差距、城乡差距、收入差距等问题，坚持在发展中保障和改善民生，统筹做好就业、收入分配、教育、社保、医疗、住房、养老、扶幼等各方面工作，更加注重向农村、基层、欠发达地区倾斜，向困难群众倾斜，促进社会公平正义，让发展成果更多更公平惠及全体人民。在推进共同富裕的进程中，如何消除城乡贫富差距，扶助弱势群体提高生活水平，是各级政府必须考虑的现实问题。

党的十九届四中全会指出，要"重视发挥第三次分配作用，发展慈善等社会公益事业"。作为助力解决贫困问题、缩小收入差距、促进共同富裕的重要手段，第三次分配是关系经济社会发展和国家治理的重要制度安排。慈善事业作为第三次分配的主要方式，以慈善捐赠和志愿服务为主要形式开展分配活动。[①] 中国财政科学研究院研究员、华夏新供给经济学研究院院长贾康认为，再分配之前的初次分配，应该更多注重规则和过程的公平。要以激励创新、注重效率来"做大蛋糕"，这是整个社会的"发展底盘"。而规则和过程越体现公平，越有利于提高效率，越有利于发展。从这个意义上讲，我们仍然要花大力气营造更加公平公正的营商环境。而初次分配之后的再分配环节，要更多注重结果的适当平衡，既不能让收入分配过于平均，也不能让收入分配过于悬殊，"分好蛋糕"需要与时俱进，在初次分配的基础上动态地进行优化调整。[②] 党的十九届四中全会明确将慈善事业纳入推进国家治理体系和治理能力现代化的整体框架，提出了"重视发挥第三次分配作用，发展慈善等社会公益事业"的重大命题，将慈善作为分配制度的组成部分，提升了慈善事业在经济社会发展中的地位。[③] 在新时代背景下，作为第一次分配（财政拨款）和第二次分配（税收）的有效补充，第三次分配是中国社会财富分配的重要组成部分。企业慈善捐赠作为慈善事业的主体，是第三次分配的有机构成。通常来说，第一次分配强调的是市场作用，即市场作为"看不见的手"自发进行资源配置；而第二次分配强调的是政府作用，即政府根据制定的一系列发展规划通过"看得见的手"——公共政策和社会政策来宏观调控社会发展和产业运行。在"共同富裕"的理念指导下，"第三次分配"指向大型民企，力求缩小经济差距，彰显政府对于市场经济的干预力度逐渐加大，调控经济的迹象和趋势越来越强。

[①] 朱健刚、严国威：《治理吸纳慈善：2019年中国慈善事业综述》，《中国慈善发展报告（2020）》，社会科学文献出版社，2020，第12页。

[②] 王红茹：《历经36年"共同富裕"来了》，中国经济周刊网站，https://baijiahao.baidu.com/s?id=1705239539734654361&wfr=spider&for=pc，最后访问日期：2021年8月20日。

[③] 朱睿、赵冠军、李梦军：《促进中国第三次分配的背景分析与发展思考》，公益时报网，http://www.gongyishibao.com/html/redian/2021/07/17957.html，最后访问日期：2021年10月2日。

第二节　第三次分配理论与企业非公益性捐赠行为

中央财经委员会第十次会议提出，要扎实促进共同富裕，需构建初次分配、再分配、第三次分配协调配套的基础性制度安排。2021 年 9 月 8 日，民政部原社会福利和慈善事业促进司司长、北京师范大学中国公益研究院院长王振耀在接受《21 世纪经济报道》专访时指出，第三次分配被提到党和国家的议事日程上来，这不仅仅是简单地鼓励大家做慈善，而且会给整体的分配架构带来机制性的改善，提倡善与爱对初次分配与再分配都会带来影响。比如当前并不少见的"996"工作制，或者一些农民工群体的生活生产条件相对落后，体现了初次分配在公平方面有所不足。① 朱睿等研究指出，改革开放以来，特别是党的十八大以来，中国财富的第三次分配取得了长足的发展。《慈善法》构建了制度框架、提供了基本法律保障。慈善事业规模持续扩大，不仅在教育、医疗、助残、养老、救灾等方面发挥了重要的补充作用，还在社会治理、社会文明建设方面发挥了积极的推动作用，特别是在脱贫攻坚战等重大战略任务和新冠肺炎疫情防控等重大事件中做出了重大贡献。② 白光昭认为，第三次分配的出现，是人民追求美好生活的需要，是克服市场分配失灵与政府分配失灵的需要，是推进中国基本分配制度科学发展的需要，也是推进慈善事业发展、促进社会公平、推进国家治理的需要，体现了道德性、民间性、自愿性、公益性、社会性的特征。未来中国推进第三次分配的治理路径主要有大力弘扬中华传统文化中的慈善精神、为公益慈善事业的发展营造良好的环境、构建人人参与公益的慈善氛围、推进公益慈善事业的专业性建设、运用现代科学技术推进公益慈善事业治理的现代化、强化公益慈善事业的公信力建设、推动"善经济"的发展、积极完善第三次分配的体制机制。③

企业家参与第三次分配能够提升社会信誉，提升社会认知度，强化社会公

---

① 尤方明：《专访王振耀：步入"善经济"时代，投身公益慈善事业成为企业必选项》，腾讯网，https://new.qq.com/rain/a/20210907A09OHC00，最后访问日期：2021 年 10 月 2 日。

② 朱睿、赵冠军、李梦军：《促进中国第三次分配的背景分析与发展思考》，公益时报网，http://www.gongyishibao.com/html/redian/2021/07/17957.html，最后访问日期：2021 年 10 月 2 日。

③ 白关昭：《第三次分配：背景、内涵及治理路径》，《中国行政管理》2020 年第 12 期。

信力。消费者和投资者表示愿意选择购买承担社会责任的企业的产品，并愿意为此付出额外的溢价。2019 年 12 月 26 日，"界面·财联社财经年会"由上海报业集团界面新闻在北京瑰丽酒店成功举办。当天，商道纵横合伙人兼可持续发展案例中心主任郎华发布了《2019 中国可持续消费报告》。作为国内最早成立的 CSR 专业咨询机构之一，商道纵横是中国领先的企业社会责任（CSR）、社会责任投资（SRI）和企业文化领域的独立咨询机构，在企业社会责任和可持续发展领域积累了丰富的经验。在界面新闻（Jiemian.com）提供的数据的基础上，郎华领衔的商道纵横中国可持续发展案例中心团队研究指出，消费者对企业践行社会责任议题的关注度呈持续上升趋势。2017 年消费者因为"产品以制造商履行 CSR（企业社会责任）承诺知名"来选购可持续产品占比仅为 21.53%，2018 年占比 43.2%，而在 2019 年的调研数据中该项占比已经达到 52.35%（见图 9 - 1）。① 这表明企业是否履行社会责任成为影响消费者可持续消费的关键因素之一（该项调研因素排名第二）。

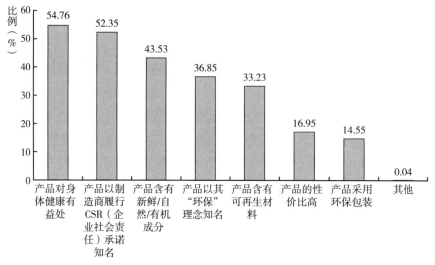

图 9 - 1　2019 年影响消费者可持续消费的因素调研数据

　　资料来源：郎华、仲纯如、王雪晴《2019 中国可持续消费报告》，商道纵横中国可持续发展案例中心团队，https：//baijiahao. baidu. com/s？ id = 1654044814950690798&wfr = spider&for = pc，最后访问日期：2020 年 12 月 10 日。

---

　　① 郎华、仲纯如、王雪晴：《2019 中国可持续消费报告》，商道纵横中国可持续发展案例中心团队，https：//baijiahao. baidu. com/s？ id = 1654044814950690798&wfr = spider&for = pc，最后访问日期：2020 年 12 月 10 日。

同时,《2019 中国可持续消费报告》调研团队对能够吸引消费者进行可持续消费的营销手段进行了探究,调研结果显示,企业通过社区及公益活动的宣传方式更容易得到消费者的青睐,54.86% 的消费者表示这种宣传方式对他们更有吸引力(见图 9 - 2)。在所有影响消费者促进可持续产品购买的营销手段中高居榜首,这意味着在第三次分配理论影响下的企业慈善行为能够借助公益活动深刻改变和强化消费者对于可持续产品购买的兴趣和关注。

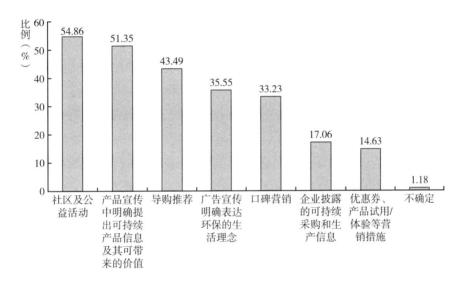

图 9 - 2 2019 年不同的营销手段对促进购买可持续产品的作用

资料来源:郎华、仲纯如、王雪晴《2019 中国可持续消费报告》,商道纵横中国可持续发展案例中心团队,https://baijiahao.baidu.com/s? id = 1654044814950690798&wfr = spider&for = pc,最后访问日期:2020 年 12 月 10 日。

除此之外,就可持续产品推广方式而言,《2019 中国可持续消费报告》调研结果显示,公益接力活动及多屏互动游戏这两种推广方式更容易受到消费者的青睐,二者占比分别为 54.46% 和 53.78%(见图 9 - 3)。调研数据显示,公益接力活动在可持续产品推广方式方面排名第一,其作用尤为显著,这表明随着慈善方式的多元化,消费者更为看中新颖、有趣和参与性强的公益活动,而企业非公益性捐赠由于有足够的经济利益回报,因而更能驱动其借助相对充裕的捐赠资金和慈善资源支持,组织各种迎合消费者需求的公益活动。此外,社区公益活动的开展是企业进行可持续文化宣传及产品营销的有力渠道，企业在制定营销策略时可以充分利用这一渠道，以带动消费者进行可持续消费。[①]

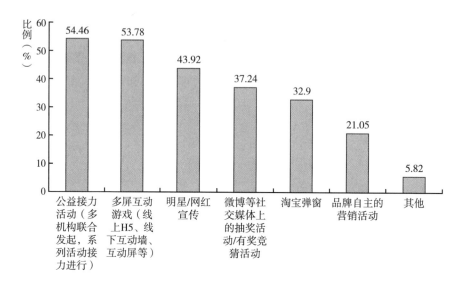

图 9 - 3　2019 年可持续产品推广方式

资料来源：郎华、仲纯如、王雪晴《2019 中国可持续消费报告》，商道纵横中国可持续发展案例中心团队，https://baijiahao.baidu.com/s? id = 1654044814950690798&wfr = spider&for = pc，最后访问日期：2020 年 12 月 10 日。

在瑞银集团 UBS 于 2018 年开展的全球十大市场（含中国）高净值投资者调查中，86% 的中国被调查投资者表示其愿意在能看到投资所产生的积极社会影响高于传统投资的情况下，放弃较高的财务回报率。说明其对社会影响力的重视并不一定低于财务回报。这表明，根据第三次分配理论的相关思想，企业在追逐商业财务回报的同时，仍然关注社会影响力，即社会救助、公益慈善、济贫扶弱等社会问题的解决，这恰恰是企业能够发挥非公益性慈善捐赠优势的特长和重点所在。换句话说，对于企业而言，重视财务回报等经济利益的获取和积极参与社会服务以赢得社会影响力并不矛盾，经济利益和社会公益是可以并存的，政府、企业、社会、消费者和受助对象是可以实现利益共赢的。从大

---

① 郎华、仲纯如、王雪晴：《2019 中国可持续消费报告》，商道纵横中国可持续发展案例中心团队，https://baijiahao.baidu.com/s? id = 1654044814950690798&wfr = spider&for = pc，最后访问日期：2020 年 12 月 10 日。

背景来看，影响力投资所看重的以市场化的可持续性方式解决社会及环境问题以及影响力投资要实现社会目标所必须依赖的内在创新性，完全契合实现中国社会长远目标（中国梦）所需要的方向和精神，[①] 即这是一种基于战略层面、长期考虑的"（社会）影响力投资"。

2016 年《慈善法》的出台，使得慈善事业步入有法可依的"慈善时代"；2019 年党的十九届四中全会提出，重视发挥第三次分配作用，发展慈善等社会公益事业；2020 年党的十九届五中全会再次提出，发挥第三次分配作用，发展慈善事业，改善收入和财富分配格局。我国慈善事业已经完全融入国家社会治理现代化体系，这成为企业响应政策号召捕捉政治信号的重要抓手，企业积极承担社会责任就是最好的行动回应。统计数据表明，2020 年，46.20% 的中国 500 强企业发布了报告，其中前 100 名企业发布社会责任报告的比例最高，达到 80%。除了被动响应号召，企业还可通过参与第三次分配，主动担负社会责任，提升社会福利与公众利益，从而与政府建立新型社会治理关系。就民企而言，企业非公益性捐赠行为可以实现家族传承，改善家庭与社会的分配关系。同时，在基金会与财富传承的关系层面，企业可通过设立私募基金会参与第三次分配，实现财富最大幅度的存留，防止因"败家子"出现而导致巨额财产被挥霍一空的情况。上述分散投资可以避免企业家将所有财产投入家族主营业务，从而助力家族财富传承，合理规避经营风险。这反映中国企业非公益性捐赠行为在体现第三次分配理论核心思想时，应该恪守起码的"公益伦理"。

因此，公益伦理作为"第三次分配"理论的基本准则之一应当以弱势群体为本，并应基于弱势群体的同意原则进行制度设计与安排，以实现弱势群体所追求的分配正义。它符合罗尔斯关于分配正义的"最小最大限度原则"，既维护了弱势群体的利益，又促进了社会公益事业的发展，还维护了社会公平正义，是对前两次分配遗留下的社会不正义问题尤其是对分配不正义的修补。[②]

---

① 曾惠子：《影响力投资国际共识与中国实践》，社投盟研究院，转引自邱铭芯《影响力投资国际共识与中国实践》，搜狐网，https://www.sohu.com/a/400963812_415781，最后访问日期：2021 年 6 月 10 日。
② 李超：《公益伦理：一种必要而不必然的社会正义》，《东南大学学报》（哲学社会科学版）2015 年第 3 期。

第三节　第三次分配视角下企业非公益性
捐赠行为模式分类

王振耀认为，中国客观上已经步入了"善经济"时代。他在访谈中表示，当人均 GDP 迈过 1 万美元的关口，社会价值便开始引领经济价值，经济发展的目标不再是"求多"，而在于"求善"。在步入新发展阶段之际，中国的公益慈善事业将为构建人类命运共同体的目标贡献出坚实的力量。[①]

一　企业"善经济"行为

美国经济学家阿瑟·奥肯指出，市场经济的竞争原则，对效率的追求不可避免地产生各种不平等，为了经济社会的健康发展，必须以一种更好的方式来援助困难者。[②] 由此可见，从第三次分配的维度来看，"善经济"无疑是中国非公益性企业慈善捐赠的发展趋势之一。所谓"善经济"或"善意经济"是指以公益慈善筹资为目的、面向市场的经营活动。其中，"经济"二字强调了市场交易的重要性，因此与商业行为无关的纯志愿服务并不属于本书界定的善意经济范畴。[③] 因此，商业与公益相结合是善经济的本质。该理念源于近年来新兴的社会创业理论与西方盛行的社会企业形态，社会创业理论主张非营利组织通过企业方式运营实现财务可持续。[④] 有研究认为，"善经济"的发展为第三次分配提供了必要的道德资源，而社会企业则是创造"善经济"的重要载体。社会企业作为近年来兴起的新生事物，但这类企业又不同于一般的传统企业，根本不同在于这类企业的发展目标不是利润的最大化，企业的盈利主要不是用于股东分红，而是用于公益慈善事业，或者用于再投资，依托投资收益进一步支持发展公益慈善事业，这种现象被称为"善经济"。随着社会企业日新

① 尤方明：《专访王振耀：步入〈善经济〉时代，投身公益慈善事业成为企业必选项》，腾讯网，https://new.qq.com/rain/a/20210907A09OHC00，最后访问日期：2021 年 9 月 10 日。
② 〔美〕阿瑟·奥肯：《平等与效率——重大的抉择》，王奔洲译，华夏出版社，1987，第 80 页。
③ 苗青、张晓燕：《从慈善超市到善意经济：新框架和新预见》，《浙江大学学报》（人文社会科学版）2019 年第 1 期。
④ Johanna Mair and Ignasi Martí，"Social Entrepreneurship Research：A Source of Explanation，Prediction，and Delight"，*Journal of World Business*，Vol. 41，No. 2，2006：36–44.

月异地发展,"善经济"的理念日益引起人们的关注并深入人心。除了社会企业本身,老龄事业、社会福利事业等,都可以发展成为"善经济"。生态文明、环境保护等项目,也可以采取"善经济"的公益运营方式加以推进。这一模式既可以创造经济价值,也可以创造社会价值,促使公益性与商业性、营利性有机结合起来,从对立冲突走向和谐共赢。[1] 苗青等在以公益为核心的基础上,以善意经济分析框架的两个重要维度——商品形态和交易形态——来勾画多元化的善意经济类型(见图9-4),并将善意经济划分为以下四大类。第一类为社群互益,其特点是以捐赠的二手商品为主,通过实体商店的形式服务于当地社区。当前比较典型的案例有北京众爱慈善商店、南京久爱之家慈善超市等。第二类为惠民公益,其产品多为来自市场的一手商品,通过实体店销售来服务社区居民。当前比较典型的案例有海宁南关厢公益素食馆、上海善家爱购公益店等。第三类为平台联益,通过网络平台联结全国的慈善资源,促进二手商品的捐赠、销售以及善款的筹集。当前比较典型的案例有善淘网、邮善邮乐慈善超市等。第四类为网商返益,以电商的形式面向社会销售一手商品,获得收入以支持慈善事业。[2] 当前比较典型的案例有"e 农计划"、宜农贷的宜农场项目等。

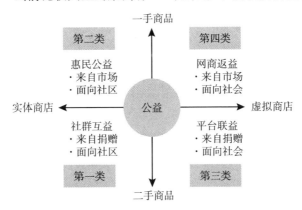

图9-4　基于商品形态和交易形态的善意经济分析框架

资料来源:苗青、张晓燕《从慈善超市到善意经济:新框架和新预见》,《浙江大学学报》(人文社会科学版)2019 年第 1 期。

---

[1]　白关昭:《第三次分配:背景、内涵及治理路径》,《中国行政管理》2020 年第 12 期。

[2]　苗青、张晓燕《从慈善超市到善意经济:新框架和新预见》,《浙江大学学报》(人文社会科学版)2019 年第 1 期。

比如，"摩拜单车"是非常典型的企业"善经济"行为个案。作为一家成功的社会企业，其没有固定的自行车租赁点，在允许停车的公共场所均可以停放，扫一下二维码就可以骑走，这是目前全球各地城市还没有的创新。"摩拜单车"是符合需要的绿色创新甚至是可持续性的创新。打开"摩拜单车"的网页，其愿景与使命一栏写着：用人人可负担得起的价格提供共享自行车服务，使人们更便利地完成城市内的短途出行，并帮助减少交通拥堵，帮助减少环境污染，让我们生活的城市更美好。"摩拜单车"对使用人群有三重效益：一是经济效益，骑"摩拜单车"半个小时只需花费 1 元或 0.5 元；二是社会效益，"摩拜单车"使用方便；三是环境效益，可以节约能源，降低二氧化碳排放，同时可对减轻城市交通拥堵做出贡献。凭借共享经济模式蕴含的巨大社会价值，"摩拜单车"获得了良好的社会口碑，同时也获得了资本的青睐。"摩拜单车"自 2015 年 8 月正式发布，一年时间内迅速完成 3 轮美元融资。2016 年 10 月，"摩拜单车"确认完成第四轮即 C 轮融资，基本将知名的投资方一网打尽。

总之，"善经济"与企业非公益性捐赠行为的动机是不谋而合。即二者都是把企业私利和社会公益相结合，实现政府、企业和社会等各方慈善主体的利益兼顾和价值妥协，促进慈善的公益性与企业追求的非公益性之间的有效均衡与协调。正如王名等所认为的，仅仅从慈善角度来理解第三次分配过于狭窄，主张从市场经济发展的视角来理解第三次分配，指出可以将第三次分配理解为"丰裕社会的财富流向如何适应个体精神追求和人民美好生活的命题"①。

二 企业投资慈善行为：影响力投资

最近二十多年来，社会上掀起了一股强大的浪潮，那就是众多企业家从商业领域向慈善领域跨界，采用一种资本投资的方式投身慈善事业。在早期创业中积累了丰厚个人财富的企业家摇身一变，成为知名慈善家，打算利用他们现有的资源，即个人财富、知识和技能、人际网络以及创业能力，来解决复杂的社会问题。这些企业家坚信，个人可以自由地积累财富，但是财富必须重新投资于社会以扩大机会。创业慈善是企业家创业行为和慈善行为的深度融合。创业慈善现象最初出现于美国，后来逐渐遍及全球。创业慈善不同于传统的企业

① 王名、蓝煜昕、王玉宝、陶泽：《第三次分配：理论、实践与政策建议》，《中国行政管理》2020 年第 3 期。

家捐赠，是借助社会企业或非营利组织，使用风险投资的方式来解决社会难题。[①] 这是一种崭新的慈善模式，是企业家创业行为和慈善行为的深度融合，被称为"创业—慈善联结"。影响力投资的主要目标是改善发展中国家社会底层的民生或者通过投资行为实现正面的社会和环境效应，其最终受益人群是"金字塔底端"。而投资的对象往往是能够带来正面社会或环境效应的营利性企业，就行业而言这些企业主要集中在和民生息息相关的环境、住房、基础教育和健康产业。参考国外影响力投资发展经验可以发现，将社会目标嵌入商业模式是扩大影响力的重要途径。国内影响力投资处于初步发展阶段，与影响力投资配套的产业链尚在构建中，包括投资管理公司、融资顾问、第三方评估机构、社会企业孵化器、影响力投资联盟、社会企业上市交易市场等各种机构。影响力投资的发展在中国尚仍处于起步阶段，但是其潜在的市场是巨大的。扶贫、养老、民生保障等领域正是社会发展过程中的聚焦点，同时也是影响力投资的重点投资目标，有极大的发展潜力。[②]

正如禹闳资本创始人唐荣汉在接受《南方周末》采访时认为，一些主流投资机构虽然尚不了解"影响力投资"的具体内涵，却在践行"在取得经济效益的同时，要求社会与环境效益"的内涵。[③]

值得注意的是，Nick Bayard 认为，影响力投资中最有用的组织分析框架之一来自 Transform Finance，它认为强大的影响力投资包括以下内容：一是由社区负责主要设计，管理并在可行的情况下拥有的项目；二是投资增加的价值超过他们提取的价值；三是财务关系在所有利益相关者之间公平地平衡风险和回报。[④] 由此可见，影响投资市场的主要因素来自社区等投资主体的利益相关者之间的关系协调和利益分割。同时，根据安东尼·布格莱文（Antony Bugg-Levine）和杰德·艾默生（Jed Emerson）的定义，影响力投资产生的是"混合型价值"，这显然有别于传统金融投资所仅仅追求的经济回报。杰德·

---

① 刘云：《创业慈善的捐赠模式及其行为动因》，《技术经济与管理研究》2019 年第 11 期。

② 安国俊、訾文硕、贾馥玮：《影响力投资发展现状、趋势及建议》，《金融理论与实践》2020 年第 9 期。

③ 曾惠子：《影响力投资国际共识与中国实践》，社投盟研究院，转引自邱铭芯《影响力投资国际共识与中国实践》，搜狐网，https：//www.sohu.com/a/400963812_ 415781，最后访问日期：2021 年 6 月 10 日。

④ Guidepoint：《影响力投资中的"影响力"》，知乎网，https：//zhuanlan.zhihu.com/p/199107339，最后访问日期：2021 年 10 月 28 日。

艾默生提出的"混合型价值"衡量的是在投资过程中经济、社会和环境的相互影响对国家和地区发展所带来的整体效用。这一观念的提出打破了人们习惯性地将公益和投资相分离的固有观念，将传统公益活动中追求社会效应的部分与传统金融投资中追求经济回报的部分结合起来，从社会/环境效应和经济回报两方面双管齐下，建立起一套二维的投资决策和绩效评估体系，并得到了世界主要发达国家政府和投资业界的认同和支持。① 上述分析表明，影响力投资所内含的混合型价值可以理解为包括社会价值和经济价值。前者是政府和社会多关注的领域，而后者则是社会企业投资的重点。

以上分析表明，所谓（社会）影响力投资作为兼顾企业私利、商业回报和社会公益、社会影响的新兴企业非公益性捐赠行为，其实质是一种典型的企业投资慈善行为，属于第三次分配视角下我国企业非公益性捐赠行为的创新模式之一。在关注企业经济利益的同时，通过发动社会影响力资源进行项目投资，帮助政府解决一系列社会问题，进而实现社会公益。社会影响力投资的对象以社会企业为主，这类企业重视社会价值，通常通过商业运作获取利润来解决社会问题。如：扶持弱势群体、改善公共服务水平。其服务领域主要集中在环境、基础教育和健康产业等与民生密切相关的产业。影响力投资的优势在于可以吸引新的资金来源，通过市场行为对资源进行有效分配，提高产品创新性，改善服务效率。② 同时，影响力投资可以在生产环节引入社会目标，如招募弱势群体作为员工、采购贫困地区原材料，产生可持续的社会效应。另外，影响力投资具备规范的工具和方法，也使社会价值更易度量，更精确可见。③

2018年1月，一支由爱心企业、志愿者协会组成的公益队伍来到了四川省乐至县回澜镇爆花村小学，为那里的留守学生们送去了精心准备的礼物和满满的关爱。这场爱心活动幕后的主人是一位叫文泽平的"80后"青年。2008年，尚就读于四川大学大二的文泽平借款30万元开始养殖创业，一举获得成功，时年获利近百万元。这个山里娃摇身一变，"飞上枝头变凤凰"，荣获

① 唐娟、程万鹏、刘晓明：《影响力投资及其对我国政府投资的借鉴意义》，《商业经济研究》2016年第8期。
② 安国俊、訾文硕、贾馥玮：《影响力投资发展现状、趋势及建议》，《金融理论与实践》2020年第9期。
③ 林永青：《"影响力投资"与"资本向善"：2020年资本市场新旋律》，《金融博览》2020年第5期。

"中国大学生自强之星十大标兵"等光荣称号。如今，创业十年的他带领近千名"90后"创业团队年营业额超10亿元，并将公益慈善视为自己的第二事业，他每年拿出公司利润的30%作为专项资金，常态化开展各种助学助困、救灾赈灾等社会公益活动，成立蓝骄爱心基金、建设泽平希望小学。

社投盟研究院在《影响力投资专题研究》系列文章中指出，在目前的中国，政府主导的公共部门一直是多层次解决复杂社会问题的绝对主要力量。但近年来，以民营大型企业为代表的大量企业，在社会责任履行方面也做了大量积极的工作。这些或强制要求，或积极鼓励资本和实体履行社会目标责任的措施，均为影响力投资在中国的进一步发展奠定了重要的环境基础，并为更多元地吸引企业、主流金融市场以不同形式在不同层次市场参与影响力投资提供了一定的入口。中国资本市场作为私人部门的代表之一，近十多年来也发生过一些规模化、承担社会性目标的营利资本运动，包括旨在以市场机制取代行政手段支持新能源开发和节能减排等低碳项目的绿色金融产业（如绿色债券、基金、信托、股票的发行），监管方对上市公司企业社会责任（CSR）由自愿到强制、定性到定量的披露要求，以及市场上 ESG 等主题基金的设立及发售。①企业股权慈善信托作为影响力投资的新兴手段正在受到参与慈善事业各方主体的关注。2018 年 6 月 29 日，鲁冠球三农扶志基金慈善信托（以下简称"三农扶志慈善信托"）在杭州市民政局完成备案，其成功落地在慈善和金融领域均引起了巨大反响，为非货币资产的慈善信托、家族慈善规划和家族（企业）传承开创了新模式。同时，其信托架构、内部治理、税收减免的处理及可复制性也引发了广泛的讨论。三农扶志慈善信托是 2016 年《慈善法》颁布后国内首个通过设立慈善信托完成上市公司收购并取得要约豁免的项目，是我国资产规模最大的永久存续的股权慈善信托，有评价认为该信托是中国慈善史乃至中国历史发展的里程碑式事件。三农扶志慈善信托的慈善目的是"让农村发展、让农业现代化、以影响力投资、以奋斗者为本、量力而行做实事"。在落地的慈善信托中，这是罕见的直接将"影响力投资"这一新兴的社会创新模式作为慈善目的的案例。鲁冠球三农扶志基金慈善信托财产及其收益全部用于开展慈善活动，或者用于万

---

① 曾惠子：《影响力投资国际共识与中国实践》，社投盟研究院，转引自邱铭芯《影响力投资国际共识与中国实践》，搜狐网，https://www.sohu.com/a/400963812_415781，最后访问日期：2021 年 6 月 10 日。

向三农集团开展"三农"相关产业投资，持续支持乡村振兴战略。该慈善信托在后端资产管理使用方面，不再满足于传统的捐赠模式，而是利用自身资源优势，通过社会创新的方式积极助力特定领域的发展，值得其他慈善信托借鉴。[①]

2018年5月21日，由KAB全国推广办公室、北京爸爸的选择科技有限公司和零号湾全球创新创业集聚区共同举办的"2018年大学生公益创业大讲堂"活动在上海交通大学举办。KAB全国推广办公室有关负责人介绍，10年前，见过一些来自全国各地的公益创业者，在对这些创业者进行扶持、交流的过程中，他发现"用商业模式解决社会问题"才是公益创业的本质。根据中国青年报社、KAB办公室发布的《中国青年公益创业调查报告》，公益创业者最关心的核心问题就是"能否自我造血"。国家鼓励创新创业多年来，"自我造血"和"政策扶持"问题一直是阻碍公益创业积极发展的软肋，这使得公益创业者数量明显不如普通创业者。但社会急需一大批可以解决社会问题的公益创业项目，公益创业目前还是一片"蓝海"。[②] 从创业慈善等企业投资慈善行为的典型案例来看，企业非公益性捐赠行为因为具有显著的商业色彩和经济效益因素，成为进行传统的公益慈善社会救助时治标不治本的创新模式，这种商业化的非公益性企业投资行为通过借助经营理念获得经济利益支持慈善项目的新模式是实现"授人以鱼不如授人以渔"式社会问题解决的实质性突破。

随着慈善部门与市场部门的合作，福利市场化与慈善个人化的理想将逐渐成为现实，而这种合作的典型形式就是平衡经济与社会双重目标的"社会企业模式"。公共部门自主选择与市场部门或者第三部门合作实现公共政策效益的最大化是一种常态，但是慈善部门与市场部门合作以实现社会使命与可持续发展的目标却具有创新意义。有关社会企业的研究观点——转型时期的中国社会正经历着经济类型上的多元化，逐渐出现一些时代性问题：如何在解决社会问题的同时兼顾商业运营？经济体系应当怎样实现社会价值和经济利益双赢？[③] 宋林飞认为，企业慈善投资不同于没有任何回报的慈善捐赠，慈善投资不唯利是图，而旨在帮助弱势群体摆脱贫困，帮助受援者提高自救能力。成功的慈善投资项目，不仅要

---

① 黎颖露、潘艳：《鲁冠球三农扶志基金慈善信托开创家族慈善新模式》，《中国慈善发展报告（2020）》，社会科学文献出版社，2020，第398~405页。

② 王烨捷：《近六成公益创业者可"自己造血"》，新华网，http://www.xinhuanet.com/politics/2018-05/23/c_1122871966.htm，最后访问日期：2019年6月23日。

③ 任家乐：《浅析中国慈善领域内社会企业的发展前景》，《中国社会组织》2017年第20期。

有好的社会效益，也要维持一定的可持续发展的经济收益。杨澜先推动"阳光媒体投资"，后成立非营利机构"阳光文化基金会"，主要的活动在文化交流、环保和教育等方面。慈善投资也是慈善行为与表达爱心的方式，应该支持企业家大胆尝试。[①] 从第三次分配的角度来看，中国企业非公益性捐赠的主要形式体现为企业投资慈善，是以企业参与慈善事业为追求，同时出于企业经济本性和经营目的而采取的非公益性投资行为，能够满足政府、企业和社会多方共赢的多元目标。

三　企业营销慈善行为

目前，越来越多的企业在慈善活动中将带有商业目的的捐赠营销行为与社会性的慈善目的相结合。其一，是尽企业作为社会公民的义务，这是一种履行社会责任的具体体现；其二，就是所谓的"慈善营销"，通过慈善活动，树立良好的社会形象，从而赢得社会公众的好感，继而对消费者形成正面影响。在企业营销策略中，公共关系与广告、促销等同属于市场推广的一种模式，而通过慈善活动的形式进行公关算是企业开展公关活动的一种手段。比较集中地体现了企业推广的所有优越性。因为，慈善效果亲切自然，易于被接受，其商业性及功利性不像广告那么明显。慈善活动的沟通对象面广、量大、有针对性。在重大活动现场，观众动辄成千上万，媒体受众更是不计其数。即使一些地方性的活动，只要组织得好，观众也会十分踊跃，因此非常有利于企业与目标对象进行有效的沟通，达到事半功倍的效果。

企业营销慈善行为可以从两个维度来理解：一是企业借助产品试用、广告宣传、品牌塑造、市场推广和社会服务等营销手段来从事慈善捐赠；二是企业依托自身的技术优势、特色产品和股权转让等捐赠范式在从事慈善捐赠的过程中附带有一定的营销目的。钱丽华、刘春林、林凯认为，广告营销投入、慈善捐赠水平和行业竞争程度之间的三项交互作用显著。结论表明，对于那些在行业竞争激烈环境中运营的企业来说，当慈善捐赠水平高时，广告营销投入对企业销售增长的正向影响更强，因此，与处于弱竞争行业的企业相比，处于强竞争行业的企业更应充分利用好慈善捐赠在改善传统营销方式和市场效果方面的杠杆作用。[②] 顾雷雷、欧阳文静以 2008～2014 年中国上市公司为样本，基于资

---

① 宋林飞：《第三次分配是构建和谐社会的重要途径》，《学海》2007 年第 3 期。
② 钱丽华、刘春林、林凯：《慈善捐赠、广告营销与企业绩效考虑行业竞争因素》，《财经理论与实践》2015 年第 3 期。

源基础理论和资源依赖理论，从市场角度探讨企业营销能力对"慈善捐赠—
企业绩效"关系的影响，以及在不同的市场化程度下，企业营销能力发挥的
不同作用。本书通过实证检验发现，企业营销能力越强，慈善捐赠水平对企业
绩效的促进作用就越大；企业所在地区的市场化程度越高，慈善捐赠水平对企
业绩效的促进作用就越大；企业所在地区的市场化程度越高，其营销能力越
强，慈善捐赠对企业绩效的促进作用就越大。① 值得注意的是，带有营销动机
或目的的企业非公益性捐赠因其背后的经济利益考量会引起慈善捐赠对象的反
感或抵制，并由此怀疑企业利用捐赠的动机不纯，进而把企业营销慈善理解为
企业变相的牟利行为，却忽略或误解了企业本来的经济理性慈善动机包含的营
销慈善因素。正如李岚指出，消费者对公益营销的涉入度、对公益事业的态
度、对企业感知的契合度、对慈善事业感知的契合度等因素，对企业来讲在实
践中并不容易把握。② 目前来看，企业营销慈善行为带来的广告效应和社会声
誉能够使企业在市场竞争中赢得消费者认同和青睐，进而占据更有优势的产品
份额，其最终获得超出预期的经济利益回报。由此可见，这是企业从事非公益
性捐赠时极为看重的因素。钱丽华、刘春林、丁慧基于消费者认知视角和权变
管理思想，利用我国上市公司数据实证分析慈善捐赠对广告营销与企业绩效之
间关系的调节效应以及企业善待员工状况在这一过程中所产生的深层调节影
响。研究发现，慈善捐赠向消费者发出声誉信号，有助于提升广告营销投入的
市场效果，慈善捐赠水平越高，广告营销促进企业销售增长的作用越强。然
而，企业善待员工水平较低时容易引起消费者对企业慈善动机真诚性的质疑，
不利于通过捐赠增加积极的声誉资本，从而将削弱慈善捐赠对广告营销与销售
增长之间关系的正向调节效应。③

因此，企业慈善行为正向显著影响着消费者对企业的态度，善因营销方式
对消费者的购买意愿的正向影响非常显著。建议企业可将慈善捐赠作为企业履
行社会责任的主要方式，采取善因营销可以促进消费者的购买。④ 毋庸置疑的

---

① 顾雷雷、欧阳文静：《慈善捐赠、营销能力和企业绩效》，《南开管理评论》2017 年第 2 期。
② 李岚：《企业慈善与消费者响应研究综述》，《学习论坛》2016 年第 10 期。
③ 钱丽华、刘春林、丁慧：《慈善捐赠、广告营销与企业绩效——基于消费者认知视角的分
析》，《软科学》2015 年第 8 期。
④ 田敏、李纯青、陈艺妮：《企业慈善行为方式对消费者响应的影响》，《企业经济》2016 年
第 7 期。

是，企业营销慈善的动机和目标内含有丰富的善因营销方式，正是这种基于善因的营销慈善获得慈善捐赠对象的充分肯定以及潜在的消费群体的响应和支持。

四 企业互惠慈善行为

根据卡尔·波兰尼（Karl Polanyi）的观点，人类交换行为可以包括三种主要类型，即互惠、再分配和市场交换。所谓互惠，是指对称群组中关联点之间的运动。① 换句话说，这种慈善的方式是互惠，是原始社会的赠予，随着社会演变所出现的东西。互惠交换模式展现了经济交换的另一种体系和结构的存在。首先，它明显标识出了经济嵌合于社会之中的结构属性。② J. H. 特纳把人类的交换活动分为"市场交换"、"互惠交换"和"再分配交换"三种。认为企业和政府、市民即消费者、员工及其他利益相关者之间必定存在第三种交换形式，即所谓"互惠交换"。现代企业的慈善捐赠通常是一种"互惠"行为，是一种不同意义上社会资源的交换，捐赠对企业有着巨大的价值和回报，企业之所以与外界的利益相关者必然发生某种"互惠交换"，其根本原因在于企业有某种社会需求，这种需求具有物质性，表现为稀缺的社会物质。③ 上述研究表明，政府和社会应该关注企业从慈善活动获取的回报，将慈善视为有良好经济效益的社会投资。互惠或获取直接收益构成了企业社会捐赠的重要影响因素。④

就企业互惠慈善行为研究而言，汪大海、唐德龙指出，互惠型慈善事业中的"互惠"，并非单纯指捐赠人出于互惠心理进行的慈善行为。捐赠人的这种互惠心理是出于经济学意义上的利己心理，强调慈善的功利目的。随着"投资慈善""营销慈善"的逐渐兴起，慈善事业的现代理念开始取代传统的施舍、救济或单纯的乐善好施，而越来越朝向一种具有商业性、效率导向、以市场为基础的公益观。在此背景下，互惠型慈善主要是指慈善事业的兴起与发展对经济发展与社会建设具有重要的功能。具体来说，互惠型慈善注重开发投资

---

① Karl Polanyi, *Trade and Market in the Early Empires*, Glencoe：The Free Press，1957，p．250.

② 陈庆、潘春梅：《经济人类学视野中的交换》，《民族研究》2010 年第 2 期。

③ 王琳芝：《从韦伯的社会行动理论看我国企业慈善捐赠行为——由汶川大地震引发的思考》，《理论观察》2009 年第 2 期。

④ 郭健：《社会捐赠及其税收激励研究》，经济科学出版社，2009，第 89 页。

功能，关注社会公平、和谐、可持续发展等观念，并渗透到社会各领域各层面，开始在真正意义上减轻政府负担，刺激经济增长，缓和社会矛盾。[①] 因此，企业慈善的价值是一种关系性价值，这种关系性价值是利益相关者互惠行为的结果，该互惠行为取决于利益相关者对企业慈善行为的评价。总体实证结果表明，利益相关者压力越小，慈善捐赠对企业价值的正向促进作用越明显。这表明，慈善捐赠要对企业价值有所贡献，应与利益相关者压力相匹配，这样才能取得利益相关者的积极性评价，并获得慈善捐赠的关系性价值，进而提升企业价值。[②] 上述研究表明，慈善企业极为重视其利益相关者——慈善捐赠对象——是否给予积极性评价，由此导致企业互惠慈善是建立在慈善企业与捐赠对象之间关系性价值形成的前提之下。当慈善企业面临来自捐赠对象的外部压力越小时，企业非公益性捐赠给企业带来的利益价值就越大。

李立清等认为，以互惠交换稀缺社会资源为目的的社会活动必须按照价值规律而运动，在长期的以互惠交换稀缺社会资源为目的的社会活动中，凝结在社会产品中的一般人类劳动表现为以社会成员长期努力而逐渐形成的进步、积极、善良的共同社会意识或行为规范，也就是社会互惠交换中的价值，它是企业社会活动中的价值交换基石。[③] 前文研究表明，企业之所以投身公益慈善，大多数是基于经济理性动机，即体现为一种非公益性捐赠行为。因此，这在很大程度上反映出企业家的慈善行为带有强烈的功利主义色彩，而基于纯粹的利他主义动机的企业公益性捐赠行为毕竟是少数的，这是符合企业的本质属性的。调查显示，志愿者在"获得工作培训、提高工作技巧、获得信息、加强与其他人的联系、参与非营利组织权利的分配、获得声望"等方面有所期待。慈善行为被许多人看成提升"社会资本"的一种方式。捐赠产生社会公益，捐赠者也从慈善捐赠中得到了个人效用。马林诺夫斯基用互惠原则来解释一个人给予是因为他期待报偿，而一个人回报是由于其伙伴可能中止给予的危险。一切权利和义务都"被置入互惠性服务的均衡链中"。互惠或者"馈赠—接受

---

① 汪大海、唐德龙：《互惠型慈善事业的内在逻辑与模式建构》，《国家行政学院学报》2011年第1期。

② 潘奇：《企业慈善捐赠的形成机制及其价值机理研究》，浙江大学博士学位论文，2011。

③ 李立清、李燕凌：《企业社会责任研究》，人民出版社，2005；转引自王琳芝《从韦伯的社会行动理论看我国企业慈善捐赠行为——由汶川大地震引发的思考》，《理论观察》2009年第2期。

原则"是社会秩序的基础。① 总之，中国慈善事业应是互惠原则新的体现，可以从西方社会交换理论中找到某些合理的解释。②

因此，从企业慈善互惠理论来看，中国企业非公益性捐赠恰恰是力图获取的一种互利互惠慈善行为，即政府通过企业捐赠或社会问题的救助渠道和慈善资源；企业通过慈善捐赠争取更多的社会认可和市场消费，企业非公益性捐赠因其具有的互惠互利特性赢得了政府、社会、企业和消费者等各方的接受和认同。总之，企业互惠慈善行为是企业在通过慈善捐赠协助政府解决社会问题的同时力图获得慈善捐赠对象的利益回报，而慈善捐赠对象作为企业慈善行为的重要利益相关者，其对于慈善企业给予的良好社会评价和产品口碑是对于企业最好的支持，使慈善企业与捐赠对象之间在既有利益相关者关系的基础上又形成了合作共赢的"企业互惠慈善行为"模式。

① 杨立雄：《慈善经济学面临的危机与范式转变》，《学术研究》2005 年第 7 期。
② 宋林飞：《第三次分配是构建和谐社会的重要途径》，《学海》2007 年第 3 期。

第十章　新政策环境下企业非公益性捐赠行为的激励对策研究

2016 年《慈善法》颁布后，我国在配套制度建设、加强监管规范慈善行为、激励优惠政策等方面出台、修订了一系列规章制度，包括全国人大常委会在 2017 年和 2018 年相继修订的《企业所得税法》、2017 年国务院颁布实施的《志愿服务条例》。在新政策环境下，中国慈善事业的政策法规体系正在逐步完善，各类社会慈善组织体系初具规模，慈善服务监管体系正在初步形成。但整个社会的责任和法律意识仍不充分、政府部门和社会组织之间的协调机制、资源调度和整合能力仍然有待完善和优化，慈善捐赠体制机制仍存在障碍。因此，进一步深化改革，构建更加完善的慈善协调体制机制是推动第三次分配、助力慈善事业高质量发展的主要动力，而监督有关部门在促进慈善事业方面取得实际成效是法治的重要体现。如何推进依法促善、依法行善、依法治善、完善各项监督机制是当前的重大需求。监督对象除了行善者，也要包含促善、治善部门。推动慈善事业发展涉及民政、财政、税务、市场等各个部门，需要通过工作程序、规则的有机联系和有效运转，形成相辅相成的整体，从而使建立健全的工作机制成为推动事业发展的核心内容。①

既然企业隐含的经济私利与政府追求的社会公益有着本质的价值分歧，因而从企业本性出发的慈善行为自然很少带有自觉性、自发性和主动性。从企业慈善动机因素的角度来看，除非政府给予有效的政策激励加以引导，否则企业很少有理由和动机会主动投身捐赠。毕竟经济利益才是企业作为产业组织考虑

---

① 朱睿、赵冠军、李梦军：《促进中国第三次分配的背景分析与发展思考》，公益时报网，http://www.gongyishibao.com/html/redian/2021/07/17957.html，最后访问日期：2021 年 8 月 9 日。

的首选因素，因而政府依靠激励工具引导企业非公益性捐赠行为是符合激励需求的。总的来说，中国企业非公益性捐赠行为的激励优化可以从以下几个方面分析。

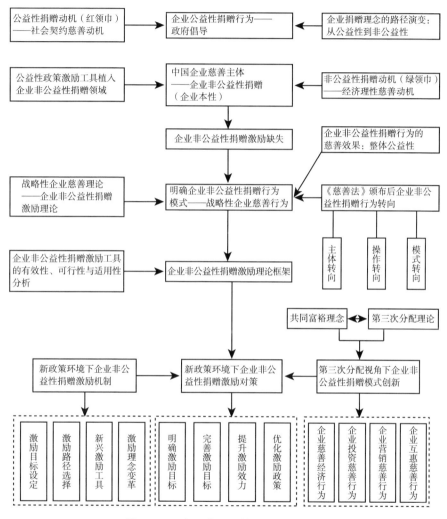

图 10 - 1　企业非公益性捐赠激励模型

第一节　明确企业非公益性捐赠行为的激励目标

政府与企业作为中国公域和私域的重要主体，两者间围绕慈善项目的推进必然产生权利分享和权力让渡。企业作为慈善主体在参与慈善的过程中，政府必然要让渡和分享部分慈善权力给企业。因而政府在关于企业非公益性捐赠行为的激励目标设定时应该围绕以政企之间的权力分享和平等合作为主旨，并根据非公益性企业慈善动机及其行为需求加以提出。概括来说，中国企业非公益性捐赠行为的总体激励目标可以设定为：以社会公益和企业私利为政府引导企业慈善行为的合作纽带，以满足企业私利为前提，整合不同利益主体的价值分歧，引导企业非公益性捐赠行为，协助政府解决部分社会问题，达到促进社会公益的激励目的。

因此，围绕中国企业非公益性捐赠行为的激励目标，将从以下方面来理解。

一 推动企业非公益性捐赠行为的整体市场化

统计数据表明，中国企业非公益性捐赠的慈善主体依据其贡献程度依次为国企、民企和外企。其中，国企慈善规模和力度连续数年占企业慈善总额的50%以上，这说明在未来若干年内国企仍然保持着慈善企业的龙头地位。国企的管理体制决定了其非公益性慈善体现着政府影响和政绩形象，在某程度上带有行政指令成分。换句话说，国企的非公益性捐赠表现并非真正意义上的市场化、社会化慈善行为，体现出一定的行政干预结果，企业对于自身慈善行为的自主权和决策权没有足够的掌控，而是被上级行政机构所主导。因此，国企的非公益性慈善行为受到一定的权力制约和束缚，导致国企有时无法根据自身的经营实际和慈善规划来制定非公益性捐赠方案，这是与中国慈善事业的社会化本质和市场化、民营化趋向相背离的，即企业慈善行为在某种语境下还是政府慈善行为的替身和代言，而不是真正意义上的企业非公益性捐赠行为。市场是资源自发配置的主体，通过全面实现企业非公益性捐赠行为的市场化，有助于企业根据自身意愿、慈善需求和市场活力选择符合企业发展走向、运行规律的捐赠形式。只有实现企业非公益性捐赠的市场化走向，才能促使企业自发、自愿、自觉和主动地进行慈善捐赠，这与企业自身利益和本质认识相符合。

总之，只有赋予本土企业尤其是国企更多参与慈善捐赠的自主权，企业才能够根据自身的经营状况和发展战略酌情考虑慈善捐赠形式和力度。此外，民企和外企等企业非公益性捐赠主体虽然是市场化表现，但是由于国企捐赠的市场化程度有待进一步提升，因而在整体上会影响中国企业非公益性捐赠的市场化进程。中国企业非公益性捐赠激励子目标之一应该是逐步放松政府对企业慈善捐赠的行政干预和权力影响。

二　增进企业非公益性捐赠行为的公益性效果

企业非公益性捐赠的兴起无疑将其公益性慈善效果推向了前所未有的高度，政府、社会和公众不再仅仅关注企业公益性捐赠的慈善效果，同时将视野拓展到非公益性捐赠领域。在此情况下，政府、社会因而应给予企业非公益性捐赠的公益性慈善效果以应有的重视与评价。比如，可以通过逐渐扩大企业非公益性捐赠的影响范围和激励力度，强化企业非公益性捐赠的整体规模和慈善效应，增进中国企业非公益性捐赠的公益性效果。就中国企业慈善实践而言，可用以捐赠的非货币性财产呈现不断增加的态势。一些新类型的非货币财产，例如股权、艺术品等，都允许作为捐赠物。可捐赠的非货币财产范围越大，企业就越容易捐赠，就可能会捐赠得越多。[①] 现阶段，企业除了货币捐赠之外，还对于实物、股权、服务、人力和智力等非货币性捐赠方式加大参与力度。因此，新兴捐赠方式可能不如货币捐赠对于受助对象带来的帮助更便利、更直接，但是有助于长期培养被救助者的自助能力，形成救助者的战略利益。如果按照现行税收政策的规定，这些捐赠行为绝大部分属于企业非公益性捐赠。毕竟，这些捐赠所产生的慈善效果和社会公益价值往往是极为显著的。

总之，从中国企业慈善行为的现状来看，随着企业和私人公益组织的兴起，以及多元化捐赠方式的出现，企业非公益性捐赠在社会公益事业方面体现的公益性效果必然会促进社会公益事业的进步。

三　健全企业非公益性捐赠行为的外部制度保障

目前，中国企业非公益性捐赠行为不足的主要原因在于政府提供的外部制度保障较为缺乏。政府作为慈善事业的主导者和推动者，承担着中国慈善事业总体规划的重任，负责为慈善主体树立明确的慈善发展目标和设计参与路径，并且还要引导和激励企业按照政府设计的路径和方向进行捐赠。而企业作为慈善主体，并不具备从公益层面考虑慈善的能力和义务，其只要按照政府制订的

---

① 葛伟军：《公司捐赠的慈善抵扣——美国法的架构及对中国的启示》，《中外法学》2014 年第 5 期。

慈善事业发展计划，依据慈善路径参与即可，慈善事业的主导权在政府方面，企业仅仅掌握部分参与权利。虽然从表面上看，企业非公益性捐赠的问题主要源于企业自身，但实质上是政府的引导和激励缺乏健全、有效和完善的制度保障。因此，其集中表现是：中国还没有出台针对企业非公益性捐赠的政策法规，以至于没有相应的激励政策作为外部制度保障。可以根据中国企业非公益性捐赠发展的现状、特点和存在的不足，在《慈善法》《企业所得税》等激励性政策法规的基础上，从制度保障的角度进一步优化现有的税收优惠政策，将企业非公益性捐赠逐步纳入税收优惠或减免的政策支持对象范围内，通过政策激励和措施推动来加大政府关于企业投身非公益性捐赠的扶持力度。

总之，政府应该根据非公益性企业慈善中政策缺失等外部制度缺陷，尽快制定和出台相应的激励性政策法规，通过加强相应的制度性建设，将建立和引导企业非公益性捐赠的制度保障作为中国企业非公益性捐赠的激励子目标之一。

第二节　完善企业非公益性捐赠行为的激励方案

一　转向基于企业非公益性捐赠行为的激励指向

现阶段，政府民政部门和慈善组织仍然依据《慈善法》《企业所得税法》等激励性政策法规围绕公益性慈善行为履行相关职责。前文研究可知，以经济理性慈善动机为核心的企业非公益性捐赠已经成为我国企业慈善的主体。现有的企业公益性捐赠激励性政策已经不能适应中国企业慈善捐赠的整体需求。有鉴于此，政府应该将其激励方案扩大到企业非公益性捐赠，以顺应中国企业慈善的发展趋势，促进企业慈善激励的理念变革与政策转型。因此，上述激励指向转变有助于从制度层面有效引导和激励企业非公益性捐赠行为，政府给予企业公益性捐赠行为以适当的激励指向有助于缓解企业私利与社会公益之间的价值冲突和利益分歧，实现企业非公益性捐赠公益效果的社会价值最大化。一方面，这种激励指向的转变能够充分发挥政府激励工具的政策引导和激励效应，确保有限的激励性政策、法律资源得以有效利用；另一方面，企业非公益性捐赠行为缺乏明确的政策引导和激励指向，有可能误入不当、无序的错误路径。

总之，合理、清晰的激励指向能够引导企业非公益性捐赠按照政府激励目标的正确导向达到政府、企业双赢的激励目的。

二　完善企业非公益性捐赠行为的配套激励措施

随着企业慈善在中国慈善事业中的地位愈发突出，企业非公益性捐赠以及其采取的各种非货币性捐赠方式日趋凸显，并呈现飞速扩张的趋势。因此，政府应该出台围绕企业非公益性捐赠的配套激励措施。中国现有涉及企业公益性捐赠的政策条例较为零散，缺乏系统性和针对性，不能满足当下企业慈善捐赠的政策需求。就中国企业慈善行为现状及趋势而言，构建一套完善的企业非公益性捐赠政策体系迫在眉睫。概括来说，主要涉及以下方面。

第一，将企业非公益性捐赠纳入政策激励范围，延伸现行政策的干预范围，包括补充和完善新的政策条款以弥补激励措施缺失，将新兴捐赠形式纳入激励机制的受益范围；第二，根据企业非公益性捐赠政策需求，在公益性捐赠激励政策的基础上提供相应的激励工具，并制定一系列配套激励措施，包括在部分慈善项目中推行特许经营机制和区域间竞争机制，适时引入结转税制度弥补激励政策空白，提升结转税制度激励的效应，遴选少数信誉高的优质慈善企业探索区域间竞争机制和延期偿付率规制等；第三，将货物捐赠、股权捐赠、房产捐赠和影响力捐赠等非货币性捐赠作为新兴的捐赠形式，并以立法的形式给予相应的税收优惠待遇；第四，在拟定的企业非公益性捐赠税收政策中明确一套简化税收优惠兑现程序，通过减少企业慈善税收优惠减免待遇应履行的政策手续，调动企业参与非公益性捐赠的主动性和积极性；第五，推进结转税、遗产税和房产税等辅助性配套制度陆续出台，作为企业非公益性捐赠激励政策的配套措施纳入制度建设体系之中。

总之，在新政策环境下，中国企业非公益性捐赠日趋呈现自主性、多元化和创新性，"社会创新"成为中国社会慈善领域最受关注的耀眼词语，相比较传统的企业公益性捐赠而言，企业非公益性捐赠在慈善意识、利益整合、动机因素和捐赠方式等方面发生了较大的转变。以股权捐赠、联合募捐、公益信托、影响力投资、网捐和众筹等新兴募捐手段为代表，层出不穷的创意性捐赠模式正在成为企业"试水"慈善事业的新形式。因此，政府必须跟上企业非公益性捐赠的步伐，及时出台相应的政策法律以应对企业慈善形式日新月异的变化以及伴随而来的各种新问题。因此，将结转税制度适时引入中国企业非公益性捐赠中并将其作为主导性激励配套措施迫在眉睫。

第三节　提升企业非公益性捐赠行为的激励效力

目前，税务机关根据纳税人的主体身份，对企业和个人捐赠采取不同的税收政策。一般是按优惠程度不同分为两类：按比例扣除和全额扣除。概括来说：一是按应纳税所得额一定比例扣除的税收优惠政策，主要体现在《企业所得税暂行条例》《个人所得税法》及其实施细则等法律和规范性文件中。二是企业的捐赠额可以在所得税缴纳前全额扣除的税收优惠政策。为了彰显对企业非公益性捐赠的激励效果，政府主导下的非公益性捐赠激励对策应具备以下条件：一是政府有能力获得必要的慈善信息，二是政府有能力对慈善信息进行正确分析，三是通过激励政策推动企业非公益性捐赠比其他途径成本更低，四是政府有能力协调和整合多元慈善主体共同推进大型慈善项目。上述条件对于政府提升激励对策的可行性、有效性和适用性具有参考价值。政府既要借助激励政策促进企业非公益性捐赠的发展，还应把握好政策干预的时机、环节、尺度和分寸，即在保障激励对策发挥效力的同时，避免过度干涉企业非公益性捐赠行为的合理推进。

因此，提升企业非公益性捐赠的激励效力应该梳理激励对策的特色与优势，并从以下方面加以分析和归纳。

一　基于法律法规的企业非公益性捐赠行为激励效力的提升

（一）实行企业非公益性捐赠税收优惠标准

企业所得税减免标准是调动企业慈善捐赠积极性的有效手段。中国现行慈善捐赠税率标准已经达到国际通行标准，甚至比部分西方国家还要高一些。但是，中国税收政策仅局限于企业公益性捐赠支出的税收优惠减免待遇，且不包括企业非公益性捐赠理应享受的税收减免待遇，这不利于促进企业慈善行为的全面发展。随着中国市场经济的快速发展和国外战略性企业慈善理论的深入影响，越来越多的企业开始选择非公益性捐赠作为其参与慈善事业的主要方式。在这种情况下，政府为了达到激励企业慈善行为的目的，开始逐步改革激励性法律法规。因此，从法律法规的角度来看，实行税收优惠标准是企业非公益性捐赠激励效力提升首选对策。换句话说，既然企业非公益性捐赠同样能产生公益性慈善的效果，政府应在法律法规等制度层面给予相应的政策激励和制度待遇。从国家层面分析，制定激励企业非公益性捐赠的政策法规从制度和现实层面都是符合价值和器物维度的理想境界。

总之，在探索企业非公益性捐赠税率优惠标准时，应酌情考虑过度提高减免税比例可能出现的负面效应和不良影响。尤其是，在完善企业慈善税收政策时，政府既要考虑对于企业慈善行为的激励因素，提高免税比例，还应注意维护社会慈善资源的可持续发展，因而免税比例不宜太高。[1]

（二）强化增值税减免与结转税调整的激励力度

减免企业增值税是调动企业货物捐赠积极性的有效手段，而货物捐赠通常与企业自身的业务专长和慈善资源有着直接联系，因而对于激励企业非公益性捐赠行为的效果显著。基于此，政府在调整结转税时应该将增值税减免与企业非公益性捐赠相对应。根据中国的增值税法及相关实施条例，企业在参与慈善事业利用自身生产、委托加工或购买的产品捐赠给他人时，被视为销售商品，应该征收增值税。这种法律规定极大地遏制了企业利用货物捐赠进行非公益性捐赠的动机和愿望。企业用于慈善捐赠的实物是无偿付出的，捐赠企业虽然得到了无形的精神回报和社会效应，但是有形回报如经济收入、企业增值等并未实现。因此，企业为其没有实现的增值、收入缴增值税是不合理的，因而用于慈善捐赠的货物应免征增值税。[2]

由此可见，强化结转税作为税收法律法规的激励措施是提升企业非公益性捐赠激励效力的主要对策之一。如果政府能够针对中国企业慈善行为的具体情形，制定出相应的增值税减免法律法规，必将有力推动企业非公益性捐赠的发展。为此，政府应该适时出台结转税优惠政策法规，适当减少针对企业纳税年度非公益性货物捐赠的税收。结果是政府能够扩大企业参与慈善活动的资源积累，促进企业非公益性捐赠。

因此，从政府税收的角度来看，增值税是中国现行最重要的税种，是最主要的税收来源。如果贸然将现行的增值税法规中"将自产、委托加工或者购进的货物无偿赠送其他单位或者个人，视同销售货物"的征税条款取消，则会造成较大的社会负面效应。一方面，有可能出现税收上的制度漏洞，出现企

---

① 桂世勋：《关于完善中国慈善事业政策法规的思考》，《江南大学学报》（人文社会科学版）2007 年第 1 期。

② 魏明英、胡静：《关于完善我国慈善捐赠税收优惠制度的法律思考》，《税收经济研究》2012 年第 5 期。

业假冒货物捐赠等名义骗取税收优惠待遇，逃避应交的增值税的情况。另一方面，会造成增值税抵扣规定的中断，不利于保持现有法律法规的延续性。在这种情况下，必须把企业非公益性捐赠涉及的增值税减免与结转税相结合，这样既能保证结转税不因此流失，也能使企业在面临运行困难时通过结转税调整获得相应的政策支持。

总之，就企业非公益性捐赠结转税制度而言，比较现实的操作方法是在已有的《增值税暂行条例实施细则》中围绕企业货物捐赠涉及的增值税款采取"先征收后退回"或"征收即退回"的办法。在保留现行增值税征收范围的同时，变通处理非公益性企业货物捐赠时面临的税收减免法律问题。

（三）推进企业非公益性捐赠行为激励的配套制度建设

在制定和完善相应的企业非公益性捐赠行为激励政策法规时，政府应该结合中国企业非公益性捐赠的现状和趋势，及时出台各种配套激励措施。同时，围绕其目标、动机、流程和结果，从制度建设角度评估和解决可能出现的各类激励缺失问题，依靠配套制度建设的辅助支持，形成一套适合中国国情的企业非公益性捐赠行为激励性法律法规体系。

二 基于税收政策的企业非公益性捐赠行为激励效力的提升

（一）扩大企业非公益性捐赠税收政策的激励覆盖面

2013年底，深圳开始试验公益信托公司。这意味着该市的税收减免体系逐步完善，并且股权捐赠将获得免税，税收激励将成为慈善行业发展最为重要的制度保障。[1] 由此可见，中国现行税收政策的激励措施尚不够健全，对于企业非公益性捐赠而言，税收政策的激励覆盖面同样应逐步扩大，尽可能保障绝大多数企业非公益性捐赠行为在相关激励工具推动下有所受益。目前，中国企业慈善趋势主要是采取项目资助、合同委托、社会招标等多元化参与方式，这大大延伸了企业非公益性捐赠的形式和领域。因此，相应的激励对策应该及时跟上。通过扩大政府购买慈善产品和服务的规模，拓展购买慈善产品和服务的社会领域和区域，能够形成慈善产品和服务供给有序竞争、多元参与、共同发展的良性发展格局。

总之，政府应该以各种激励工具引导和支持企业等民营化、市场化力量主

---

[1] 刘京：《中国慈善捐赠发展蓝皮书》，中国社会出版社，2014，第7页。

动参与慈善产品和服务的供给，逐步扩大企业非公益性捐赠税收政策的激励覆盖面。这有利于提高企业慈善供给的效率和竞争力，扩大激励工具的影响力和导向性，不断提升慈善项目的公益性慈善效果，逐步扩大企业参与慈善活动的范围。

（二）推行非公益性企业货物捐赠价值评估机制和税收政策

中国慈善联合会发布的《2019 年度中国慈善捐助报告》数据显示，2019年全国实物捐赠总额达 464.95 亿元，同比增长 7.80%，占总量的 30.80%。目前，全国慈善捐助的实物主要涉及医药用品、食品饮料、图书软件、电器设备、机动车辆、建筑材料、救灾实物等类别。上述多种门类的实物捐赠均涉及货物捐赠价值的评估问题。目前，中国捐赠实物评估价值机制缺失，会导致企业在捐赠过程中存在捐赠实物以次充好、虚报捐赠物品价值、捐赠实物与样品不符等问题。有鉴于此，由政府授权并认可的企业货物捐赠价值评估认定机构出具的证明极为必要，其可以作为税务部门认定企业慈善税收优惠待遇的评估依据。因此，政府应在适当时机逐步将货物捐赠等非货币性捐赠形式纳入税收优惠的政策体系，在保证税收不受损失的前提下，酌情减轻企业慈善成本。诚然，企业货物捐赠价值评估机制的建立对于规范和完善中国企业非公益性捐赠的保障制度、建立货物捐赠价值评估体系、推动货物捐赠税收政策出台合理的优惠规定打下了必要的制度基础。一方面有利于彰显《企业所得税法》的公平、公正和公开等政策价值，有助于进一步激励企业非公益性捐赠行为。另一方面，有助于防止企业利用非公益捐赠刻意抬高或虚报赠品价值以偷逃税款的行为。此外，政府部门还应从政策、法律层面提供制度保障，以防止企业以捐赠实物名义利用政策漏洞逃避税收，防范提高扣除限额可能诱发的道德危机和不良影响。

随着国内救灾实物、技术产品、股权转让、有价证券捐赠和影响力投资等与企业自身业务密切关联的非货币捐赠新兴慈善行为方式在企业非公益性捐赠中所占的比例日益提升，适时建立规范非公益性企业货物捐赠价值的评估机制并出台相应的税收政策迫在眉睫。其政策价值在于，既能维护企业通过捐赠享受到与企业货币捐赠同等的税收优惠，同时还能防止国家因可能存在捐赠实物评估价值不当认定造成的税收流失。因此，政府不仅应把股票等有价证券纳入捐赠范畴，还应对货物捐赠等非货币捐赠实行税收优惠或减免。当前，在货物捐赠中面临的最大困难表现为捐赠实物的价值评估，如果缺乏对货物捐赠的客观估价和科学认定，少数公益组织有可能为了争取捐赠实物而高估捐赠物品的实际价值，从而达到帮助企业逃避税收的目的。

总之，政府应该使非公益性企业货物捐赠获得其应有的价值体现和经济回报，从而使企业享受相应的税收优惠待遇。建立规范的货物捐赠评估制度和完善的激励政策能够确保企业慈善名副其实，确保非公益性企业货物捐赠趋于规范化。

（三）简化企业非公益性捐赠税收优惠认定流程

目前，中国复杂、烦琐的企业慈善减免税制度和兑现程序在一定程度上影响和阻碍了企业参与慈善捐赠的积极性和主动性。基于此，政府应该根据中国企业慈善形势的变化，及时调整或修正现有的税收政策，通过简化税收优惠程序，鼓励企业非公益性捐赠行为。即既要兼顾企业的短期效益，还应考虑社会的长期利益。为此，在企业慈善行为激励机制中既要有短效机制及时推进，同时又要有长效机制作为保障，二者应实现有机结合。[①]

因此，政府应借鉴企业公益性捐赠税收优惠待遇兑现影响企业参与慈善积极性的深刻经验，在制定企业非公益性捐赠税收政策时简化税收优惠兑现程序，以调动企业非公益性捐赠的主动性。具体措施包括：一是将捐赠发票制度纳入企业慈善财税政策能够简化减免税手续，有效提高税收优惠兑现的效率。二是授权依法从事公益性捐赠、具备捐赠渠道税收优惠政策待遇和资质的部分官办公益性慈善组织试点为企业非公益性捐赠出具发票。三是减少企业非公益性捐赠可能面临的复杂税收优惠手续，降低其所承担的税收和运行成本。

总之，政府税务部门对于出具捐赠发票的慈善组织给予严格的税收监管，避免可能出现的虚报企业慈善数额以达到偷税漏税的目的的情况。比如，逐步落实消费型增值税改革转型，围绕新的《企业所得税法》制定相应的配套措施等，最终通过减轻企业税收负担，尽可能帮助企业降低慈善捐赠成本。

（四）扩大税收政策支持企业的捐赠渠道和覆盖范围

目前，政府应该在稳定企业公益性捐赠税收政策支持的同时，逐渐将企业非公益性捐赠和货物捐赠纳入税收政策的激励范围。中国现行的企业公益性捐赠税收激励政策本身缺乏系统、全面和合理的措施，不足以应对企业慈善尤其是企业非公益性捐赠快速发展的政策需求。因此，扩大税收政策支持的捐赠渠道和覆盖范围势在必行。概括来说，主要涉及以下几个方面。

（1）将企业非公益性捐赠行为纳入中国税收政策支持的激励对象范围，

---

① 叶立国：《试论我国慈善捐赠激励机制的构建》，《内蒙古大学学报》（哲学社会科学版）2008年第5期。

从而实现从引导企业公益性捐赠向企业非公益性捐赠推进的目标，确保企业非公益性捐赠能享受税收优惠政策。

（2）将货物捐赠等企业非公益性捐赠行为的常用模式纳入税收优惠政策范围。比如，按照捐赠方提供的购货发票、资产评估报告等捐赠当期的有效价值证明、捐赠当期捐赠方生产同类产品的平均售价或市场上同类产品的平均售价对各类捐赠资源进行价值认定，其目的在于确保慈善企业能够最大限度地降低慈善成本，并获得相应的利益回报。

（3）关注企业非公益性捐赠的价值体现，从激励角度提前做出预判和评估，适时加以干预。以股权捐赠为例，这是当下中国企业非公益性捐赠中最受瞩目、最有成效、应用频繁的捐赠手段。作为一种重要的非货币性捐赠模式，股权捐赠将成为今后中国企业非公益性捐赠的典型方式，理应引起政府的关注和重视，并给予适当的激励。

（4）逐步将仅限于部分官办慈善基金会享受的企业慈善税收优惠待遇逐步扩大到经过政府评估、达到慈善捐赠渠道标准的少数私人慈善基金会。以此推动提高私人慈善基金会参与企业非公益性捐赠的可行性。

总之，政府应在科学评估和提前预判的基础上，尤其重视并引导企业非公益性捐赠在边远地区、弱势群体以及突发事件等政府能力不足的地区或领域发挥公益性作用。逐步落实针对企业非公益性捐赠的税收优惠政策，激励企业从经济理性慈善动机出发以非公益性捐赠的方式参与慈善活动。

三　基于特许经营制度的非公益企业慈善行为激励效力的提升

特许经营作为激励工具应用于企业非公益性捐赠行为尚处于探索阶段，其存在的各种问题将会日益显现。为了加强对于慈善企业主体的特许经营权的授权机制建设，企业作为慈善主体必须经过严格的信用评估、资质审查和能力考核等一系列公开、透明的程序，成为由项目方委托第三方权威性鉴定机构做出的招投标程序认可的慈善主体。但是，现实是，对于慈善项目的市场准入和退出资格认定等相关事项缺乏有效的监管对策，既没有明确的慈善法律法规制定慈善项目设定准入门槛和资信评估标准，也没有官方认可或指定的权威性社会评估机构依法对慈善项目的退出程序设定相应的审核和评估机制。[1]

---

① 林闽钢、朱锦程：《中国慈善立法的目标定位和基本框架》，《湖北社会科学》2014 年第 11 期。

总之，在中国企业非公益性捐赠行为激励机制尚未形成的情形下，特许经营制度作为激励工具被引入企业非公益性捐赠中可能产生寻租行为等制度缺陷，必须设计相应的监管预案加以约束，避免地方政府行使授予慈善企业的特许经营权在执行过程中面临的一定程度的监管缺失。

四 基于结转税制度的非公益企业慈善行为激励效力的提升

以美国为例，其现行的税收优惠政策规定企业年度捐赠享受的税收减免标准是利润总额的10%，即5年结转期内能够获得税收优惠是某一年度利润总额的50%，低于中国预期结转的60%优惠额度。假设结转税制度如下：按照现行《企业所得税法》规定，企业公益性慈善捐赠支出享有年度利润总额12%以内的税收减免待遇，若将结转年限暂定3年，则意味着企业某一年度的利润总额的36%以内的慈善捐赠都能获得全部免税待遇；如果结转年限为5年，则与美国等西方发达国同步，其税收减免额度将达到60%，这不仅大大超过现有税收优惠政策的激励力度，而且超过美国等国的税收激励措施。因此，中国相关政府部门应该根据企业慈善行为的状况梳理出一批社会声誉好、慈善力度大、捐赠次数多的典型慈善企业，并给予上述企业以相应的结转税制度待遇，作为激励企业慈善行为的试点措施，包括先期允许授权的企业可以在3年内向后递结结转税。因此，如果在中国结转税制度确实是可行的，则可以在全国以激励性政策的方式全面推行，并以立法的形式固定为国外通行的5年结转期。使企业在盈利年份或者是亏损年份的慈善能够相对平衡，不至于出现企业非公益性捐赠随着企业经营状况或者是利润波动而出现大起大落的情形。

总之，一种激励工具如果既能使企业获得真正的税收减免优惠待遇，又能保证企业每年持续、稳定地参与慈善项目，才是与慈善事业的总体目标相吻合的。而结转税制度恰恰符合上述标准，应该充分发挥其对于企业非公益性捐赠的激励效应，并在中国企业慈善激励实践中加以大力推行。

因此，税收政策作为一种有效的激励工具不仅适用于引导企业公益性捐赠，而且同样适用于企业非公益性捐赠。目前来看，税收政策是针对中国企业非公益性捐赠最为有效的激励工具。企业非公益性捐赠的进步与政府和社会的推动、支持密切相关，取决于政府层面的政策性激励工具有效引导和激励企业非公益性捐赠行为。针对企业非公益性捐赠的政策激励能够有助于形成公益性慈善效果。因此，政府应该通过优化企业非公益性捐赠激励措施，强化激励效应，最终实现引导企业非公益性捐赠的公益性效果最大化。

第四节　优化企业非公益性捐赠行为的激励政策

中国慈善联合会副秘书长刘佑平认为，目前中国对公益性捐赠减免税政策的相关规定较为原则性，具体细节上的可操作性有待加强。例如，股权、不动产等方面的公益性捐赠减免税政策没有得到完善，异地捐赠时往往会出现减免税政策得不到落实的情形，对哪些组织可以享受减免税政策也存在较大分歧，认定程序需更加清晰且更具普惠性。拟从中国企业非公益性捐赠行为激励政策的可操作性维度加以分析。

一　税收政策实现企业非公益性捐赠行为的精准扶持

前文研究表明，企业非公益性捐赠行为激励缺失的关键在于《慈善法》《企业所得税法》等激励性政策法规没有将企业非公益性捐赠行为纳入政策扶持范围，包括税收政策没有给予其相应的税收优惠减免待遇和结转税政策扶持等。在优化中国企业非公益性捐赠行为激励政策过程中，全国人大常委会和国务院在后续修订《企业所得税法》时，应该组织慈善组织人士、慈善研究专家和慈善企业家开展专题论证和实地调研，了解企业迫切的政策需求，在优化和完善税收政策方面适当加入激励元素和具体条款，使其具有可行性、适用性、针对性和可持续性。围绕我国企业非公益性捐赠的目的、目标、区域、对象、领域、特色、优势、做法和绩效等方面实现精准扶持，从而与针对企业公益性捐赠的政策激励形成错位、差异和协同，既要驱动企业在履行非公益性捐赠时促进社会效益最大化，同时也要兼顾企业自身的经济利益追求，在政策内容中有效、合理和科学地协调好社会公益和企业私利的关系，充分发挥企业非公益性捐赠的最大作用并产生最佳效益。

二　结转税制度契合企业非公益性捐赠行为的政策需求

目前，《慈善法》和《企业所税法》关于公益性捐赠明确提出了结转税方面的政策扶持条款，这是我国激励性政策发展的重大改革和进步，必然有助于推动企业公益性捐赠。同时，结转税制度作为西方企业慈善实践中经过检验的成熟政策在我国慈善领域还是个新生事物，各类慈善主体和各级税务部门在探索结转税制度落地过程中的具体措施和操作方案时应该梳理出一些总结实践、具体问题和解决方法以及若干典型实施案例，自下而上反馈给政策制定部门和相关专家，作为政策修正的重要参考依据。相对于企业非公益性捐赠而言，结转税制度在我国公益性捐赠激励实践中发挥的作用和浮现的问题能够在政府修订激励性政策时结合新时代企业非公益性捐赠呈现的新特点、面临的新问题制定契合企业进行非公益性捐赠需求的政策。税收优惠减免是企业极为看重的利益回报方式，直接关系到企业运行态势和经营效益，显然结转税制度对于企业进行非公益性捐赠具有显著的激励作用，这正是企业迫切希望获得的政策需求之一。因此，政府在推出结转税制度时，必须考虑这种政策供给和制度设计是否符合当下我国企业履行非公益性捐赠行为的政策需求。值得注意的是，结转税制度是在西方体制环境下产生的企业慈善激励政策，在我国新时代社会主义市场经济环境下还应结合慈善事业发展的现状和趋势不断探索和优化，从而达到激励企业非公益性捐赠行为的目的。

三 综合性激励政策适当关注企业非公益性捐赠行为

政策制定者在优化企业非公益性捐赠行为的激励政策过程中，除了要满足税收政策精准扶贫和结转税制度契合政策需求，还应考虑在综合性激励政策中逐步关注非公益性捐赠行为，并在政策完善时以相对明确的政策条款加以体现，以表明政府的重视和扶持。尤其是，关于非公益企业捐赠行为的激励政策的推进，仅仅从税收政策、结转税制度等单一性的中央部门层面落实还远远不够，必须从更高层次的国家层面来自上而下地推动，即在《慈善法》的内容中加以充分体现，以表明政府对于激励企业非公益性捐赠行为的态度和决心。只有在综合性激励政策的宏观引领下，税收政策、结转税制度等部门性激励政策才能在持续推动企业非公益性捐赠进步方面发挥应有的政策效力。反之，如果政府对于企业非公益性捐赠的政策扶持仅仅停留在部门性政策层面而没有从国家层面给予制度支持，就难以从根本上全面推动企业非公益性捐赠事业的发展。

结　语

　　近年来，中国慈善事业发展迅速，以企业慈善为代表的各类社会捐赠风起云涌，尤其是2016年出台的《慈善法》和2018年最新修订的《企业所得税法》等主要政策法规为社会各界参与慈善捐赠创造了更为广阔的空间，制定了更有针对性、更加有效的激励对策。在中国慈善理论和实践领域，现有的《慈善法》和修订后的《企业所得税法》等主要政策法规均围绕企业公益性捐赠设计激励性政策法规，还没有专门针对企业非公益性捐赠的激励工具及其相关研究。因此，本研究选题具有一定的新颖性、前瞻性和现实性。该成果运用战略性企业慈善理论分析中国企业非公益性捐赠行为的趋利性动机，并以此展开对中国社会慈善事业企业非公益性捐赠的经济理性动机进行理论诠释、行为解释、政策分析。通过实证和个案研究发现，现有的激励性政策法规仍然关注和聚焦企业公益性捐赠方面，而作为当前中国慈善视野中表现最为突出、捐赠金额和力度占据慈善捐赠主导地位的企业非公益性捐赠依然没有被纳入激励性政策效力范围。论证了企业公益性捐赠激励工具向企业非公益性捐赠移植和传递的可行性、适用性和有效性。在全面梳理国内外关于企业慈善行为研究现状的基础上，采用回归分析法和个案研究法，从分析中国企业慈善动机和企业非公益性捐赠的社会效果入手，借助国内外企业慈善行为和政策激励工具比较研究，揭示中国企业非公益性捐赠存在的激励缺失，提出了"中国企业非公益性捐赠能够产生公益性慈善效果，因而应给予其相应的政策激励"这一核心观点。

　　总之，研究结论包括以下内容。

　　第一，中国企业慈善动机性质是非公益性的，即"绿领巾"而非"红领巾"，这是一种驱动非公益性捐赠的经济理性慈善动机；第二，基于经济理性慈善动机的企业非公益性捐赠行为能够产生公益性效果；第三，税收政策是引

263

导企业非公益性捐赠行为的有效激励工具，研究结果表明两者具有显著的相关性，体现出明显的激励效应；第四，政府应该通过优化企业非公益性捐赠行为的激励措施，强化激励效应，引导企业非公益性捐赠最终实现公益性效果最大化。

具体来说：一是中国企业非公益性捐赠理论研究严重滞后，无法适应快速发展的慈善形势。表现为国内外成果围绕企业公益性捐赠行为研究展开，没有重视企业非公益性捐赠的公益慈善效果和社会救助作用。为此，学界亟待探索政府从社会公益角度利用激励工具引导企业非公益性捐赠行为来支持慈善事业的可行性和有效性。二是中国慈善事业的捐赠主体是企业，表现为企业公益性捐赠和企业非公益性捐赠两个维度。2016 年至今新出台的《慈善法》和修订的《企业所得税法》等政策法规激励对象依然限定在企业公益性捐赠部分，尚没有涵盖企业非公益性捐赠。但是，现阶段企业非公益性捐赠已经成为中国慈善事业的捐赠主体，理应给予应有的政策激励支持。而企业非公益性捐赠的兴起改变了中国传统的企业慈善格局，成为影响慈善事业进步的主要社会力量。三是中国企业慈善动机与行为性质整体上是非公益性的，属于趋利性的经济理性动机。其企业非公益性捐赠模式为战略性行为；政府借助激励性政策法规等激励工具有助于推进企业非公益性捐赠。企业非公益性捐赠同样能产生公益性慈善效果，企业慈善既能促进社会公益，又有助于企业获得利益回报，更有利于推动中国慈善事业的发展。四是中国企业非公益性捐赠的快速发展形势缺乏适当的激励工具给予支持，首先是企业非公益性捐赠的激励指向不明；其次是企业非公益性捐赠的激励工具缺失；再次是非货币性企业慈善的激励措施欠缺。基于此，必须引入与之对应的激励工具。五是企业公益性捐赠激励工具适用于移植到企业非公益性捐赠中。税收政策是引导企业非公益性捐赠的有效激励工具，研究结果表明两者具有显著的相关性，体现出明显的激励效应。近年来，税收政策、结转税制度等作为激励工具已经在西方国家企业公益性捐赠实践中广为应用。税收政策和特许经营制度作为中国企业非公益性捐赠的激励工具具有有效性和适用性。六是新激励性政策背景下政府应该构建企业非公益性捐赠激励机制和提供政策保障。结合《慈善法》的出台和新修订的《企业所得税法》等配套政策法规实施，进一步探索在企业非公益性捐赠中实施税收优惠政策、结转税制度等激励措施，遴选优质慈善企业特许招投标机制、区域间竞争机制和延期偿付率规制等新兴激励工具在企业非公益性捐赠中和部分区域慈善项目试点的可行性和适用性，强化激励效应，促进企业非公益性捐赠的公益性慈善效果最大化。

总之，由于《慈善法》和最新修订的《企业所得税法》等激励性政策法规并没有提供企业非公益性捐赠激励政策内容，因此通过实证研究和个案研究获得的数据和结果在现阶段仍然是成立和有效的。本研究完善了中国企业非公益性捐赠激励机制，优化了激励对策，对于中国进一步健全和完善企业慈善激励政策，探索更为合理、有效的激励工具，强化慈善政策与捐赠实践的激励效力，具有一定的理论和决策参考价值。

参考文献

中文著作（含译著）

〔美〕阿瑟·奥肯：《平等与效率——重大的抉择》，王奔洲译，华夏出版社，1987。

〔比〕丹尼·皮特尔斯：《社会保障基本原理》，蒋月等译，商务印书馆，2014。

〔法〕E. 迪尔凯姆：《社会学方法的规则》，胡伟译，华夏出版社，1998。

〔美〕菲利普·科特勒、南希·李：《企业的社会责任》，姜文波等译，机械工业出版社，2011。

〔美〕盖伊·彼得斯等：《公共政策工具：对公共管理工具的评价》，顾建光译，中国人民大学出版社，2007。

〔美〕加里·贝克尔：《人类行为的经济分析》，王业宇等译，上海三联书店、上海人民出版社，1995。

〔美〕乔治·斯蒂纳、约翰·斯蒂纳：《企业、政府与社会》，张志强等译，华夏出版社，2002。

〔英〕简·米勒等：《解析社会保障》，郑北飞等译，格致出版社，2012。

〔美〕C. 赖特·米尔斯：《社会学的想象力》，陈强、张永强译，生活·读书·新知三联书店，2005。

〔德〕马克斯·韦伯：《社会科学方法论》，杨福斌译，华夏出版社，1998。

〔美〕马修·比索普、迈克尔·格林：《慈善资本主义：富人如何拯救世界》，丁开杰等译，社会科学文献出版社，2011。

〔美〕迈克尔·波特：《竞争论》，高登第、李明轩译，中信出版社，2012。

〔澳〕欧文·E. 休斯：《公共管理导论》，彭和平、周明德、金竹青等译，中国人民大学出版社，2001。

〔法〕让－雅克·拉丰：《激励与发展》，聂辉华译，中国人民大学出版社，2009。

〔美〕E. S. 萨瓦斯：《民营化与公私部门的伙伴关系》，周志忍等译，中国人民大学出版社，2002。

〔美〕J. H. 特纳：《现代西方社会学理论》，范达伟译，天津人民出版社，1998。

葛笑春：《中国企业慈善行为及其税收政策研究》，浙江工商大学出版社，2016。

李祖兰：《规范视角下企业和消费者慈善捐赠行为研究》，武汉大学出版社，2019。

厉以宁：《股份制与现代市场经济》，江苏人民出版社，1994。

厉以宁：《超越市场与超越政府》，经济科学出版社，2010。

林闽钢：《社会救助理论与政策比较》，人民出版社，2017。

林闽钢：《现代社会保障通论》，中国社会科学出版社，2014。

林闽钢：《社会保障理论与政策："中国经验"视角》，中国社会科学出版社，2012。

林闽钢：《社会政策：全球本地化视角的研究》，中国劳动社会保障出版社，2007。

刘京：《中国慈善捐赠发展蓝皮书》，中国社会出版社，2014。

刘云芬：《家族企业慈善捐赠的影响因素及效果评价研究》，东北财经大学出版社，2018。

马伊里：《公司与社会公益》，华夏出版社，2002。

马育红等：《公司捐赠制度研究》，中国政法大学出版社，2012。

宁骚：《公共政策学》，高等教育出版社，2011。

潘奇：《企业慈善行为的形成机制及其价值机理研究》，中国社会科学出版社，2018。

潘伟杰：《制度变迁与激励研究》，上海三联书店，2005。

丘昌泰：《公共管理》，智胜文化事业有限公司，2014。

丘昌泰：《公共政策》，巨流图书公司，2013。

上海慈善事业发展研究中心等：《慈善理念与社会责任》，上海社会科学院出版社，2008。

田凯：《非协调约束与组织运作——中国慈善组织与政府关系的个案研究》，商务印书馆，2004。

田雪莹：《中国情境下企业慈善捐赠行为研究：维度刻画、竞争优势与税收政策》，经济科学出版社，2015。

田雪莹：《企业捐赠行为与竞争优势——基于社会资本视角的分析》，经济管理出版社，2011。

王粤：《跨国公司与公益事业》，社会科学文献出版社，2005。

王振耀、章高荣：《以法促善：中国慈善立法现状、挑战及路径选择》，社会科学文献出版社，2014。

王振耀：《社会福利和社会慈善事业》，中国社会出版社，2009。

汪佑德：《民营企业政治关系、捐赠动机与价值效应研究》，中国财政经济出版社，2016。

卫志民：《政府干预的理论与政策选择》，北京大学出版社，2006。

席恒：《公与私：公共事业运行机制研究》，商务印书馆，2003。

徐麟：《中国慈善事业发展研究》，中国社会出版社，2005。

徐永光：《公益向右商业向左》，中信出版社，2017。

许亚萍、王再文：《企业公民理论与实践研究》，知识产权出版社，2010。

杨团、葛道顺：《公司与社会公益Ⅱ》，社会科学文献出版社，2003。

杨团、葛道顺：《和谐社会与慈善事业》，社会科学文献出版社，2007。

杨团：《中国慈善发展报告（2018）》，社会科学文献出版社，2018。

杨团：《中国慈善发展报告（2020）》，社会科学文献出版社，2020。

张虎：《企业公益战略》，中国经济出版社，2010。

张奇林：《中国慈善事业发展研究》，人民出版社，2014。

张其禄：《管制行政：理论与经验分析》，商鼎文化出版社，2007。

张璋：《理性与制度：政府治理工具的选择》，国家行政学院出版社，2006。

赵华文、李雨：《慈善的真相》，安徽人民出版社，2012。

赵如：《转型期我国企业慈善行为研究——基于马克思人性假设》，西南交通大学出版社，2016。

曾萍：《企业伦理与社会责任》，机械工业出版社，2011。

郑功成：《〈中华人民共和国慈善法〉解读与应用》，人民出版社，2016。

郑功成：《当代中国慈善事业》，人民出版社，2010。

周秋光、曾桂林：《中国慈善事业简史》，人民出版社，2006。

朱迎春：《我国企业慈善行为课税的经济分析》，立信会计出版社，2012。

中文论文

艾丽：《中国慈善事业政策及影响因素分析》，《社会保障研究（北京）》2008 年第 2 期。

安福仁：《激励理论与中国政府管制》，《东北财经大学学报》1999 年第 1 期。

安国俊、訾文硕、贾馥玮：《影响力投资发展现状、趋势及建议》，《金融理论与实践》2020 年第 9 期。

白关昭：《第三次分配：背景、内涵及治理路径》，《中国行政管理》2020 年第 12 期。

毕素华：《民营企业慈善行为的影响因素及改善路径——基于江苏省民营企业的实证研究》，《南京师大学报》（社会科学版）2011 年第 9 期。

毕素华：《义、利与爱：企业家慈善行为的伦理考察》，《南京社会科学》2009 年第 10 期。

毕素华：《论政府在慈善事业发展中的推动作用》，《甘肃社会科学》2007 年第 6 期。

别莲蒂、游舒惠：《企业赞助公益活动之动机、决策与影响因素》，《广告学研究》（台湾）2002 年第 1 期。

蔡宁、沈奇泰松、吴结兵：《经济理性、社会契约与制度规范：企业慈善动机问题研究综述与扩展》，《浙江大学学报》（人文社会科学版）2009 年第 2 期。

曹国利：《信息不对称：激励的经济理由》，《财经研究》1998 年第 6 期。

陈东、邢霖：《企业慈善捐赠行为能带来价值回报吗——基于广告营销能力和市场经济环境调节效应的分析》，《现代经济探讨》2019 年第 1 期。

陈东利：《慈善伦理建构的制度困境与破解路径》，《哈尔滨师范大学社会科学学报》2019 年第 10 期。

陈成文、谭娟：《税收政策与慈善事业：美国经验及其启示》，《湖南师范
大学社会科学学报》2007 年第 6 期。

陈福良：《自然垄断行业：效率来自民营化还是来自竞争》，《当代财经》
2000 年第 4 期。

陈贵梧、胡辉华：《加入行业协会的民营企业慈善捐赠更多吗？——基于
全国民营企业调查数据的实证研究》，《财经研究》2018 年第 1 期。

陈宏辉、王鹏飞：《企业慈善捐赠行为影响因素的实证分析——以广东省
民营企业为例》，《当代经济管理》2010 年第 8 期。

陈宏辉、贾生华：《企业社会责任观的演进与发展：基于综合性社会契约
的理解》，《中国工业经济》2003 年第 12 期。

陈五洲：《慈善事业——企业与社会的双赢选择》，《企业管理》2006 年
第 6 期。

陈五洲、陈方：《企业慈善——新时期我国企业与社会的双赢选择》，《湖
南工程学院学报》2006 年第 9 期。

陈钊、王旸、黄伟：《中国的企业在尽怎样的社会责任——来自民营部门
调查的证据》，《学术月刊》2016 年第 3 期。

陈振明：《政府工具研究与政府管理方式改进——论作为公共管理新分支
的政府工具研究的兴起、主题和意义》，《中国行政管理》2004 年第 6 期。

陈振明、薛澜：《中国公共管理理论研究的重点领域和主题》，《中国社会
科学》2007 年第 3 期。

陈支武：《企业慈善捐赠的理论分析与策略探讨》，《当代财经》2008 年
第 4 期。

陈宗仕：《区域文化、民企治理结构与企业慈善》，《浙江学刊》2020 年
第 4 期。

程海艳、李明辉：《党组织参与治理对上市公司慈善捐赠的影响》，《商业
经济与管理》2020 年第 5 期。

崔树银：《我国企业慈善捐赠的障碍及政策选择》，《企业活力》2010 年
第 11 期。

戴亦一、潘越、冯舒：《中国企业的慈善捐赠是一种"政治献金"
吗？——来自市委书记更替的证据》，《经济研究》2014 年第 2 期。

邓国胜：《政府以及相关群体在慈善事业中的角色与责任》，《国家行政学院学报》2010 年第 5 期。

邓倩、钟超、李琪：《企业形象塑造新途径：企业慈善行为》，《重庆工学院学报》（社会科学版）2009 年第 3 期。

邓韵宜：《中国企业慈善行为策略研究——以苏宁电器为例》，《中国商论》2013 年第 2 期。

杜鹃：《公司慈善捐赠的税收问题研究》，《北京工业大学学报》（社会科学版）2008 年第 5 期。

杜兰英、王硕、余宜珂：《我国税收优惠政策对民营企业公益性捐赠的激励效用初探——基于资源依赖理论和社会交换理论的博弈分析》，《税务研究》2017 年第 6 期。

杜兴强、郭剑花、雷宇：《政治联系方式与民营企业慈善行为：度量方法与经验证据》，《财贸研究》2010 年第 1 期。

杜莹、秦学京：《中国企业慈善责任存在的问题及对策》，《河北经贸大学学报》2012 年第 6 期。

樊丽明、郭健：《国外社会捐赠税收政策效应研究述评》，《经济理论与经济管理》2008 年第 7 期。

樊丽明、郭健：《社会捐赠税收激励的国际经验与政策建议》，《涉外税务》2008 年第 11 期。

范松仁：《慈善捐赠的道德省思》，《江西社会科学》2008 年第 12 期。

方军雄：《公司捐赠与经济理性——汶川地震后中国上市公司捐赠行为的再检验》，《上海立信会计学院学报》2011 年第 1 期。

高帆、汪亚楠、方晏荷：《慈善捐赠：企业增加融资的有效渠道——基于中国私营企业调查数据的实证研究》，《学术研究》2014 年第 10 期。

高帆、汪亚楠：《中国民营企业慈善捐赠的避税效应和融资效应》，《学术研究》2015 年第 7 期。

高鉴国：《美国慈善捐赠的外部监督机制对中国的启示》，《探索与争鸣》2010 年第 10 期。

高庆国：《浅析国际慈善立法对我国的启示》，《人民论坛（中旬刊）》2013 年第 14 期。

高勇强、何晓斌、李路路：《民营企业家社会身份、经济条件与企业慈善行为》，《经济研究》2011 年第 12 期。

高勇强：《"红领巾"还是"绿领巾"：民营企业慈善捐赠动机研究》，
《管理世界》2012 年第 8 期。

葛道顺：《我国企业捐赠的现状和政策选择》，《学习与实践》2007 年第
3 期。

葛伟军：《公司捐赠的慈善抵扣——美国法的架构及对中国的启示》，《中
外法学》2014 年第 5 期。

葛笑春、蔡宁：《战略性企业慈善行为的比较研究》，《重庆大学学报》
（社会科学版）2009 年第 1 期。

顾雷雷、欧阳文静：《慈善捐赠、营销能力和企业绩效》，《南开管理评
论》2017 年第 2 期。

桂世勋：《关于完善中国慈善事业政策法规的思考》，《江南大学学报》
（人文社会科学版）2007 年第 1 期。

郭沛源：《公私合作实践企业社会责任——以中国光彩事业扶贫项目为个
案》，《管理世界》2006 年第 4 期。

贺宏：《慈善捐赠所得税扣除的制度思考》，《税务研究》2018 年第 3 期。

何华兵：《中国企业慈善：政府主导与多元参与——以 G 公司为例》，《新
视野》2018 年第 3 期。

何莉君：《慈善为何——读〈理解慈善——意义及其使命〉》，《开放时
代》2009 年第 4 期。

胡浩：《基于改善竞争环境的跨国公司慈善行为研究》，《管理评论》2003
年第 10 期。

胡敏洁：《〈慈善法〉中的政府促进措施：支持抑或管理?》，《江淮论坛》
2016 年第 4 期。

胡楠：《中国企业慈善行为模式与路径选择》，《现代管理科学》2015 年
第 3 期。

胡卫萍：《我国慈善事业发展态势及其法律体系建构研究》，《成都理工大
学学报》（社会科学版）2011 年第 5 期。

胡小军：《〈慈善法〉实施后慈善组织监管机制构建的挑战与因应》，《学
术探索》2018 年第 4 期。

胡珺、彭远怀、宋献中、周林子：《控股股东股权质押与策略性慈善捐赠

——控制权转移风险的视角》,《中国工业经济》2020年第2期。

贺咪:《慈善捐赠对企业绩效的影响研究》,《经济研究导刊》2020年第6期。

黄桂香、黄华清:《税收政策影响慈善扔赠行为的经济学分析》,《价格月刊》2008年第2期。

黄晓瑞、吴显华:《慈善捐赠的一个政策工具:税收激励》,《武汉大学学报》(哲学社会科学版)2015年第4期。

黄菅杉:《企业伦理、社会责任与慈善公益作为之研究——以台湾高科技电子产业为例》,《人文暨社会科学期刊》2005年第2期。

贾明、张喆:《高管的政治关联影响公司慈善行为吗?》,《管理世界》2010年第4期。

贾明、张喆:《高管的政治身份与公司对自然灾害的反应:灾难特征的影响——来自民营上市公司的证据》,《管理评论》2012年第24期。

江希和:《我国企业慈善行为实践轨迹与现状分析》,《生产力研究》2008年第7期。

江希和:《有关慈善捐赠税收优惠政策的国际比较》,《财会月刊》2007年第7期。

靳环宇:《论慈善事业的管理方式及其转型》,《社会保障研究》2013年第3期。

靳环宇:《企业慈善需要系统战略》,《北大商业评论》2011年第6期。

金仁仙:《中国企业社会责任政策的分析及启示》,《北京社会科学》2019年第8期。

康晓光:《义利之辨:基于人性的关于公益与商业的理论思考》,《公共管理与政策评论》2018年第3期。

柯江林、吴舟、范丽群:《企业慈善行为测量、影响因素与组织效应》,《中国人力资源开发》2014年第11期。

李敢等:《民营企业慈善捐赠行为影响因素解读——制度限制与差序格局交织视角》,《经济界》2011年第5期。

李超:《公益伦理:一种必要而不必然的社会正义》,《东南大学学报》(哲学社会科学版)2015年第5期。

李国林:《略论政府在社会慈善事业中的地位和作用》,《求实》2005年第 5 期。

李敬强、刘凤军：《企业慈善捐赠对市场影响的实证研究——以"5·12"地震慈善捐赠为例》，《中国软科学》2010 年第 6 期。

李骏：《中国企业慈善的发展现状》，《社会观察》2005 年第 9 期。

李岚：《企业慈善与消费者响应研究综述》，《学习论坛》2016 年第 10 期。

李领臣：《公司慈善捐赠的利益平衡》，《法学》2007 年第 4 期。

李四海、陈旋、宋献中：《穷人的慷慨：一个战略性动机的研究》，《管理世界》2016 年第 5 期。

李四海、陆琪睿、宋献中：《亏损企业慷慨捐赠的背后》，《中国工业经济》2012 年第 8 期。

李怡心：《关于国外慈善事业的研究综述》，《道德与文明》2006 年第 2 期。

李响：《论我国慈善激励机制的立法缺失及其完善》，《上海财经大学学报》2016 年第 3 期。

李晓玲、侯啸天、葛长付：《慈善捐赠是真善还是伪善：基于企业违规的视角》，《上海财经大学学报》2017 年第 4 期。

李玉华、温颜华、李红岩：《企业慈善：双重底线及其战略性选择——基于企业社会表现视域下的认识》，《深圳大学学报》（人文社会科学版）2008 年第 7 期。

李增福、汤旭东、连玉君：《中国民营企业社会责任背离之谜》，《管理世界》2016 年第 9 期。

李雪、罗进辉、黄泽悦：《"原罪"嫌疑、制度环境与民营企业慈善捐赠》，《会计研究》2020 年第 1 期。

李壮：《制约我国慈善事业发展的税收政策评析》，《法制与社会》2011 年第 11 期。

梁建、陈爽英、盖庆恩：《民营企业的政治参与、治理结构与慈善捐赠》，《管理世界》2010 年第 7 期。

梁朋：《重视发挥第三次分配在国家治理中的作用》，《中国党政干部论坛》2020 年第 2 期。

林闽钢、朱锦程：《中国慈善立法目标定位和基本框架》，《湖北社会科学》2014 年第 11 期。

林添福：《对企业热衷慈善事业的思考》，《浙江经济》2005 年第 9 期。

林纹慈：《急难事件之企业赞助公益活动与公关效果初探——以 921 集集大震为例》，《台湾中华传播学会 2000 年会论文集》，中正大学，2000 年 6 月 27 日。

林永青：《"影响力投资"与"资本向善"：2020 年资本市场新旋律》，《金融博览》2020 年第 5 期。

刘柏、卢家锐：《"顺应潮流"还是"投机取巧"：企业社会责任的传染机制研究》，《南开管理评论》2018 年第 4 期。

刘澄：《改进我国慈善捐赠的制度安排》，《国际经济评论》2006 年第 5 - 6 期。

刘磊：《企业捐赠的税收处理问题研究》，《税务研究》2006 年第 1 期。

刘巳洋、张沈伟、李刚、邱静：《地震之后的企业慈善行为》，《三星中国经济评论》2008 年第 10 期。

刘新峰：《民营化理念与政府职能的市场化定位》，《四川行政学院学报》2004 年第 1 期。

刘云：《创业慈善的捐赠模式及其行为动因》，《技术经济与管理研究》2019 年第 11 期。

吕鹏：《私营企业主任人大代表或政协委员的因素分析》，《社会学研究》2013 年第 4 期。

吕鑫：《分配正义：慈善法的基本价值》，《浙江社会科学》2018 年第 5 期。

鲁伟、刘细发：《我国慈善事业税收激励政策体系的完善》，《江西社会科学》2012 年第 2 期。

卢正文、陈鹏：《制度环境、客户定位与企业慈善行为》，《山西财经大学学报》2020 年第 5 期。

罗公利、肖强：《企业公益捐赠研究的回顾与展望》，《青岛科技大学学报》（社会科学版）2006 年第 4 期。

江希和：《有关慈善捐赠税收优惠政策的国际比较》，《财会月刊》2007 年第 7 期。

吕达：《公共物品的私人供给机制及其政府行为分析》，《云南行政学院学报》2005 年第 1 期。

吕少华：《激励改革的三种理论视角》，《理论与改革》2005 年第 6 期。

吕志奎：《公共政策工具的选择——政策执行研究的新视角》，《太平洋学报》2006 年第 5 期。

马梦茹：《慈善捐赠、技术创新与企业品牌价值》，《中国注册会计师》2017 年第 11 期。

孟庆瑜、师璇：《慈善捐赠中的税收立法问题研究》，《河北学刊》2008 年第 11 期。

苗青、张晓燕：《从慈善超市到善意经济：新框架和新预见》，《浙江大学学报》（人文社会科学版）2019 年第 1 期。

潘越、翁若宇、刘思义：《私心的善意：基于台风中企业慈善捐赠行为的新证据》，《中国工业经济》2017 年第 5 期。

庞凤喜、燕洪国：《论社会捐赠的制度激励与保护——5·12 汶川地震社会捐赠引发的思考》，《现代财经》2008 年第 9 期。

彭定光、胡丽明、彭军：《论现代中国企业慈善行为的优化》，《湖南城市学院学报》2011 年第 3 期。

彭飞、范子英：《税收优惠、捐赠成本与企业捐赠》，《世界经济》2016 年第 7 期。

彭镇、彭祖群、卢惠薇：《中国上市公司慈善捐赠行为中的同群效应研究》，《管理学报》2020 年第 2 期。

蒲勇健、何梦琦：《企业慈善捐赠市场效应研究述评与再验证》，《企业经济》2013 年第 11 期。

钱丽华、刘春林、林凯：《慈善捐赠、广告营销与企业绩效——考虑行业竞争因素》，《财经理论与实践》2015 年第 3 期。

钱丽华、刘春林、丁慧：《慈善捐赠、广告营销与企业绩效——基于消费者认知视角的分析》，《软科学》2015 年第 8 期。

钱丽华、刘春林、丁慧：《慈善捐赠、利益相关者动机认知与企业绩效——基于 Heckman 二阶段模型的实证研究》，《软科学》2018 年第 5 期。

强以华：《企业社会责任研究》，《湖湘论坛》2013 年第 4 期。

曲顺兰、武嘉盟：《慈善捐赠企业所得税政策效果评价》，《税务研究》2017 年第 3 期。

任家乐：《浅析我国慈善领域内社会企业的发展前景》，《中国社会组织》

2017 年第 20 期。

任振兴、江治强：《中外慈善事业发展比较分析——兼论我国慈善事业的发展思路》，《学习与实践》2007 年第 3 期。

山立威、甘犁、郑涛：《公司捐款与经济动机——汶川地震后中国上市公司捐款的实证研究》，《经济研究》2008 年第 11 期。

邵丹丹：《刍议公益市场化的困境与突破》，《中央民族大学学报》（哲学社会科学版）2015 年第 S1 期。

沈琳：《两岸三地慈善捐赠的税收优惠政策比较与借鉴》，《经济研究导刊》2011 年第 10 期。

石国亮：《倡导和培育内在驱动的利他导向的慈善动机——兼论"慈善不问动机"的片面性》，《理论与改革》2015 年第 2 期。

史正保：《我国企业公益性捐赠税收优惠制度研究》，《经济研究参考》2012 年第 65 期。

宋林、王建玲：《我国企业慈善捐赠行为的市场反应——基于汶川地震捐赠数据的实证检验》，《当代经济科学》2010 年第 11 期。

宋林飞：《第三次分配是构建和谐社会的重要途径》，《学海》2007 年第 3 期。

孙红莉：《战略性慈善行为、外部融资与民企研发投入》，《经济管理》2019 年第 8 期。

孙鹏程、沈华勤：《论公司捐赠中的社会责任——以现行法为基础的制度设计》，《法学》2003 年第 4 期。

孙萍、吕志娟：《慈善事业发展中的政府角色定位》，《中州学刊》2006 年第 3 期。

唐更华：《企业慈善行为策略研究新进展》，《管理评论》2004 年第 9 期。

唐更华、许卓云：《西方策略型企业慈善行为理论、实践与方法评介》，《外国经济与管理》2005 年第 9 期。

唐更华、许卓云：《波特战略性企业慈善行为理论与启示》，《南方经济》2004 年第 8 期。

唐娟、程万鹏、刘晓明：《影响力投资及其对我国政府投资的借鉴意义》，《商业经济研究》2016 年第 8 期。

唐跃军、左晶晶、李汇东：《制度环境变迁对公司慈善行为的影响机制研究》,《经济研究》2014 年第 2 期。

田敏、李纯青、陈艺妮:《企业慈善行为方式对消费者响应的影响》,《企业经济》2016 年第 7 期。

田雪莹:《企业慈善行为研究的中国议题》,《学术界》2016 年第 7 期。

田雪莹、聂攀科:《转型经济下民企政治关联影响慈善捐赠的实证分析——来自苏锡常地区企业的数据》,《上海理工大学学报》2016 年第 6 期。

田雪莹:《企业慈善行为的结构探析》,《经济研究导刊》2013 年第 1 期。

田雪莹、蔡宁:《企业慈善行为的前因变量与组织绩效研究》,《重庆大学学报》(社会科学版) 2012 年第 5 期。

田雪莹、叶明海、蔡宁:《慈善捐赠行为与企业竞争优势实证分析》,《同济大学学报》(自然科学版) 2010 年第 5 期。

田雪莹:《企业慈善捐赠行为的研究综述:现实发展和理论演进》,《科技与经济》2009 年第 1 期。

田雪莹、蔡宁:《企业慈善捐赠行为研究——基于上海企业的实证分析》,《科技进步与对策》2009 年第 20 期。

田志龙、高勇强、卫武:《中国企业政治策略与行为研究》,《管理世界》2003 年第 12 期。

万君宝、秦施洁:《美国企业慈善的历史演进与长效机制研究》,《经济管理》2015 年第 1 期。

王波:《企业社会责任的经济后果研究》,《会计之友》2012 年第 11 期。

王丹、聂元军:《英国政府推进企业社会责任的实践和启示》,《改革与战略》2008 年第 12 期。

王端旭、潘奇:《企业慈善捐赠带来价值回报吗——以利益相关者满足程度为调节变量的上市公司实证研究》,《中国工业经济》2011 年第 7 期。

王端旭、潘奇:《企业慈善行为的演化及其理论解释》,《经济管理》2009 年第 5 期。

王海燕、陈五洲:《企业慈善行为的时代价值与实践探索》,《北华大学学报》(社会科学版) 2006 年第 4 期。

王开田、何玉:《中国民营企业履行社会责任的意愿、方法与效果研究:一项探索性调查》,《江西财经大学学报》2010 年第 6 期。

王琳芝:《从韦伯的社会行动理论看中国企业慈善捐赠行为——由汶川大

地震引发的思考》，《理论观察》2009 年第 2 期。

王名、蓝煜昕、王玉宝、陶泽：《第三次分配：理论、实践与政策建议》，《中国行政管理》2020 年第 3 期。

王鹏程、李建标：《谁回报了民营企业的捐赠？——从融资约束看民营企业"穷济天下"的行为》，《经济管理》2015 年第 2 期。

王涛：《〈慈善法〉的立法理念、制度创新和完善路径》，《法学论坛》2018 年第 1 期。

王亚刚、张晓军、葛京、席酉民：《中国民营企业的国际化——制度及经验优势与行业动态性的影响效应》，《西安交通大学学报》（社会科学版）2010 年第 3 期。

王艺明、刘一鸣：《慈善捐赠、政治关联与私营企业融资行为》，《财政研究》2018 年第 6 期。

王菅、曹廷求：《董事网络下企业同群捐赠行为研究》，《财经研究》2017 年第 8 期。

王子龙：《影响力投资——企业参与社会治理的新工具》，《企业科技与发展》2019 年第 12 期。

王作全：《解读〈慈善法〉：过程、内容、亮点与问题》，《中国农业大学学报》（社会科学版）2016 年第 6 期。

汪大海、唐德龙：《互惠型慈善事业的内在逻辑与模式建构》，《国家行政学院学报》2011 年第 1 期。

魏明英、胡静：《关于完善我国慈善捐赠税收优惠制度的法律思考》，《税收经济研究》2012 年第 5 期。

温彩霞：《现行公益性捐赠税收政策汇总解析》，《中国税务》2011 年第 6 期。

伍健、高勇强、辛明磊：《政府如何影响民营企业慈善行为？——对多重政府角色的实证考察》，《预测》2016 年第 4 期。

吴宾、张丽霞：《国内公共政策研究的主题及其演化（1998—2019 年）——基于知识图谱的视角》，《中国海洋大学学报》（社会科学版）2021 年第 3 期。

吴俊彦：《探讨我国公司慈善捐赠的税收优惠政策》，《财会研究》2010 年第 2 期。

吴飞飞：《公司公益捐赠税收优惠法律制度之完善》，《广西大学学报》（哲学社会科学版）2012 年第 1 期。

肖红军：《国有企业社会责任的发展与演进：40 年回顾和深度透视》，《经济管理》2018 年第 10 期。

谢露、邓英雯：《企业所得税改革与企业慈善捐赠——基于中国上市公司的经验证据》，《财政研究》2016 年第 4 期。

徐二明、奚艳燕：《国内企业社会责任研究的现状与发展趋势》，《管理学家学术版》2011 年第 1 期。

许年行、李哲：《高管贫困经历与企业慈善捐赠》，《经济研究》2016 年第 12 期。

许文文：《企业战略性慈善理论研究对波特战略性慈善理论的拓展》，《云南师范大学学报》（哲学社会科学版）2014 年第 5 期。

许文文：《企业战略性慈善》，《企业管理》2013 年第 7 期。

许艺妍、王艳雯：《现实与责任：企业慈善行为分析》，《湛江师范学院学报》2012 年第 2 期。

许珍：《慈善动机面临的困境与对策》，《法制与社会》2014 年第 7 期。

徐细雄、龙志能、李万利：《儒家文化与企业慈善捐赠》，《外国经济与管理》2020 年第 2 期。

薛爽、肖星：《捐赠：民营企业强化政治关联的手段?》，《财经研究》2011 年第 11 期。

杨利华：《美国慈善捐赠税收扣除制度的考察与思考》，《北方法学》2016 年第 3 期。

杨立雄：《慈善经济学面临的危机与范式转变》，《学术研究》2005 年第 7 期。

杨龙军：《美国非政府组织的税收制度及其借鉴》，《涉外税务》2004 年第 1 期。

杨团：《公司慈善文化与政策培育》，《湖南社会科学》2006 年第 1 期。

姚俭建、Janet Collins：《美国慈善事业的现状分析：一种比较视角》，《上海交通大学学报》（哲学社会科学版）2003 年第 1 期。

叶立国：《试论我国慈善捐赠激励机制的构建》，《内蒙古大学学报》（哲学社会科学版）2008 年第 5 期。

叶艳、李孔岳：《企业规模、家族涉入与私营企业捐赠行为——基于战略性动机的研究》，《当代财经》2017年第12期。

于力、李大凯：《论中国企业慈善行为的战略性》，《云南财经大学学报》（社会科学版）2011年第6期。

余少祥：《我国慈善立法的实践检视与完善路径》，《法学杂志》2020年第10期。

于蔚、汪淼军、金祥荣：《政治关联和融资约束：信息效应与资源效应》，《经济研究》2012年第9期。

曾令会、王威：《企业慈善捐赠的作用和市场反应》，《经营与管理》2013年第10期。

章高荣：《政治、行政与社会逻辑：政策执行的一个分析框架——以〈慈善法〉核心条款的实施为例》，《中国行政管理》2018年第9期。

章空尽：《美国企业慈善从"传统"到"策略"之路》，《社会保障研究（北京）》2008年第2期。

张晨、傅丽茹、郑宝玉：《上市公司慈善捐赠动机：利他还是利己——基于中国上市公司盈余管理的经验证据》，《审计与经济研究》2018年第2期。

张敦力、汪佑德、汪攀攀：《慈善捐赠动机与后果研究述评——基于经济学视角》，《广西财经学院学报》2013年第4期。

张璇、陈璐：《国有企业高管晋升激励与战略性慈善捐赠》，《财会月刊》2021年第10期。

张甫军、胡光平：《优化企业慈善捐赠税前扣除政策的探讨》，《财会月刊》2012年第14期。

张广玲、黄慧化、郭志贤：《企业慈善行为（捐款和捐时）对消费者行为意向的影响研究》，《武汉大学学报》（哲学社会科学版）2008年第6期。

张洪武：《营利性与公益性：企业慈善困境的现实求解》，《中州学刊》2007年第3期。

张建君：《竞争—承诺—服从：中国企业慈善捐款的动机》，《管理世界》2013年第9期。

张磊：《高校社会捐赠税收激励的国际比较与制度优化》，《江苏高教》2014年第5期。

张丽芬、黄姝、陈云凡：《慈善动机：企业与公民的差异比较及其政策意义》,《山东社会科学》2014 年第 7 期。

张璐:《第三次分配中政府职能的转变和定位》,《人民论坛》2016 年第 1 期。

张敏、马黎珺、张雯:《企业慈善捐赠的政企纽带效应——基于我国上市公司的经验证据》,《管理世界》2013 年第 7 期。

张奇林:《〈慈善法〉与中国慈善事业的可持续发展》,《江淮论坛》2016 年第 4 期。

张奇林:《国外企业慈善研究述评》,《社会保障研究(武汉)》2013 年第 4 期。

张奇林:《美国的慈善立法及其启示》,《法学评论》2007 年第 4 期。

张奇林、黄晓瑞:《税收政策是否可以促进企业慈善捐赠探讨——基于 2010 年度深市主板上市公司数据分析》,《天津财经大学学报》2013 年第 1 期。

张强、韩莹莹:《中国慈善捐赠的现状与发展路径——基于中国慈善捐助报告(2007—2013)的分析》,《中国行政管理》2015 年第 5 期。

张娅茜:《我国慈善事业发展的法制进路与优化》,《求索》2010 年第 3 期。

张韵君:《企业慈善社会责任建设存在的问题与对策》,《山西高等学校社会科学学报》2011 年第 2 期。

张韵君:《一种战略性选择:企业慈善社会责任》,《当代经济管理》2010 年第 2 期。

张璋:《政府治理工具的选择与创新——新公共管理理论的主张及启示》,《新视野》2001 年第 5 期。

赵海林:《公益捐赠税收政策研究》,《山东社会科学》2010 年第 10 期。

赵俊男、李德志:《论企业慈善行为的意识形态支撑》,《兰州学刊》2013 年第 1 期。

赵如:《企业慈善行为动机历史演进研究》,《社会科学研究》2012 年第 4 期。

赵曙明:《和谐社会构建中的企业慈善责任研究》,《江海学刊》2007 年第 1 期。

赵卓、肖利平:《激励工具理论与实践研究新进展》,《学术交流》2010

年第 4 期。

郑功成：《慈善事业的理论解析》，《慈善》1998 年第 2 期。

郑功成：《中国慈善事业发展：成效、问题与制度完善》，《中共中央党校（国家行政学院）学报》2020 年第 6 期。

郑玲、江若尘：《民营企业的慈善捐赠与股票市场风险——基于政治关联性的调节作用》，《华东经济管理》2017 年第 5 期。

郑文山：《战略性慈善捐赠对企业绩效影响研究》，《社会科学战线》2010 年第 5 期。

钟宏武：《企业捐赠作用的综合解析》，《中国工业经济》2007 年第 2 期。

周波、张凯丽：《促进慈善捐赠的企业所得税政策探析》，《税务研究》2020 年第 5 期。

周奋进：《政府"治理工具"的选择与行政伦理制约》，《理论学刊》2006 年第 1 期。

周立群、邓宏图：《企业家理性、非理性与相对理性研究——兼论企业家精神》，《天津社会科学》2002 年第 1 期。

周霖、蔺楠：《政治关联、风险投资与企业慈善》，《山西财经大学学报》2018 年第 1 期。

周秋光：《当代中国慈善发展转型中若干问题辩析》，《齐鲁学刊》2013 年第 1 期。

周秋光、孙中民：《政府在培育社会慈善理念方面的作用与责任研究》，《道德与文明》2008 年第 1 期。

周晓剑、武翰涛、刘孜涵：《企业社会责任、市场化程度与慈善捐赠——来自上市公司的动态面板证据》，《软科学》2019 年第 5 期。

周艳、冯秀梅、张洪胜：《策略捐赠——我国企业慈善长效发展的路径探究》，《中国市场》2011 年第 22 期。

周怡、胡安宁：《有信仰的资本——温州民企主慈善捐赠行为研究》，《社会学研究》2014 年第 1 期。

周申蓓、周倩、杜阿敏：《企业社会责任适应性管理理论框架研究》，《管理现代化》2018 年第 5 期。

周中胜、何德旭、李正：《制度环境与企业社会责任履行：来自中国上市公司的经验证据》，《中国软科学》2012 年第 10 期。

朱斌、刘雯：《又红又善：企业政治关联影响企业慈善行为的机制分析》，《吉林大学社会科学学报》2020 年第 3 期。

朱光明：《慈善市场化的意涵、局限及行为选择》，《社会保障评论》2020 年第 3 期。

朱锦程：《全球化下企业社会责任在中国的发展现状及前瞻》，《中国矿业大学学报》（社会科学版）2006 年第 1 期。

朱锦程：《政府、企业与社会三者关系中的中国企业社会责任监管机制》，《社会科学战线》2007 年第 1 期。

朱金凤、孙慧、许瑜：《政府干预政治关联与公司慈善捐赠：国内外研究述评》，《财会通讯》2013 年第 1 期。

朱喜群：《论政府治理工具的选择》，《行政与法》2006 年第 3 期。

朱宪辰、宋妍：《国外捐赠行为研究述评》，《理论学刊》2008 年第 11 期。

朱信永：《激励企业慈善捐赠的税收政策取向》，《税务研究》2015 年第 6 期。

朱迎春：《企业公益捐赠税收政策研究》，《税务研究》2016 年第 8 期。

朱迎春：《我国企业慈善捐赠税收政策激励效应——基于 2007 年度中国 A 股上市公司数据的实证研究》，《当代财经》2010 年第 1 期。

朱迎春：《新企业所得税法对我国企业慈善捐赠影响的统计分析》，《现代财经》2010 年第 2 期。

朱志钢、陈雪：《扶持慈善事业发展的税收政策研究》，《财会月刊》2011 年第 36 期。

庄梅兰：《中外企业捐赠行为模式比较研究》，《鞍山科技大学学报》2006 年第 2 期。

邹立凯、宋丽红、梁强：《"后天的慈善家"——传承背景下家族企业慈善捐赠研究》，《外国经济与管理》2020 年第 3 期。

英文著作

Aaronson, S. , J. Reeves. *Corporate Responsibility in the Global Village*：*The Role of Public Policy*, Washington, DC：National Policy Association, 2002.

Archie B. Carroll. *Strategic Philanthropy*, Thousand Oaks：SAGE Publications, Inc. , 2018.

Arnaud Sales. *Corporate SocialResponsibility and CorporateChange*：*Institutional and Organizational Perspectives*，Cham：Springer Nature Switzerland AG，2019.

Dashi Zhang. *Corporate Social Responsibility in China*：*Cultural and Ownership Influences on Perceptions and Practices*，Singapore ：Springer Nature Singapore Pte Ltd. 2017.

David Chandler. *Corporate Social Responsibility*：*A Strategic Perspective*，New York：Business Expert Press，LLC，2015.

David Chandler. *Strategic Corporate Social Responsibility*：*Sustainable Value Creation*（4 *Edition*），London：Sage Publications，2016.

Debbie Thorne McAlister，O. C. Ferrell，Debbie Thorne，Linda Ferrell. *Business and society*：*A Strategic Approach to Corporate Citizenship*，Boston：Houghton Mifflin，2002.

Don Zoellner. *Vocational Education and Training*：*the Northern Territory's History of Public Philanthropy*，Sydney：ANU Press，2017.

H. G. Fredericksen. *The Spirit of Public Administration*，San Francisico：Jossey-bass Publishers，1997.

Jerome L. Himmelstein. *Looking Good and Doing Good*：*Corporate Philanthropy and Corporate Power*，Bloomington：Indiana University Press，1997.

K. Krippendorff. Content Analysis：An Introduction to Methodology. Lundon：Sage，2004.

Klaus Kotek，Alina M. Schoenberg，and Christopher Schwand. *CSR Behavior*：*Between Altruism and ProfitMaximization*，Reinhard Altenburger Editor，Innovation Management and Corporate Social Responsibility Social Responsibility as Competitive Advantage，Cham：Springer International Publishing AG，part of Springer Nature，2018.

Loi Teck Hui. Practising*Corporate Social Responsibility in Malaysia*：*A Case Study in an Emerging Economy*，Cham：Springer International Publishing AG，2018.

Markus A. Höllerer. *Between Creed*，*Rhetoric Façade*，*and Disregard*：*Dissemination and Theorization of Corporate Social Responsibility in Austria*，Bern：Peter Lang AG，2012.

Monique Kremer，Peter van Lieshout，Robert Went. *Doing Good or Doing*

Better：*Development Policies in a Globalising World*，Amsterdam：Amsterdam University Press，2009.

R. Othwell R. ，Zegveld W. *Industrial innovation and public policy*：*preparing for the* 1980*s and* 1990*s*，London：Frances Printer，1982.

Roy Rothwell，Walter Zegveld. *Reindusdalization and Technology*，London：Logman Group Limited，1985.

Samuel O. Idowu Editor，Key Initiatives in Corporate Social Responsibility：Global Dimension of CSR in Corporate Entities，Cham：Springer International Publishing Switzerland，2016.

T. Donaldson，P. Werhane. *Ethical Issues in Business*，Englewood Cliffs：Prentice Hall，1983.

W. Richard Scott. *Institutions and Organizations*：*Idea*，*Interests an Identities*，Washington DC ：Sage Publications，2014.

Walther C. Zimmerli，Klaus Richter，Markus Holzinger. *Corporate Ethics and Corporate Governance*，Berlin：Springer-Verlag Berlin Heidelberg，2007.

Zukin，S. and P. DiMaggio. *Structures of Capital* ：*the Social Organization of the Economy*，New York：Cambridge Univ. Press，1990.

英文论文

Archie B. Carroll，"A Three-Dimensional Conceptual Model of Corporate Social Performance"，*Academy of Management Review*，Vol. 4，No. 4，1979.

Archie B. Carroll，"The Pyramid of Corporate Social Responsibility：Toward the Moral Management of Organizational Stakeholders"，Business Horizons，Vol. 34，No. 4，July – August，1991.

Mark S. Schwartz，Archie B. Carroll，"Corporate Social Responsibility：A Three-domain Approach"，Business Ethics Quarterly，Vol. 13，No. 4，2003.

Archie B. ，"The Pyramid of Corporate Social Responsibility：Toward the Moral Management of Organizational Stakeholders"，*Business Horizons*，Vol. 34，No. 4，2012.

Baughn C. ，Bodie N. ，and J. Mclntosh. CorporateSocial and Environmental Responsibility in Asian Countries and Other Geographical Regions，*Corporate Social*

Responsibility and Environmental Management, Vol. 14, No. 4, 2007.

Boatsman, Jarnes R. , Gupta, "Taxes and Corporate Charity: Empirical Evidence from Micro-Level Panel Data". *National Tax Journal*, Vol. 49, No. 2, 1996.

Bruce Seifert, Sara A. Morris, Barbara R. Bartkus, "Having, Giving and Getting: Slack Resources, Corporate Philanthropy and Firm Financial Performance", *Business Society*, Vol. 43, No. 4, 2004.

C. Marquis, M. A. Glynn, G. F. Davis, "Community Isomorphism and Corporate Social Action, *Academy of Management Review*", Vol. 32, No. 3, 2007.

Craig M. Sasse, Ryan T. Trahan. , " Rethinking the New Corporate Philanthropy, *Business Horizons*", Vol. 50, No. 1, 2007.

Craig Smith, "The New Corporate Philanthropy, *Harvard Business Review*", Vol. 72, 1994.

D. L. Swanson, "Addressing a Theoretical Problem by Reorienting the Corporate Social Performance Model", *The Academy of Management Review*, Vol. 20, No. 5 – 6, 1995.

Dali Ma, William L. Parish, "Tocquevillian Moments: Charitable Contributions by Chinese Private Entrepreneurs", *Social Forces*, Vol. 85, No. 2, 2006.

David H. Saiia, Archie B. Carroll, Ann K. Buchholtz,   "Philanthropy as Strategy: When Corporate Charity 'Begins at Home'", *Business Society*, Vol. 42, No. 2, 2003.

David Hess, Danielle E. Warren, "The Meaning and Meaningfulness of Corporate Social Initiatives", *Business and Society Review*, Vol. 113, No. 2, 2008.

Diana C. Robertson, "Corporate Social Responsibility and Different Stages of Economic Development: Singapore, Turkey, and Ethiopia", *Journal of Business Ethics*, Vol. 88, No. October, 2009.

Dima Jamali, Ramez Mirshak, "Corporate Social Responsibility (CSR): Theory and Practice in a Developing Country Context", *Journal of Business Ethics*, Vol. 72, No. 3, 2007.

D. Petkoski, N. Twose, "Public Policy for Corporate SocialResponsibility", *Summary of a Conference on the Same Topic Jointly Sponsored by the World Bank*

Institute and the International Finance Corporation, 2003.

Thomas Donaldson, Lee E. Preston, "The Stakeholder Theory of the Corporation: Concepts, Evidence and Implications", *The Academy of Management Review*, Vol. 20, No. 1, 1995.

George J. Stigler, "The Theory of Economic Regulation, *The Bell Journal of Economics and Management Science*", Vol. 1, 1971.

Fisman, R., Heal G., V. B. NAIR, "A Modelof Corporate Philanthropy", *Working Paper*, Columbia University, 2006.

Heike Bruch, Frank Walter, "The Keys to Rethinking Corporate Philanthropy", *MIT Sloan Management Review*, Vol. 47, No. 1, 2005.

Hsin-Yi Lin, Kuang-Ta Lo, "Tax Incentives and Charitable Contributions: The Evidence from Censored Quantile Regression", *Pacific Economic Review*, Vol. 17, 2012.

James D. Werbel, Suzanne M. Carter, "The CEO's Influence on Corporate Foundation Giving", *Journal of Business Ethics*, Vol. 40, No. 1, 2002.

J. R. Boatsman, Sanjay Gupta, "Taxes and Corporate Charity: Empirical Evidence from Micro-Level Panel Data", *National Tax Journal*, Vol. 49, No. 2, 1996.

Jeanne M. Logsdon, Martha Reiner, Lee Burke, "Corporate Philanthropy: Strategy Responses to the Firms Stakeholders", *Nonprofit & Voluntary Sector Quarterly*, Vol. 19, No. 2, 1990.

Jennifer C. Chen, Dennis M. Patten, Robin W. Roberts, "Corporate Charitable Contributions: A Corporate Social Performance or Legitimacy Strategy?", *Journal of Business Ethics*, Vol. 82, No. 1, 2008.

Ji-han LIU, "Development Strategy of Corporate Social Responsibility in the Context of New Era—Based on the Analysis of Network Governance", 2019 International Conference on Social Science, Economics and Management Research (SSEMR 2019).

Johanna Mair and Ignasi Martí, "Social Entrepreneurship Research: A Source of Explanation, Prediction and Delight", *Journal of World Business*, Vol. 41, No. 2, 2006.

John L. Campbell, "Why Would Corporations Behave in Socially Responsible Ways? An Institutional Theory of Corporate Social Responsibility", *Academy of Management Review*, Vol. 32, No. 3, 2007.

Joshua D. Margolis, James P. Walsh, "Misery Loves Companies: Rethinking Social Initiatives by Business", *Administrative Science Quarterly*, Vol. 48, No. 2, 2003.

Jun Su, Jia He. Does Giving Lead to Getting? Evidence from Chinese Private Enterprises, *Journal of Business Ethics*, Vol. 93, No. 1, 2010.

Jye Y. Lu, Pavel Castka, "Corporate Social Responsibility in Malaysia: Experts' Views and Perspectives", *Corporate Social Responsibility and Environmental Management*, Vol. 16, No. 3, 2009.

Kevin Stanton Barrett, Anya M. Mcguirk, Richard Steinberg, "Further Evidence on the Dynamic Impact of Taxes on Charitable Giving", *National Tax Journal*, Vol. 50, No. 2, 1997.

Leland Campbell, Charles S. Gulas, Thomas S. Gruca, "Corporate Giving Behavior and Decision-Maker Social Consciousness", *Journal of Business Ethics*, Vol. 19, No. 4, 1999.

Leonard Nevarez, "Corporate Philanthropy in the New Urban Economy: The Role of Business-Nonprofit Realignment in Regime Politics", *Urban Affairs Review*, Vol. 36, No. 2, 2010.

Louis H. Amato, Christie H. Amato, "The Effects of Firm Size and Industry on Corporate Giving", *Journal of Business Ethics*, Vol. 72, No. 3, 2007.

Marc Orlitzky, Frank L. Schmidt, Sara L. Rynes, "Corporate Social and Financial Performance: A Meta-analysis", *Organization Studies*, Vol. 24, No. 3, 2003.

Mark Armstrong, David E. M., "Sappington. Recent Developments in the Theory of Regulation", *Handbook of Industrial Organization*, Vol. 3, No. 10, 2007.

Marta de la Cuesta González, Carmen Valor Martinez, "Fostering Corporate Social Responsibility through Public Initiative: From the EU to the Spanish Case", *Journal of Business Ethics*, Vol. 55, No. 3, 2004.

Mark Granovetter, "Economic Action and Social Structure: The Problem of

Embeddedne", *American Journal of Sociology*, Vol. 91, No. 3, 1985.

Marylyn Collins, "Global Corporate Philanthropy and relationship Marketing", *European Management Journal*, Vol. 12, No. 2, 1994.

Marylyn Collins, "Global Corporate Philanthropy-Marketing Beyond the Call of Duty?", *European Journal of Marketing*, Vol. 27, No. 2, 1993.

Michael E. Porter, Mark R. Kramer, "The Competitive Advantage of Corporate Philanthropy", *Harward Business Review*, Vol. 80, No. 12, 2002.

Michael McComb, "Profit to Be Found in Companies That Care," *South China Morning Post*, April 14, 2002.

Mirco Tonin, Michael Vlassopoulos, "An Experimental Investigation of Intrinsic Motivations for Giving", *Theory & Decision*, Vol. 76, No. 2, 2014.

Naomi A. Gardberg, Charles J. Fombrun, "Corporate Citizenship: Creating Intangible Assets Across Institutional Environments", *Academy of Management Review*, Vol. 31, 2006.

Neus Feliu, Isabel C., "Botero. Philanthropy in Family Enterprises: A Review of Literature", *Family Business Review*, Vol. 29, 2016.

Paul C. , Godfre, "The Relationship between Corporate Philanthropy and Shareholder Wealth: A Risk Management Perspective", *Academy of Management Review*, Vol. 30, 2005.

Pauline Vaillancourt Rosenau, "The Strengths and Weaknesses of Public-Private Policy Partnerships", *American Behavioral Scientist*, Vol. 42, 1999.

Peter Navarro, "Why Do Corporations Give to Charity?", *Journal of Business*, Vol. 61, 1988.

Ran Zhang, Zabihollah Rezaee, Jigao Zhu, "Corporate Philanthropic Disaster Response and Ownership Type: Evidence from Chinese Firms' Response to the Sichuan Earthquake", *Journal of Business Ethics*, Vol. 91, 2010.

S. O. Idowu, I. Papasolomou, "Are the Corporate Social Responsibility Matters Based on Good Intentions or False Pretences? An Empirical Study of the Motivations behind the Issuing of CSR Reports by UK Companies", *Corporate Governance*, Vol. 7, 2007.

Sheila Bonini, Stéphanie Chênevert, "The State of Corporate Philanthropy: A

McKinsey Global Survey", *McKinsey Quarterly*, January, 2007.

Stephen Brammer, Andrew Millington, "Corporate Reputation and Philanthropy: An Empirical Analysis", *Journal of Business Ethics*, Vol. 61, 2005.

Waagstein, Patricia Rinwigati, "The Mandatory Corporate Social Responsibility in Indonesia: Problems and Implications", *Journal of Business Ethics*, Vol. 98, 2011.

Xiaodong Qiu, "Corporate Philanthropic Disaster Response and Post Performance: Evidence from China", *International Journal of Management and Marketing Research*, Vol. 6, 2014.

Yongqiang Gao, "Corporate Social Performance in China: Evidence from Large Companies", *Journal of Business Ethics*, Vol. 89, 2009 (1): 23 – 35.

Yongqiang Gao, "Philanthropic Disaster Relief Giving as a Response to Institutional Pressure: Evidence from China", *Journal of Business Research*, Vol. 64, 2011 (12): 1377 – 1382.

图书在版编目（CIP）数据

中国企业非公益性捐赠激励研究／朱锦程著．－－北
京：社会科学文献出版社，2022.3
ISBN 978 - 7 - 5201 - 9945 - 2

Ⅰ．①中…　Ⅱ．①朱…　Ⅲ．①企业 - 慈善事业 - 研究
- 中国　Ⅳ.①D632.1

中国版本图书馆 CIP 数据核字（2022）第 048597 号

中国企业非公益性捐赠激励研究

著　　者／朱锦程

出　版　人／王利民
责任编辑／周雪林
责任印制／王京美

出　　版／社会科学文献出版社
　　　　　地址：北京市北三环中路甲 29 号院华龙大厦　邮编：100029
　　　　　网址：www. ssap. com. cn
发　　行／社会科学文献出版社（010）59367028
印　　装／天津千鹤文化传播有限公司

规　　格／开本：787mm × 1092mm　1/16
　　　　　印　张：18. 75　字　数：327 千字
版　　次／2022 年 3 月第 1 版　2022 年 3 月第 1 次印刷
书　　号／ISBN 978 - 7 - 5201 - 9945 - 2
定　　价／89. 00 元

读者服务电话：4008918866